湛庐 CHEERS

与最聪明的人共同进化

HERE COMES EVERYBODY

洞察商业与人性本质的
管理思想家
亚德里安·斯莱沃斯基

他是哈佛商学院和法学院共同锻造的管理精英，是叱咤管理咨询界30年的风云人物，被誉为“全球最具影响力的50大思想家”之一。

他被《产业周刊》誉为“最有影响力的6大管理思想家”之一，与管理大师彼得·德鲁克、微软创始人比尔·盖茨、英特尔董事长安迪·格鲁夫、通用电气董事长杰克·韦尔奇以及竞争战略理论奠基人迈克尔·波特齐名。

ADRIAN J. SLYWOTZKY

MANAGEMENT

从哈佛精英到“全球最具影响力的50大思想家”之一

他是“21世纪的彼得·德鲁克、超越同侪的管理大师”。

——《产业周刊》（*Industry Week*）

亚德里安·斯莱沃斯基毕业于哈佛大学，是同时拥有哈佛商学院和哈佛法学院学位的双料硕士。正是美国最为权威和严谨的商学与法学教育，把他塑造成为最典型的哈佛精英。

早在1979年，年轻的斯莱沃斯基便开始担任《财富》500强公司的咨询顾问。从世界著名咨询公司美世管理顾问公司全球副总裁到今天奥纬国际合伙人，30余年来，他的咨询领域覆盖各行各业，他指导的世界大公司数不胜数，而亚马逊、奈飞、Zipcar、彭博社、魏格曼超市、雀巢等世界知名企业更成为他的长期客户。

正是不断的管理实践与思索，让斯莱沃斯基成为最受瞩目的“全球最具影响力的50大思想家”之一。

沙特尔修道院的伯纳德长老曾说过一句名言，“我们就像站在巨人肩膀上的小矮人。”而在斯莱沃斯基心中，让他受益最多的巨人莫过于彼得·德鲁克、W·爱德华兹·戴明、迈克尔·波特和大野耐一。

他说，“对我而言，德鲁克提出了清晰且带强烈预见性的管理思想；戴明教会我不断提出‘为什么’；波特为务实的行业分析创造了基础；大野耐一曾经说过，‘不管你从什么样绝望的状况下着手，都能对业务进行彻底的重新设计。’除此之外还有披头士乐队和毕加索，他们对自己发起一次次的挑战、涅槃重生，而且从未停止。”

他还经常受邀为《华尔街日报》《哈佛商业评论》撰稿，并在达沃斯世界经济论坛、微软CEO峰会、TED大会、《财富》CEO年会等世界知名论坛上作为特邀嘉宾发表演讲。

站在巨人肩膀上的思考者

THINKER

CONSULTING

专注于企业最佳实践

斯莱沃斯基生命中最大的转折点，就是父亲说将不再支付他的学费，而他必须要通过工作供自己读书。正是这种“不得不工作”的状态，让他创造出职业生涯中的奇迹。

“大概是在1994年，我忙得不可开交，但是我却开始挑战自己——写书。后来，我完成了自己的第一部作品《价值转移》（*Value Migration*）。这个过程告诉我：首先，这件事我可以完成；其次，在强迫自己做这件事的过程中我会学到很多；最后，挑战自己能让我们从不同的角度来思考自己的企业。”

诚如斯莱沃斯基所言，写作让他对企业有了更加透彻的了解。而这种了解，也让他为更多的企业指明了前进的方向。他的经典作品《发现利润区》入选《商业周刊》年度十大商业畅销书，《战略风险管理》（*The Upside*）入选《金融时报》2007年最佳商业书籍。

正如著名管理大师罗莎贝丝·莫斯·坎特所说：“亚德里安·斯莱沃斯基的书，令人着迷，极具启发意义。直到你读过它、爱上它，发现没有它就无法取得成功时，才会真正意识到，你需要的就是这样一本书。”

湛庐CHEERS 特别制作

Creating What People Love Before They Know They Want It

Demand

需求

缔造伟大商业传奇的根本力量

[美] 亚德里安·斯莱沃斯基(Adrian J. Slywotzky)
卡尔·韦伯(Karl Weber) ◎著

龙志勇 魏薇 ◎译

浙江人民出版社
ZHEJIANG PEOPLE'S PUBLISHING HOUSE

你知道如何创造需求、发现需求、满足需求吗？

扫码加入书架
领取阅读激励

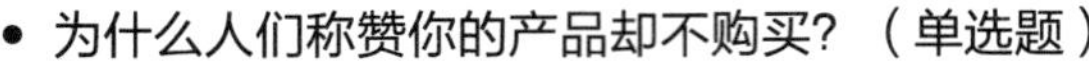

- 为什么人们称赞你的产品却不购买？（单选题）

  A. 因为产品质量还不够好

  B. 因为产品价格还不够低

  C. 因为人们购买产品需要一个具体的激发力

  D. 因为人类天生虚伪

扫码获取全部测试题及答案，
一起了解如何抓住用户的
痛点，助力企业发展

- 如果你想创造一种全新的需求，并激发客户买单，更好的做法是：（单选题）

  A. 通过先验逻辑进行推理的方式说服其买单

  B. 通过品牌已有的影响力说服其买单

  C. 通过其他商业行为中的证据和迹象说服其买单

  D. 让客户尝试不同的体验，亲眼见证事实

- 以下哪种想法不利于提高产品发布的成功率？（单选题）

  A. 具备进行致命缺陷搜查的本能动力

  B. 避免公司内部的产品竞争

  C. 永远铭记对产品进行情感化处理的重要性

  D. 在信心与畏惧之间保持精妙的平衡

扫描左侧二维码查看本书更多测试题

孙陶然 拉卡拉支付有限公司创始人、董事长兼总裁,《创业36条军规》作者

这是一本好书，每个创业者和每个公司管理者都值得一看，甚至公司中的每个人都应该了解和体会其中的概念。书中给出了一些创造需求的模式，这对读者是非常有价值的，我们需要好的理念，但我们更需要可以践行理念的方法。这两点本书都做到了，非常值得一读，特荐之。

牛文文 《创业家》杂志社社长

创业者天天琢磨的是如何满足绝大多数用户的需求，如何去打造一种与众不同的、能够长久销售的产品和服务，并使之形成规模。《需求》的出现让人眼前一亮，它提供了一种全新的商业思路——创造需求。这种思路将是未来世界企业获得成功的关键。

罗永浩 锤子科技 (Smartisan Technology) 创始人兼 CEO

从事商业活动的这些年，给我最大帮助的常常不是那些充满了所谓“洞察力”的 理论书籍，而是那些提供了大量商业商业模式的实用性图书，但这一类的“经典”书里的案例常常是陈旧过时的，我很惊喜地从《需求》里看到了很多美国的新明星企业（有些企业的成功模式还没来得及影响到美国之外）的商业模式，相信会对中国的企业家们有很大的借鉴（好吧，更可能是抄袭 ^_^）作用。

杜子建 华艺传媒创始人，社会化媒体营销研究者，畅销书《微力无边》作者

每一个抱怨的背后都隐藏着一个未被满足的需求，而每一个需求的背后必然隐藏着一个不可忽视的市场。其实任何产品，在一开始满足了用户的功能性需求以后，就应该着手升级到精神层面，用户拒绝麻烦，用户需要安慰，这看起来跟利润无关，但是对不起，它跟你的市场有关。你不去满足，创业者就会自己去进行开拓性满足。那么等待你的，或将是个生死存亡的巨大危机。因此，请一定重视麻烦所带来的希望，而不是去抵触他们的抱怨。这正是《需求》给我们带来的最有价值的东西。

白驹逸 亚马逊中国副总裁

作为亚马逊 Kindle 的一个亲历者，看着斯莱沃斯基新书《需求》中关于 Kindle 熟悉的细节，颇多感慨。是不是新科技就能带来新需求？那些需求背后看不见的因素在哪里？在这个快速更新的时代，谁还能一直保持不变的魔力，成为最后真正的赢家？创造需求，就是对人性和不可知世界的尊重、发现与继承、重塑，就是去创造崭新的生活方式与全新的商业生态。

周健工 《福布斯》中文版总编辑

好公司满足需求，伟大公司创造需求。中国有许多好的公司，但中国缺乏创造需求的公司。回顾中国市场经济和企业发展的历史，主要是在追随国际产品、服务、品牌所创造的消费需求。而衡量伟大公司的标准，就是看它能否创造需求，其产品能否在国际上风行。

张力奋 英国《金融时报》副主编，FT 中文网总编辑

这本书对当下的中国很有用。中国如何创造内需？中国如何借助人类历史上最大规模的城市化进程，将农民转变成庞大的新消费群或 " 顾客 "？

这部著作以实例说明，社会变革与人类的远景期待会刺激需求，而需求是经济发展的重要推动力。需求将我们变成顾客。新的观念，服务和技术，不断创造新的需求。

任建标 上海交通大学安泰经管学院院长助理、EMBA项目主任

需求是一个老话题，却又是一个新话题。之所以说是个老话题是因为需求的历史与人类社会的历史一致。而说是个新话题，是因为我国政府现在还天天在喊着要拉动内需呢。其实需求的主体是人，需求的对象是商品与服务。企业家只有认识清楚人的需要（支付得起的需求）才能弄得清楚商品与服务的开发。本书的作者对人的需要与需求都进行了惟妙惟肖的刻画，是企业家们开发一切商品与服务的思维指南。

郭　昕 北京云基地首席顾问，云华时代智能科技有限公司董事长

这本书告诉我们，需求是等不来的，我们要去创造需求，发现需求，满足需求。根据需求创造产品，完善产品和服务，做一个需求创造者。真正的需求与传统的营销手段并无关联。创造需求是创造对人的了解，对消费者情感诉求的了解。创造需求的过程就是需求管理的过程，也是信息搜集，综合，存储，加工，挖掘和价值创造的过程。真正的需求，潜藏在人性因素和其他一系列因素的互相关联之中。

罗莎贝丝·莫斯·坎特 哈佛商学院教授，著名管理大师

亚德里安·斯莱沃斯基的《需求》，令人着迷，极具启发意义。直到你读过它、爱上它，发现没有它就无法取得成功时，才会真正意识到，你需要的就是这样一本书。

孙陶然

《创业36条军规》作者

拉卡拉支付有限公司等多家公司创始人

北京大学企业家俱乐部创始理事

一切源于需求

应湛庐之邀为《需求》写序，得以提前阅读了本书。有一个突出的感受：这是一本好书，每个创业者和每个公司管理者都值得一看，甚至公司中的每个人都应该了解和体会其中的概念。

之所以说本书好，是因为本书点出了一个非常重要的问题：需求。这是我认为对每个企业而言最核心的问题。企业的核心使命就是去满足自己用户的需求，所以需求是每个企业家必须重视的问题，放到多高的高度都不为过。可以说，没有需求就没有成功，有了需求就等于成功了一半。

在我看来，一切成功均源于需求。如果没有市场需求，一个企业不可能成功。一个企业如果不关注用户需求，只热衷于自己的想法，不管搞出了多高深的技术多神秘的概念都必然会一败涂地。如果抓住了需求，那真是台风来了猪都能飞起来。

书中举了一个非常有说服力的例子：诺基亚的产品人员设计了一款诺基亚1100，这款手机允许存储多套通讯录、允许用户为某次通话设置话费限额，内置手电、收音机、闹钟，屏幕可以显示80多种语言，还有帮助不识字用户进行辨识的图形标志，这一切功能对于欧美国家用户来讲显然不可思议。但是，这却切实抓住了亚洲、美洲、非洲等落后地区农村，多人共用一部手机，以及用户识字程度不高等因素所造成的独特需求。所以，这部手机销售了2.5亿部！而同一时期，摩托罗拉的RAZA系列手机只卖了5 000万台，苹果的iPod也只卖了1.74亿台。

需要提醒的是，在把握需求的过程中要注意两个问题，一是要区分“我的需求”和“他的需求”，二是要抓硬需求而非软需求。

越是大企业，越是强的领导人，越容易在这一点上犯错误，把自己的需求当做是用户的需求，这是非常危险的。市场上很多虎头蛇尾的产品都是这个原因，企业推出一个产品并不是因为他们发现了“用户需求”，而是因为“我认为这是用户需求”，或者“我要成为行业第一”“我一定会卖出这个产品”等。

需求是有强弱和软硬的。硬需求是用户必须的需求，软需求是用户可有可无的需求。如果一个产品是大多数用户大多数时候都必须要用的，这个产品就会有巨大的销量和利润，例如手机。如果一个产品是少数用户偶尔才需要的，这个产品不管技术多先进市场投入多大，都会一败涂地，例如铱星电话。

我一直在思考一个问题，需求可以创造么？也许可以，但我认为，在大多数情况下改变用户消费习惯的难度几乎是不可逾越的。企业应该尽可能引导用户而非改变用户习惯，用户不需要的需求是不可能被创造的。我们能够做的最多是洞察出哪些用户自己还没有感觉到的需求，然后做出产品呈现给他们，激发他们的需求，这是创新最广阔的空间。

尤为可贵的是，书中也给出了一些创造需求的模式，这对读者是非常有价值的。我们需要好的理念，但我们更需要可以践行理念的方法。本书这两点都做到了，非常值得一读，特荐之。

需求在中国

在过去的 25 年里，中国凭借一个更加市场化的经济系统，让数以亿计的人口脱离贫困。与此同时，中国也成为了世界经济系统的重心。然而，在接下来的 25 年里，中国要获得持续增长，则需要从出口导向型的经济模式，逐渐转换为一个国内消费驱动型的经济。中国已经在这个方向上迈出了重要的一步。因此，对于中国读者来说，《需求》一书或许有着不同寻常的意义。

从表面上看，《需求》讲的是 12 个优秀的公司以及他们杰出的领导者。这些领导者富有创新精神，而且他们深刻地认识到，要想在如今这个“客户驱动”的世界中取得成功，不但要赢得客户的钱包，更要赢得他们的心，俘虏他们的想象力。从更深层的角度看，《需求》也是一本产品策略手册，可以帮助人们开发富有魔力的产品，解决客户的麻烦，构建复杂的产品背景因素，并在产品发布之后，持续打造陡峭的产品改进曲线。所有这些方法，不仅适用于面向消费者的B2C公司，也同样适用于面向企业的B2B公司。

对所有的商业领导者来说，这些策略都是不可或缺的，因为需求在现代经济中占据了极其重要的地位。正如书中所说，需求是经济增长和人类进步的动力和源泉，在个人层面和社会层面都发挥了关键的作用。

在个人层面，“需求”就是满足必需的人类需要，找到那些在生活中产生痛苦、不便、浪费乃至于危险的麻烦，并解决这些麻烦。而在社会层面，“需求”则关系到产业的兴起和就业机会的创造，让人们获得能源、洁净的水、医疗保障、金融服务、有用的信息，以及人们迫切需要的一切东西。从这个角度看，需求改变了整个世界。

需求在刺激经济和社会进步中承担的重要角色，早已被世人所熟知。早在1776年，亚当·斯密便在他的伟大著作《国富论》中阐述了需求对经济增长的刺激作用：

> 需求的增长，虽然在一开始会抬高商品的价格，但从长期来看，这一定会对价格形成抑制。首先，需求将鼓励生产，从而加剧生产者之间的竞争，而生产者为了战胜竞争对手，会想尽办法引入新的分工方式和工艺优化。而如果没有需求的增长，这些制度和技术的进步很可能不会发生。

人类的发明创造力往往随着需求的发展而发展，在这一过程中，引领需求潮流的个人将获得巨大的回报，与此同时，也将造福整个社会。

每一个产业都依赖于需求。公司要想获得成功，就必须想尽办法，吸引到并充分满足一定的公众需求，这些需求的数量就构成了公司的市场份额。然而，为特定产品创造需求，并不是要更努力地做营销，更精明地打广告，也不是要进行更激进地推广促销。实际上，创造需求的艺术，是将人类学、心理学、技术、设计、经济学、基础设施等许多其他因素紧密结合的一种产物。

需求创造者使用一些工具，让在日常生活中那些产生痛苦、不便、浪费乃至于危险的麻烦事浮出水面。然后，为了解决这些麻烦，他们开发出客户无法拒绝、竞争者难以复制的产品和服务。这些富有魔力的产品，往往要比那些仅仅“还不错”的产品高出 5～10 倍的销量。

在本书中，您将会看到需求创造者用于打造魔力产品和服务的鲜为人知的 6 大关键，还会看到这些产品以及产品背后的需求创造者，他们如何打造经济体，创造财富，建立快速增长的产业和就业机会，并让世界更美好。

本书将通过一系列的故事来为您揭示这些需求创造工具的力量。故事里有罗宾·切斯，她对都市车主种种困境的洞察，让她致力于提供更容易获得的汽车服务，并打造出一个成百上千万美元的产业；有朱利安·梅特卡夫，这个古怪的英国商人由于找不到自己心目中的满意三明治，于是打造出了英国最成功的健康快餐连锁店，现在也跻身美国“最佳三明治”之列；还有里德·哈斯廷斯，他对电影租赁的不便感到愤怒，这便化成了自己创建奈飞的动力，而这家从事电影碟片邮寄和在线流媒体业务的公司现已价值数十亿美元，正在重塑美国及世界的娱乐行业。

当中国的企业家们在找机会创业，扩张原有公司，或者在职业生涯中寻求更好发展时，《需求》一书再适合不过了。这本书其实是站在了他们的诉求角度，也考虑到了中国经济当前发生的变化，以及中国经济与全球经济发展趋势之间的关系。

直到最近，许多中国企业领导者才开始关注需求。整个国家的经济高速发展，上亿的人口从农村迁到城市，由农民变成中产阶级，这时，对企业最大的挑战，就是让自身的发展跟上需求的发展。在第二次世界大战后的几十年里，美国企业也经历过类似的黄金时期，战后的和平、大萧条的结束，将人们对汽车、电器、度假和许多其他商品的抑制已久的需求释放了出来。这样的需求大爆炸，给美国公司带来了令人吃惊的、长期而快速的增长。

然而，这样的自然爆炸性增长不可能永远存在。在美国，这种增长结束于20世纪80年代。如今，许多美国公司只能绞尽脑汁地去捕获需求，想尽办法要打造出消费者为之疯狂的产品和服务，因为只有这样的产品，才能让消费者甘愿付出自己钱包里那来之不易的美元。

中国很快也会遇到同样的挑战。实际上，已有迹象表明，中国经济的增速正在放缓。而且，由于全世界都在承受低速发展带来的压力，在未来几年内，中国的出口也不会获得像以往那样强劲的增长。

新的经济发展环境将给中国的企业领导者带来新的挑战。以后，取得商品和服务的销售增长将更加困难。而随着中国的消费者越来越成熟，随着他们的要求越来越高，中国企业也必须要设计和制造出更新颖、更漂亮、更高效、更令人兴奋，也就是更富有魔力的产品，就像西方企业（例如苹果）创造的产品一样出色。

希望本书分享的故事和理念能给予中国的产业领导者一些帮助，帮助他们在未来更富挑战性的日子里，找到适合自己的方法来促进公司的增长，延续国家的进步。

Demand

Creating What

第一部分

打开需求的黑盒子

People

Love Before

They Know They Want It

01

让顾客无可救药地爱上你的产品

DEMAND Creating What People Love Before They Know They Want It

- 真正的需求千奇百怪，潜藏在人性因素与其他一系列因素的相互关联之中。每个独一无二的需求故事都有着同样的起点：一个人、一个问题、一个点子。
- 真正的需求创造大师，把所有的时间和精力都投入到对“人”的了解上。他们创造出的产品令我们无法抗拒，更令竞争对手无法复制。

- 顾客内心真正的渴望是什么？他们需要什么？讨厌什么？什么样的产品能引起他们的情感波动？什么样的产品又能激发出源自内心深处的好感？
- 那些在严酷经济大背景下创造出持续爆炸性需求的公司，究竟是如何做到的？
- 有些产品本身如此相似，需求却为何产生了如此大的天壤之别？

有这样一种产品，它能让你一见钟情。它的某种特质引发你内心的共鸣，但你也说不清这种感觉究竟从何而来。你毫不吝惜对它的赞美，这种情感之强烈，如同你厌恶某些产品时不知疲倦的抱怨。你会看到商店门口的长队，听到人们兴奋的谈论。你意识到，关于这个产品，千千万万的人都跟你有着相同的感受。然而，也有一些看起来同样优秀的产品，却由于种种原因始终默默无闻，无人问津。

需求，是一种不寻常的能量形式。需求的力量推动着这个世界的发展，大到国家经济、宏观市场，小到组织机构和我们手中的工资条，身边的每一样事物都依存于它。没有需求，发展就会减速慢行，经济就会飘摇不定，社会就会停滞不前。然而，需求究竟来自何方，我们真的了解吗？可以创造需求，并重复这一创造过程吗？

我们总是认为，只要掌握了正确的手段，需求自然就会产生。于是便有了越来越多的营销活动，越来越炫的广告宣传，越来越激进的促销策略，还有铺天盖地的优惠券和打折信息。诸如此类的技巧有时的确能发挥作用，并带来短期回报。然而，**真正的需求与这些手段并无关联。需求创造者把所有的时间和精力都投入到对“人”的了解上。**他们敏锐地察觉到我们最最真实的希望、疲倦、幽默、冲动、急躁、野心、多疑、莫测，看出我们是多么的不可理喻、满腔热情、焦虑苦恼又捉摸不定。他们一直在努力了解我们心中的渴望：我们需要什么？讨厌什么？什么样的东西能引起我们的情感波动？什么样的东西又能激发出我们源自内心深处的好感？

通过观察人们在现实生活中的种种行为，并持续与人交流，需求创造者磨快手中的利刃，试图去斩断我们所有人都会面对的一团团大大小小的乱麻，同时找出解决办法，让我们的生活变得更加轻松方便，收获更多，乐趣更多。在我们自己都不了解自己的需求时，需求创造者就似乎已经看透了我们的内心。于是，他们创造出的这种产品，令我们无法抗拒，更令竞争对手无法复制。

需求洞察

产品的需求创造很少能一炮打响。因为，真正的需求，潜藏在人性因素与其他一系列因素的相互关联之中。这些千奇百怪、不断变化的因素包括金钱和情感成本、社会规范、基础设施、产品设计、沟通方式等。所有这些因素通过一种复杂而无法预测、违背直觉的方式相互作用。只有理解这一切，才有可能创造出真正的需求。

想要成为成功的需求创造者，就要把思维方式从劝说人们购买产品，升华到人与人之间的深入理解，升华到从客户的双眼和情感角度看世界。

在打开需求的大门之前，需要在很多关键问题上切中要害。而这扇门一旦打开，美好的事物就会降临到我们所有人的身上。

本书中讲述的故事，便是关于这样一群卓越的需求创造者，以及他们事业上的同伴。虽然每个需求故事都独一无二，但却都有着同样的起点：一个人、一个问题、一个点子。

因为麻烦，所以需求

1997 年的一天，一个名叫里德·哈斯廷斯（Reed Hastings）的人正在家里百无聊赖地整理旧报纸旧杂志，突然在一摞早已被遗忘的废纸下面发现了一件让他十分不爽的东西。这是电影《阿波罗 13 号》的录影带。就在六周前的一个晚上，哈斯廷斯和妻子一起在家中观看了这部电影。

这盘录影带，本应在看完后第二天一早就还回百视达（Blockbuster）的。在他想起这件事的一瞬间，心情一下子跌到了谷底。

他脑中冒出的第一个念头就是，赶紧去计算一下迟还罚金。整整 40 美刀！都能把这盘该死的录影带买下来了。这个麻烦说来也不算什么大事，但着实令人心烦，因为这笔钱等于是对哈斯廷斯马虎大意的惩罚。

第二个想法让他更加心生畏惧：我老婆知道了会怎么说？一想到老婆很可能会用沉默作为回应，他就觉得更加痛苦。哈斯廷斯脑海中立刻浮现出了十分生动的一幕：老婆在听到这个消息后立刻翻了个白眼给他。“那是个能杀死人的白眼啊！”哈斯廷斯回忆说。

我们很多人都经历过这种事，但是里德·哈斯廷斯和我们不一样。这次不愉快的经历促使他对电影租赁业运营机制及其给人们带来的麻烦进行了深入的思考。

那天下午，哈斯廷斯正在去往健身房的路上，当他还在为40美元的罚金而心烦意乱之时，突然冒出了一个想法："为什么电影租赁不能借用健身中心的运营模式呢？无论你是经常还是偶尔使用这项服务，都只需支付一笔固定的费用。"这个问题又引出了其他一些问题：只收取固定的会员费，没有迟还罚金，电影租赁服务真的可以这样做吗？没有迟还罚金的压力，客户会不会干脆不还录影带了呢？能否购买海量的电影以满足所有客户的需要？怎样才能实现盈利？

哈斯廷斯开始一点点完善这个想法，从最初纸上的写写画画，逐渐转移到了现实生活之中。最终，一家名叫奈飞（Netflix）的公司成立了，并发展成为21世纪成长最快的公司之一。

回顾当初，这个想法竟是如此简单直白。没有罚金，也没有罚金引来的恼火，借还非常方便，谁不愿选择这样一个电影租赁系统呢？奈飞就是这样在百视达的眼皮底下成长起来的。当百视达这帮高管在眼睁睁地看着奈飞连续实现19个季度的高速发展之后，才决定投放自己的录影带邮递服务。不单是百视达，沃尔玛、亚马逊和迪士尼等零售业与娱乐业巨头也纷纷加入进来。面对众多拥有先天优势的竞争对手，奈飞一路披荆斩棘，以策略制胜。

这一切究竟是如何发生的？为什么里德·哈斯廷斯能在消费者遇到的困扰中看到价值数十亿美元的需求，而我们其他人虽然都有着相同的经历，却根本没有注意到其中存在的潜力，甚至连抱怨都不曾有过？

个中道理，正是本书主题的体现。**本书将为读者揭开这样一个谜团——需求的奥秘。**

千千万万的人们在家中囤积了数不尽的东西，却依然被生活中各种麻烦带来的苦恼、不便、抱怨和风险所纠缠。不管我们进行了多少消费，我们真心想要的产品和服务与我们实际购买的东西之间，总是存在着一道巨大的鸿沟。而这道鸿沟，就代表着创造新需求的机会。里德·哈斯廷斯之所以取得了成功，就在于他发现了这条鸿沟的存在。

洞察力，打开需求之门

就在里德·哈斯廷斯酝酿奈飞的时候，另一段需求创造的故事正在地球的另一端上演。虽然故事的环境和诸多细节与奈飞相差甚远，但两者最根本的道理却惊人地相似。

在印度西南海岸的帕里普拉姆（Pallipuram），有一位渔民，名叫巴布·拉詹（Babu Rajan）。以发达国家的标准来看，拉詹是个穷人。唯一值点钱的资产，就是他和另外14位渔民共同拥有的维持生计的家伙什儿——一艘名为“安达凡”（Andavan）的22米长的钢板船。他们驾驶着这艘船，在阿拉伯海捕捞沙丁鱼这种量多价廉的鱼类，供应到南亚市场，给那里的人们充饥。拉詹继续着祖祖辈辈延续下来的生活方式，他依然用祖父使用的800米长的渔网捕鱼，依然传承着古老的仪式，在船头小小的印度教佛龛中燃香祈福。

赶上好日子，拉詹就能交上好运。黎明前出海，也许能捕捞到重达5 000公斤或更多的鱼，这样就能赚到1 800多美元分给大伙。而有些时候，也会无功而返，捕获的海产品价值连付渔船的柴油钱都不够。大海的喜怒无常让拉詹更加深刻地认识到，实现海产品价值的最大化是多么的重要。

大自然的无情力量在这里也扮演了冷酷的角色。在海上漂泊了10～12个小时之后，拉詹和伙计们带着大海当天的馈赠，来到最近的港口，与当地的海产品批发商进行交易。热带地区骄阳似火，拉詹和批发商都知道，在这样的温度下，海鱼放不了多久就会变质。渔民们根本没有时间在港口之间穿梭比价。拉詹别无选择，只能接受批发商给出的价格，然后默默期待着明天能捕到更多的鱼。在这样残酷的现实之下，世世代代的印度渔民一直没有找到脱离贫困的办法。

这种情况在最近发生了改变。2003年，和上百万生活在农村地区的印度人一样，巴布·拉詹用一个月的辛苦钱买回了一件父辈祖辈想都不敢想的工具：手机。而现在，他的工作和生活也因此发生了翻天覆地的变化。

如今，当拉詹在阿拉伯海拉网捕鱼时，他总会把用塑料套保护着的手机挂在自己的脖子上，铃声会不时响起。这都是附近港口的批发商打来的电话，询问收获情况："今天收获多不多？""什么时候能上岸？有没有人开始出价了？"拉詹说："每当我捕到很多鱼时，在回到港口之前，电话都要响上六七十次。"

如今，拉詹已经在几家批发商之间左右逢源，利用在任何自由市场中都非常经典的模式，坐等批发商们相互抬价。只有在选定了出价最高的批发商后，他才会决定停靠在哪个港口交货。这种新型沟通方式，让拉詹一家在过去10年间的收入翻了3倍多，也拥有了一系列印度农村穷苦人家听都没听说过的奢侈品：电、电视、教育。

手机给印度农村地区带来的影响，远远超越了渔民生活的范畴。就在不久之前，印度农民还在沿用千年传承下来的缺乏技术含量的工具，依赖于猜测、传统、口口相传，甚至是宗教仪式，来获取耕种方面的信息。而一旦遇到市场波动、干旱、洪水、农作物病虫害及其他各种形式的经济灾难，农民们极端脆弱的应对能力就暴露了出来。每年由于信息缺乏而导致的市场失灵，会造成印度 1/3 的水果和蔬菜产品被白白浪费。

如今，手机的到来，为这里的一切都带来了改变。从印度北部的北方帮（Uttar Pradesh）到南部的泰米尔纳德帮（Tamil Nadu），超过 40% 的农民都享受到了关于农业信息的资讯服务。他们能收到关于市场数据的定制语音提示或短信，如当天在当地某个市场，某种农作物的最低价和最高价，当天运抵该市场的这种农作物具体有多少等。同时还有其他语音信息为农民提供种植建议，例如稻田的杂草控制、香蕉的栽培技巧等。

美国的农业工作者可能对这类信息早就习以为常了，但是，它们却给发展中国家带来了巨大的帮助。研究发现，在印度，手机应用率较高的地区能更快更有效地脱离贫困状态，从而创造出更多需求，如对汽车、住房、服饰商品、食品等的需求，以及对医疗保健、教育等高端服务的需求。需求又连锁地激发出了更多的需求，从而实现了全社会的发展和繁荣。

推动这一趋势的产品，就是诺基亚 1100。发达世界的消费者对这款芬兰手机拥有如此巨大的需求量总是感到惊诧不已。

我们不妨先来回顾一下过去几年市场中令人印象深刻的科技产品：任天堂的 Wii 游戏系统在面世 5 年之内，创下了 4 500 万台的销售纪录。同一时期，摩托罗拉的 RAZR 系列手机销量达 5 000 万台，PlayStation 2 游戏机卖掉了 1.25 亿台，而 iPod 则取得了 1.74 亿台的销售佳绩。

诺基亚 1100 的成果如何呢？在产品投放市场的前 5 年，其销量就已高达 2.5 亿台，主要市场基本集中在发展中国家和地区。如此巨大的销量，使得诺基亚 1100 成为了全世界最畅销的消费电子产品。

诺基亚 1100 成功的关键在于设计。某些功能对生活在南亚、拉丁美洲和撒哈拉以南非洲农村地区的人们来说很有价值，其他一些功能则被简化或直接去除。同时，诺基亚 1100 提供的一些可选功能，在西方人看来简直不可想象，例如，可以存储多套联系人名单，这是全村很多用户共用一部手机时不可或缺的功能。诺基亚 1100 还允许用户为某次通话设置话费限额，这与在加油站预付费一个道理，也是支持手机公用的一个特性。此外，内置手电、收音机、闹钟等这些小功能对于居住在电力供应不稳定地区的人来说也大有用处。而且，诺基亚 1100 的屏幕可以显示 80 多种语言，还有帮助不识字用户进行辨识的图形标志。

诺基亚 1100 靠洞察力和创造力取胜。诺基亚的工程师们能够从一位南亚农民的视角看世界，认识到这位农民身边的种种不便，用心去体会这些不便给他带来的麻烦，并据此设计出了一款产品，大大缓解了这些不便。诺基亚在改善成百上千万人生活的同时，也从中挖掘出了巨大的新需求。

需求是一门学问

奈飞和诺基亚 1100 的例子，生动地反映了需求创造的复杂程度，以及需求改变世界的巨大力量。随着对这类故事的深入了解，我们就会更加深刻地认识到，需求这门学问，远比我们最初的理解要更加复杂，更加扣人心弦。

但是，**这门学问究竟有何用处？对于商界人士、经济政策制定者，以及我们**

所有人来说，需求的奥秘为何会如此重要？答案就隐藏在我们这个世界的瞬息万变之中。

我们生活在两大类经济形态并存的时代。第一类经济形态常常占据着报纸头条和电视新闻。这类经济在2008年时陷入了衰退，上百万人失去了工作，更有上千万人无法充分就业。公司停止了投资，工厂陷入了沉寂，汽车、电子产品、航空、零售、能源、住房等诸多行业，相继陷入了萧条的泥潭。在这样的经济形势下，驱动几十年发展和繁荣的引擎——曾经一度稳定可靠的消费需求，如今却土崩瓦解，给人们带来了巨大的痛苦。

与此同时，在另一类经济形态中，需求引擎却强大得让人难以想象，它以超快的速度向前推进。很多公司不仅因此超越了竞争对手，而且完全称得上是出类拔萃。这些公司创造的新产品和新服务不仅吸引到了需求，而且具备令人兴奋激动的魅力。因此，它们发展迅速，产品价格高昂，客户无比忠诚。在这类经济中，公司不断成长，盈利丰厚稳定，客户忠诚度高，创造出了成千上万的工作机会，同时，无数人的生活质量也因此得到了改善和提升。

这究竟是怎么一回事？

为了回答这个问题，我们需要用一种全新的眼光来看待需求的奥秘，需要抛下传统预设的偏见和负担来审视客户和生产商，以及两者在市场中的相遇。我们要像孩子一样去思考需求这门学问，充满好奇、不知疲倦地去追问貌似天真幼稚的问题：需求究竟是如何产生的？那些在严酷经济大背景下创造出持续爆炸性需求的公司，究竟是如何做到的？

让顾客无法拒绝，让竞争对手难以复制

周遭发生的一系列“奇闻轶事”进一步放大了我们对需求的好奇，这些怪事就出现在我们身边，貌似毫无道理，却留给了我们无限的思索。类似奈飞和诺基亚 1100 这样突出的案例激起了我们的兴趣。而在我们开始关注这类需求奇闻时就立刻发现，类似的事件竟然在我们的周围随处可见。

- 在亚马逊的 Kindle 掀起电子书革命风潮之前，索尼在庞大的日本图书市场推出了一款几乎一模一样的设备，却很快如石沉大海般销声匿迹。为什么索尼阅读器比 Kindle 整整早上市 3 年，销量却不及 Kindle 的万分之一？

- 推崇高雅文化的非营利性组织总是为资金紧缺的问题而挣扎，而一个中等规模城市中的歌剧公司，却有办法激发起人们对歌剧演出的巨大需求，同时还能保持这股需求源源不断，愈发强烈。他们究竟是怎么做到的？

- 虽然汽车既昂贵又不环保，但美国人对汽车执著的热爱是人尽皆知的。在这样的大背景下，一家租车公司竟然能实现了快速成长。这家公司究竟如何说服美国人放弃拥有汽车的想法，而且还能让他们心甘情愿地这样做？

- 美国的医疗保健领域是个经济灾难区。然而，加州一家名不见经传的医疗服务提供商却能找到办法，大大改善服务质量，让客户更加健康快乐，同时还能节约高达 20% 的成本。这怎么可能？

● 大家都知道，美国的教育业已经走了整整10年的下坡路。但是，一位年轻的大学毕业生开办的一家非营利教育组织却飞速发展起来，通过激发学生和家长对实用教育的需求，正在美国的教育业掀起一场变革风潮。这又是如何做到的？

需求创造的过程是一场无法预测的挑战，也造就了无数比肩齐名的对手：Facebook与MySpace，丰田普锐斯与思域混合动力，iPod与Sansa，欧洲之星（Eurostar）与法国航空（Air France）等等。每场角逐都在两款看起来差别不大的产品中展开，而消费者总会严重倾向于其中一款。两种产品在需求量上不是差几个百分点的问题，而是5：1甚至10：1的巨大悬殊。为什么？产品本身如此相似，需求却为何产生了如此大的天壤之别？

我们发现，需求常常是由一类特殊人才创造出来的，这类人具有十分独特的眼光和行为方式。任何领导者、任何团队，都可以对这些人展示出来的技能进行学习和实践。

这些需求的创造者认识到，人们实际购买行为与内心真实需要之间存在巨大的鸿沟。他们将这道鸿沟作为想象力的起跑线，从需求角度出发来思考现实的问题。他们基于现实展开全新的想象，然后再造新的现实。由此创造出来的新产品，客户无法拒绝，竞争对手难以复制。

创造需求的6大关键

在需求创造的流程中，这些奇才会做到以下几点。

• 1. 为产品赋予魔力 •

绝大多数进入市场的产品都是好产品，而且有些还相当优秀，但却无法让客户与之产生情感共鸣。需求创造者从一开始就认识到了残酷的现实：非常优秀≠有魔力。他们永远不会安于产品的现状，除非这款产品已经具有了令人完全无法抗拒的吸引力，足已在人群中掀起议论的热潮。当我们谈到需求创造时，通常来讲**赢家并不是先行者，而是第一个能创造出情感共鸣并能把握住市场方向的人。**

• 2. 化解生活中的麻烦 •

我们购买的很多产品都存在缺陷，因此使用的过程也伴随着诸多麻烦。有些功能既浪费时间又浪费金钱，有些操作说明含混不清，有些风险完全没必要存在，还有其他各种小问题小差错。在同一款产品中，我们很难获得想要的所有特性：在更加简洁的同时获得更多选择，在提高自动化程度的同时享受充分个性化的服务，在质量提高的同时支付更低的价格。然而，需求创造者的巨大机遇也正是藏在其中。面对我们日常生活中充斥的种种不便，需求创造者们快刀斩乱麻，找到了化解问题的妙计，也指明了引爆潜在需求的金光大道。

• 3. 构建完善的背景因素 •

成就或摧毁某件产品命运的，往往是我们看不到的东西。很多需求创造者都发现，90% 的背景因素到位是远远不够的。除非真正做到天时地利人和，否则需求根本不会出现。为了化解客户身边的麻烦，需求创造者会全盘兼顾，把所有相关因素联系在一起。

• 4. 寻找激发力 •

创造需求的最大障碍是人们的惰性、多疑、习惯和冷漠。大多数听说过某产品的人都会持观望态度，并没有购买意向，正是这种心态限制了需求的增长。只有撬动杠杆，才能激发人们采取行动。就算是最优秀的公司，也常常要花上很多年才能找准激发力的命脉。但需求创造者们总会一刻不停地搜寻，持续不断地实验，以期尽快找到将观望者转变为客户的关键力量。

• 5. 打造 45° 产品精进曲线 •

将产品投入市场，只是万里长征的第一步，面对冷酷无情的市场，需要不断发起一轮又一轮的攻击。在产品发布之时，优秀的需求创造者就会调整好状态，扪心自问："到底能以多快的速度对产品进行改进？"随即推进到产品的下一阶段。他们深知，无论从技术角度还是情感角度讲，产品每实现一点提升，就会打开新一层的市场需求，并把东施效颦的模仿者挤压到更小的空间中去。

• 6. 去平均化 •

"单款产品通吃市场"这个貌似富有吸引力的想法，却被需求创造者嗤之以鼻。因为在现实中，这个办法并不见得奏效。在复杂的市场情况之中，"去平均化"的手段让需求创造者认识到"平均客户"根本就不存在，就算是不同客户（甚至是同一位客户在不同时期）身处的麻烦场景也差别巨大。之后，他们会找到高效且成本低廉的方法，实现产品的差异化，更精准地满足各类客户的不同需求，去除不必要的冗余，填上需要弥补的缺陷。他们不停地对产品进行改进，以期满足更多类型客户的需求，不断提升市场覆盖范围，从 60% 提升到 90%，甚至更高。

成为优秀的需求创造者

优秀的需求创造者，不仅自身精通上述 6 大关键，而且还知道如何将这些能力传播给他人。他们的团队具有自我复制能力，团队中的成员也对客户及其需求同样有兴趣，对客户实际购买与真正需要之间的神奇差异同样痴迷。于是，他们能帮助成百上千万的客户，用自身的产品提高了客户的生活质量，化解了客户身边的麻烦。**只有真正伟大的组织才能影响到如此庞大的客户群。**

需求创造者掌握着一个不易被人察觉的优势。很多竞争对手其实都是“反需求”型组织，结构松散，部门之间彼此隔绝，目光停留在满足客户昨天的需求上，而且在客户通过各种行为向我们发送的信号面前，反应极其迟钝。

需求创造者是卓尔不群的。为解开需求的奥秘，我们有幸与许多需求创造者面对面，观察他们在实际工作中的一举一动。我们在各种各样的组织中都找到了需求创造者的身影，不仅是大公司，而且还有小企业和非营利组织。有些人是公司的创立者和CEO，而另一些则是中层经理、一线员工、小企业主和创业家、心怀理想的改革家，以及来自生活中各行各业的普通人。

需求创造者对事物抱有很强的好奇心，精力十分旺盛，思维缜密，严于律己，自信十足，愿意不断进行自我挑战，为人谦逊并散发着富有品位的幽默感。他们总是一刻不停地去寻找客户身边尚未得到解决的麻烦。

需求创造者各自有着千差万别的特点，而他们所有人之间最重要的共同点，却十分简单。我们一直在思索这样一个问题：明天的需求从哪里来？如果将同样的问题摆在需求创造者面前，他们不会将希望寄托于政府、世界500强或是宏观经济力量。

他们，只会望向镜中的自己……

Demand

Creating What

第二部分

成功创造需求的6大关键

People

Love Before

They Know They Want It

02

关键1 魔力

创造无法割舍的情感共鸣

DEMAND Creating What People Love Before They Know They Want It

- 赢家并不是先行者，而是第一个创造出情感共鸣并能把握住市场方向的人。
- 在需求的世界里，根本没有必然可言，你完全可以为顾客提供他们当时不具备的选择。

需求创造大师

Zipcar：赋予租车新自由

魏格曼超市：品类杀手中的“品类杀手”

- 人们是否对任何产品，都能产生同等的情感共鸣？怎样先于客户了解他们的需求？
- 你打造的究竟是一款好产品，还是魔力产品？怎样让客户从“无所谓”到“必须买”？
- 什么是造就魔力的6大行为方式？

新的需求，永远来自于富有魔力的产品

2003 年 2 月 14 日，星期五，斯科特·格里夫斯（Scott Griffith）在一天的紧张忙碌之后，终于踏上了回家的路。短短一天之中，竟发生了一件能够改变命运的大事。Zipcar 的董事会决定任命他接替公司创始人罗宾·切斯（Robin Chase），执掌公司 CEO 的大印。

对于当年 44 岁的格里夫斯来说，那是个激动且有些混乱的时刻。他之前曾做过两家创业公司的 CEO，一次失败，一次成功。如今再次掌舵，心情十分爽朗。而且，他也很喜欢 Zipcar 的特立独行和远大抱负。这家公司提供了一种买车的替代方案，可以同时实现省钱、省事和环保三个目标，并由此改变人们的用车方式。然而，切斯及其团队整整努力了 4 年，经过无数次研究、实验、革新和挣扎之后，公司的前景依然不太乐观。需求量并不是没有，但确实很低，低到了无法持续、无法盈利的地步。

如果用火箭打比方，那么 Zipcar 就是一艘已经发射，但却无法冲出大气层的

火箭。这艘火箭一次又一次地停止前进，掉回到地面上，被巨大的地心引力拖住了后腿。就是这股地心引力，致使全社会超过 80% 的新业务新产品以失败告终。

董事会和公司员工曾讨论过各种解决办法：降价、做广告、免费试用、调整车辆类型结构、重新设计网站等。虽然问题显而易见，但解决办法却像一个谜，令人琢磨不清。

格里夫斯一直对技术革新与客户需求之间的交集痴迷不已。他成长于 20 世纪 70 年代的匹兹堡，亲眼见证了钢铁行业的衰退给本地经济带来的毁灭性打击。同时，他是天生的修理专家，9 岁时就能用焊枪修好家里的烤面包机。用他自己的话说，“没把我自己电死，算我命大。”

现在，Zipcar 将成年人世界中一个类似的问题摆在了格里夫斯的面前：他能否找到火箭无法脱离大气层的真正原因？他能否在公司资金用光之前，把出现问题的地方修理好？

美国人对汽车有着浓厚的感情。所有的文化评论家都对此确信无疑，绝大多数普通人也对此毫无异议。在 2001 年进行的一项调查发现，84% 的美国人承认深爱着自己的汽车，12% 为自己的汽车起了昵称，17% 的人还在情人节为爱车买了礼物。没错，美国人的确对汽车怀有浓厚的感情。

果真如此吗？

- 美国人真的喜欢上下班的路程吗？
- 美国人真的喜欢行驶在以堵车闻名的亚特兰大和洛杉矶那水泄不通的道路上吗？
- 美国人真的喜欢在纽约的长岛公路（有“全世界最长的停车场”之称）以每小时 8 千米的速度爬行吗？

- 美国人真的喜欢在曼哈顿、芝加哥或费城满地大坑的街道上，躲闪于无数公交车、运输卡车、破旧的出租车、并排停在路边的车辆之间吗？
- 美国人真的喜欢排队等车位，喜欢在想方设法停下车之后，还要在 3 000 个一模一样的车位中寻找自己那部车吗？
- 美国人真的喜欢支付汽车的保险费、修理费、罚单、注册费和税金吗？
- 美国人真的喜欢在加油时看着计价器上的数字蹦得飞快吗？

美国人也许对汽车有着深厚的感情。但在人与车的关系中，有时候却会由爱生恨。

密歇根州安娜堡的记者玛丽·摩根（Mary Morgan），对美国人与汽车之间又爱又恨的关系进行了深入的思考。事实上，她本人就切身体会到了这种纠结，就是否放弃汽车一事与家人讨论了很长时间。安娜堡拥有完善的公共交通系统，摩根一家就算没有汽车，平时的各项活动也可以照常进行。但是，摩根这样告诉我们：

> 不得不承认，我一直以来都没有决心和勇气迈出这一步。对于我来说，开车已经成为一种习惯，好像上瘾了一样，真的。而且没办法一下子就戒掉。我现在戒车，就像戒烟一样，要经过尼古丁贴剂一样的过渡疗程才行。我在戒车这件事上之所以有些不情愿，可能是因为我觉得，拥有汽车就等于拥有了自由。如果没有汽车，我的行动就受到了限制。

摩根在这里最生动的说法，就是用“上瘾”这个词来形容她对汽车的情感。我们一般用这个词来描述对我们自身有害的某种习惯，虽然内心很渴望改变，却无能为力。无数美国人之所以购买汽车，就是因为上了这种“瘾”。**不是因为他们发自内心地热爱汽车以及汽车带来的种种麻烦，而是因为，拥有汽车是唯一能让他们体验到自由感的办法。自由，才是他们真正热爱的。**

伟大的需求创造者之所以与众不同，一部分原因就在于，他们懂得，我们购买的东西与我们实际需要的东西并不总是完全契合。很多情况下，两者之间存在着巨大的鸿沟，而在鸿沟之中，正酝酿着创造需求的大好机会。

然而，要将机会转化为真正的需求，却是难上加难。

回顾20世纪70年代、80年代和90年代，石油泄漏、油价飞涨、海外石油危机、石油供应短缺，再加上全球气候变暖等威胁，充分暴露了我们对石油过分依赖而带来的危害。有远见的政府领导和城市规划师一直在尝试消除或减轻公众对汽车的依赖。他们设计了各种办法，包括改善城市公共交通系统，设立无车带和步行购物区，出台限制性的汽车法规、高昂的税费和牌照政策，实行高峰期行车收费，以及复杂的停车限制规定等。

可是，这些举措却鲜有成效。2000年，以讽刺风格闻名的《洋葱》刊载的一篇文章，题目直中要害："98%的美国人希望别人使用公共交通工具"。人车关系中缺失的部分，正代表了一个非常有吸引力的替代方案，而这种新型交通方式，既能消除买车养车带来的诸多麻烦，同时也能让人享受到汽车带来的自由、方便与快乐。

在政界，人们会说，"不能用无名小卒去对抗重要人物。"在需求的世界里，只找出现有产品的缺点是远远不够的。你创造出的这款替代性新产品，要有足够的魅力以激发出客户的热情，吸引到客户的关注，并驱动客户改变之前的行为方式。换句话说，新的需求，永远来自于富有魔力的产品。[①]

① 在这里，"产品"一词特指提供给客户的任何商品，也包括"服务"这种无形商品。为简明起见，同时也为了避免重复使用"产品或服务"，我们统称这两类商品为"产品"。——作者注

魔力 M= 卓越功能 F ×情感诉求 E

那么，究竟什么才是魔力产品呢？其实你自己就可以很轻松地给出这个定义。看看下面这几对形成鲜明对比的产品。不用想太多，就靠头脑中的第一反应即可。每对产品之中，哪一个让你觉得更有吸引力、更有趣、更想要、更可爱？或者说，哪一个更富有魔力？

Sansa	iPod
索尼阅读器	Kindle
思域混合动力	普锐斯
赫兹连接（Hertz Connect）	Zipcar
意利咖啡（Illy）	Nespresso胶囊咖啡
法国航空	欧洲之星

MySpace	Facebook
百视达	奈飞
英国航空	维珍航空
某种套装玩具	乐高积木
某种电影公司	皮克斯
雅虎搜索	谷歌
某在线零售商	亚马逊

也许你不一定对上述每款产品都十分熟悉。但是你也许会和看过这份名单的几千人一样，觉得名单中右边的产品比左边更有吸引力，虽然其中很多产品从表面上看差别并不大。我们之后会讲到，对于魔力产品来说，情感诉求与产品功能

拥有同等的重要性。而魔力，正是创造出巨大新需求的关键元素之一。

1999 年时，罗宾·切斯决定着手创造出一种富有魔力的买车替代方案。

切斯毕业于威尔斯利学院（Wellesley）公共健康专业，后在 MIT 的斯隆商学院获得了 MBA 学位。她专注于环保事业，一直就对美国人的汽车瘾深感忧虑，还撰写过多篇激情洋溢的文章，诸如《化石燃料：新型奴役》等。然而，由于欠缺一种有吸引力的替代方案，她的循循善诱似乎并不见效。

之后，在 1999 年，切斯尝试着将自身的商业才华应用于美国的环保事业，并在此过程中，发现了一个解决汽车困境鲜为人知的方法——汽车共享。她希望通过让几个人（特别是城市居民）共享同一辆汽车，来达到减少路面不必要车辆的目的。

切斯发现，汽车共享可以从多方面实现资源节约。减少路面上的车辆，就意味着在制造环节可以省下更多的钢铁、橡胶、玻璃等原材料，此外用于建设公路和停车场的土地面积也会更少。而且，加入共享计划的人也不会对汽车有过分的依赖，不会去趟离家 5 个街区的超市还要开车，这样就减少了汽油消耗，不会在没必要的车程、等红灯的时间和绕着街区找车位的过程中浪费资源。

非营利形式的汽车共享服务，当时已经在西欧以及美国几个城市（如俄勒冈州波特兰）推广。但这些由市政府出资提供的服务，虽然本意是好的，但实施起来却并不顺利。车钥匙统一储存在位于中心地带的机械锁箱中，行车记录还要亲笔在纸上填写。除了热心环保的人士之外，汽车共享的需求基本为零。

切斯明白，用另一堆麻烦来取代购车养车的麻烦，根本无法创造出多少新需求。但她同时也认识到，互联网提供了理清甚至斩断这团乱麻的契机。切斯认为，汽车共享对环保的贡献，可以通过一家能够吸引到主流客户持续需求的商业化公司来实现。

壮志在胸，她与德国好友安特耶·丹尼尔森（Antje Danielson）从几家风险投资公司募到了130万美元，在自己的家乡麻省剑桥将理想落实在行动上。他们决心把汽车共享事业做大做强，为国家面临的能源和环境问题带来实实在在的影响和改善。

切斯的丈夫罗伊·鲁塞尔（Roy Russell）成为了这家新公司的首席技术官。他与一支编程团队开始创造一套基于Web的系统，用于汽车的预定和跟踪。汽车停在事先安排好的车库或停车场，付费会员只要点几下鼠标，就能找到并预定离自己最近的车辆。会员凭一张数字编码卡片便可以使用汽车。系统实现了在线自动计费，取代了传统的纸笔。客户用不着填写保险表单，相关的费用已经包含在了每小时的使用费率里。甚至连汽油钱都不用费心，用会员卡在加油站可以像使用信用卡一样支付油费。

这些创新，极大地提升了汽车共享的功能性，满足了实现魔力的前一半要求。"我们的目标，就是要让用车像从ATM机中取钱一样方便。"切斯曾这样说过，而新的基于Web的租赁系统也十分接近这个目标。一位早期用户曾如此评论，"如果把在大公司柜台填写各种表格的功夫换成使用Zipcar，同样的时间里，我已经开出去10英里的路程了。"另一位也感叹道，"你永远也不用跟活生生的人打交道，直接在网站上进行预订就可以。"第三位用户则称切斯的系统是"周游全市最方便最省钱的办法"。

切斯推动的这些进步十分重要。**一款魔力产品必须拥有卓越的性能：好用、价格实惠、方便省事、减少麻烦。但是，我们一再强调，功能本身并不能创造出**

魔力。毕竟，闪迪（SanDisk）或其他任何制造商生产的 MP3 播放器，播放起音乐来和 iPod 没什么两样。情感的介入同样必不可少。iPod 就通过独一无二的特征赢得了用户的好感，这些特征包括新颖的设计、绝妙的用户界面，以及用于寻找、购买和组织内容的一套通用、简洁、有趣的系统。这就是为什么每 1 位寻常品牌 MP3 的用户评价自己使用的产品“能用”或“还行”时，就会有 10 位 iPod 用户称赞自己手中的产品，“太棒了！”我们可以用一个简单的等式来描述这种关系：

$$M=F\times E$$

也就是说，**魔力 M 等于卓越的功能 F 与强大的情感诉求 E 两者的乘积**。切斯对此有所认识，并在公司命名这件事上花了不少心思，因为她知道，公司的名称会对大众心目中品牌的印象和理解产生一定的影响。她和丹尼尔森两人想出了几个名字，开始在波士顿街头向路人征求意见。其中一个名字“轮享”（Wheelshare）很快就被枪毙掉了，因为听起来像“轮椅”（wheelchair）。

还有一个名字：全美汽车共享（U.S.Carshare）。在征询他人意见之后，切斯惊奇地发现，很多人对“汽车共享”这个概念有种根深蒂固的反感。“这个词让人感到紧张。”她之后这样解释，“听到这个词，人们会有一种被勒令排队等候的感觉。从那时起，我就禁止公司员工使用‘汽车共享’这个词。我们会称酒店为‘卧具共享’吗？那会让人感觉完全没了隐私。我们会称保龄球为‘鞋子共享’吗？那样谁还会去玩保龄？”

对于身为理想主义者的罗宾·切斯来说，“汽车共享”代表着一种社会意识，代表着拯救地球的美好愿望。但对于普通美国人来说，“汽车共享”一词却十分怪异而没有品位。切斯尊重客户的意见，放弃了这个名字。

最终，切斯将公司命名为 Zipcar，这个名字能让人联想到有趣、省事的特质，例如速度和便利，而且还配上了一句口号“随时待命的代步工具”。她组建了一只小型车队，全部由时髦的青柠色大众甲壳虫组成，原因是这种车型外观时尚，同时还象征着环保。一开始在波士顿，然后又推广到了华盛顿和纽约。就这样，Zipcar 正式开张营业了。

结果，**市场“毫无反应”——这是需求创造领域最令人生畏的四个字。**

或者说基本上毫无反应。头一年，只有 75 人注册了会员。从 1999 至 2003 年，Zipcar 的成长虽然稳定，却十分缓慢，停滞在 3 个城市拥有 130 辆车和 6 000 名会员的状况之下，止步不前。

切斯一直在努力，尝试用创新的手段为徘徊在生死边缘的产品注入更强的魔力。

她强调 Zipcar 的社会使命，力图引起年轻城市居民在环保方面的共鸣；她通过公司新闻报，以用户社区建设为目的，举办了“看图说话”一类的竞赛；还发表了读者来信，其中讲述了用户最奇特的 Zipcar 经历。“让客户感觉他们的意见有人在听，感觉他们能够影响到产品的发展，他们就会真心希望你取得成功。”切斯这样说道。她邀请会员参加自带菜肴的晚餐，虽然只有 25 个人出席，但她却依然表现得热情洋溢。后来她解释说，活动的主要目的在于，“还有 4 000 个人会这样想，‘这家公司举办了自带菜肴的晚餐聚会，而我也是他们的会员。多酷啊！’”

所有这些活动都很有趣，很吸引人，但却不具备足够的魔力去触发大规模的需求。盈利还只是一个遥远的愿景。切斯此时完全沉浸在自己绿色环保的梦想之中，依然保持着乐观态度。她曾开玩笑说，自己的愿景就是“占领全世界”，只有当Zipcar被告上法庭，被指控为市场垄断，她才会认为公司取得了成功。她也曾说过，希望自己临终时，能看到Zipcar进入全世界包括中国在内的许多国家。“在那些国家的孩子们还没有形成美国式思维之前，还没有像美国孩子一样想‘等我到了17岁，我要拥有自己的汽车’时”，Zipcar就要占领那里的市场。她还说过，“说实话，我对这样的前景没有半点疑惑。”

然而，几个月之后，切斯的投资人开始有些不耐烦了。他们担心，这位激情四射的CEO更关注的是拯救世界，而不是帮他们赚取合理的投资回报。2003年时，一笔700万美元的夹层融资[①]在最后时刻化为乌有。虽然切斯想办法搞到了另一笔资金，但公司的董事会再也忍无可忍了。曾经，切斯的愿景、创造力和驱动力就是Zipcar的一切，而现在，她却被董事会从自己一手打造的梦想中驱逐了出来。

需求的关键，通常只是不起眼的小事

格里夫斯曾任职于波音公司和休斯飞行器公司（Hughes Aircraft），还在两家高科技创业公司工作过，一家是信息美国（Information America），取得了成功；而另一家数字商品（Digital Goods）则因过早进入电子书市场而以失败告终。同时，他也是几家战略投资公司的合伙人和主要负责人，在私募圈里根基不浅，而这对于持续需要资金的Zipcar来说，具有很大的价值。

但是，格里夫斯面临的第一个挑战却跟找钱无关。罗宾·切斯及其团队在

① 夹层融资（Mezzanine Financing）是一种回报和风险处于股权融资（风险较高）和优先债务（风险较低）之间的融资方式，它处于公司资本结构的中层，因而得名。“夹层”的概念源自华尔街，原指介于投资级债券与垃圾债券之间的债券等级，后逐渐演变到公司财务中，指介于股权与优先债权之间的投资形式。——编者注

1999 年到 2003 年间设计出的 Zipcar 产品——我们姑且称之为 Zipcar 1.0，的确比最初的汽车共享机制更有吸引力。但从公司不稳定的销售业绩来看，产品缺乏能抓住大规模客户群的关键特质。现在亟待解决的问题就是,究竟为什么会这样?

格里夫斯的主要任务，就是开发出 Zipcar 2.0，这是切斯梦寐以求却又无力实现的魔力产品。这就意味着,要把 Zipcar 的关注群体扩展到热心环保人士之外，强调产品对都市居民生活质量的提升。"这是一种人们主动选择的生活方式，"格里夫斯说道,"你的目的，是要说服人们逃离汽车公司长达百年之久的营销攻势。"若想让公司成长为一家真正的企业，服务的规模就要提升一个等级。用董事会成员彼得·奥尔德里奇（Peter Aldrich）的话说，就是要"将一场政治运动转变为一家公司"。

可没想到，格里夫斯却开始叫停规划之中的扩张项目。他之后解释说，"我们需要先在一个城市的层面验证商业模式的可行性。公司在着手扩张时并没有真的考虑清楚，实现盈利需要具备什么样的条件。"

> 关于 Zipcar 如何才能实现快速成长，当时是众说纷纭。有人建议开展激进的广告营销活动，也许通过广告牌、平面媒体、广播和电视广告等手段，高强度宣传 Zipcar 的优势，可以吸引人们去尝试公司的服务。另一些人则倾向于利用自由媒体的力量，通过访谈、报刊文章等信息宣传手段，唤起人们对城市生活的情感和环境保护的价值观。还有一些人提倡传统的商业手段：打折券、免费试用、地铁站外和商场中的 Zipcar 登记柜台等。

而格里夫斯则决定先开展客户意向的研究调查工作。为了搞清楚 Zipcar 产品缺乏魔力的真正原因，格里夫斯成立了焦点小组，对那些知道 Zipcar 品牌却出于某种原因没有加入会员的观望派进行了深入研究。究竟什么才能激励他们加入 Zipcar 会员呢？格里夫斯认真听取了观望派的意见，把研究的重点放在导致这些人犹豫不决的具体原因上。经过细致的研究，他发现，如果对业务成长本身投入足够的关注，就可以解决汽车共享服务中的很多长期问题，并大幅提高 Zipcar 的内在吸引力。

需求的力量

Zipcar 会员常常会发现，在需求量最高的晚间和周末，这个城市中仅有的几辆车早就被别人预订一空。而且，最近的车辆也停在离家 10~15 个街区远。这虽然听起来不算什么大麻烦，但在整个 Zipcar 租车过程中再附加半个小时的步行时间，就足以让大多数客户望而却步。

就像一位 Zipcar 会员所说的一样，“如果最近的 Zipcar 在两个街区之外，让我赶夜路走到那里，我就会不耐烦。”另一位会员说，“如果车停在离我家步行 5 分钟以外的距离，我就不考虑了。”他们道出了无数人的心声。

这就衍生出了一个鸡生蛋还是蛋生鸡的棘手问题。Zipcar 的默默无闻限制了车队规模的发展，而在这样的现实之下，又该如何壮大 Zipcar 车队规模，使服务更受欢迎呢？

格里夫斯拓宽了思路，对问题进行了重新界定，成功跨越了这道障碍。他认识到，**Zipcar 走向未来的关键在于密度**。汽车的停放位置必须距离会员很近，才能真正替代个人购车，成为一种便捷的出行工具。比如说，如果波士顿拥有 20 万会员，8 000 辆车，就不会有任何问题。而公司当时面临的真正挑战，是凭借一个规模很小的组织，去模拟大规模机构才能实现的高度市场渗透。

为了达到这一效果，格里夫斯决定将 Zipcar 车队集中在少数几个精心筛选的位置。决策一经实施，立即获得了立竿见影的需求成效。

Zipcar 没有将车队投放到整座城市，而是集中力量，在几处城市居民区形成相对密集的布阵。这些居民区中住满了典型的 Zipcar 用户：年轻、精通技术、环保、节约。Zipcar 重点抓住潜在客户集中的地区，就算从小规模起步，也可以实现高密度的目标。

Zipcar 组织了街头宣传队，“一个小区接一个小区，一个地址接一个地址”地推广 Zipcar 品牌和产品，并专门在特定的居民区开展了多姿多彩的营销活动。华盛顿有一个小区，那里居住的全都是了没有汽车的年轻专业人士，Zipcar 在小区的路边放了一张旧沙发，上面挂出一块牌子写着“想把这张沙发搬回家，你需要一辆 Zipcar”。波士顿很多大学生发现，城中的 T 线运输系统中贴满了 Zipcar 的大幅海报，上面赫然写着“一年 350 个小时用来做爱，420 个小时用来找车位。究竟哪里出了毛病？”

客户需求有着不同的类型，Zipcar 的业务也力图与之保持一致。公司在不同的居民区部署了不同的车型：剑桥是个具有环保意识的地区，这里的车队由混合动力普锐斯组成。而在波士顿奢华高雅的贝肯山（Beacon Hill）一带，则有沃尔沃和宝马随时待命。“我们就像路边的咖啡店、干洗店一样。”格里夫斯回忆说，Zipcar 就是一家按本地需求提供本地服务的本地公司。公司不遗余力地识别着各种类型的潜在客户，并制定出了不同的产品组合，以吸引到每一类客户的关注。

最重要的是，这种主打本地的战略实现了“即时密度”的目标。在选定的居民区中，Zipcar 随处可见，既可以让会员很轻松地订到车，也可以让人一眼就认出 Zipcar 的品牌。

需求的力量

计算结果很有说服力：如果在剑桥中心地带10个街区的范围内设置一处Zipcar停车点，那么平均来讲，客户要走上10分钟才能取到车。如果在同样的区域内部署7处停车点，那么平均的步行时间就缩短到了5分钟。而如果将停车点增加到20处，步行时间就是2分钟。每增加一处停车点，为客户提供的价值就能得到大幅提升。

格里夫斯的“即时密度”战略促进了公司发展上升的良性循环。在选定的居民区中，人们常常在街头看到Zipcar，于是开始向朋友打听这种服务。只要注册Zipcar会员的本地居民数量到达一定规模，公司就会将服务拓展到临近的社区，并以这种方式逐步扩大覆盖范围。

在需求与人性的微妙关联中，有一点值得关注：**左右我们做出重大决策的，通常是不起眼的小事**。与买车相比，Zipcar会员每年能节省几千美元的开支，而且还不用将大把的时间投入停车、维护、修理、保险等琐事之中。然而，真正促成人们加入Zipcar会员的原因，却是因为他们发现，车就停在离家步行5分钟的位置，而不是10分钟。如此看来，5分钟的差异才是触动需求的真正力量，这甚至比金钱和时间的节约对人们的影响力更大。

似乎一夜之间，成千上万的人开始注意到Zipcar的魔力特质，而Zipcar也成为了家人朋友之间的谈资。

- “我现在如果想去拜访住在郊区的朋友，就再也不用为了租车花上80美元，也不用在去租车公司的路上和填写申请表格上花时间。”一位Zipcar会员这样说。“如今，我只需找到最近的Zipcar，就能开着车去拜访朋友。不仅节约了更多时间，费用还不到以前的一半。”

- “我老婆是专业摄影师，”另一位会员说，“她为了搬运拍摄婚礼的设备，一个月会用上三四次 Zipcar 服务。如果没有 Zipcar，她就得买辆车了，而这样一大笔投资其实并不会给她带来多少收益。”
- “我们可以用 Zipcar 的服务做很多事情，这些事如果没有 Zipcar 就根本无法办到，”第三位会员说道，“我们不再需要日用品送货服务，而且现在我们买酒的时候，可以成箱买，不用一次只买一两瓶，这样就省了很多钱。上礼拜，我们用 Zipcar 把一棵圣诞树运回了家。想想看，如果换成地铁，那是绝对不可能完成的任务！”
- “我很喜欢在公司会议时使用 Zipcar 的服务，”还有一位会员这样说，“客户看到我开着 Zipcar，会跟我打听这家公司，他们觉得这种服务很酷！”

格里夫斯受到业务短期快速增长的鼓舞，很快又找到了其他实现即时密度与魔力的方法。与此同时，他也吸引到了其他类型的 Zipcar 客户。

其中一种方法是与大学合作，为学生和教职员工提供汽车服务。绝大多数的大专院校都是 Zipcar 的理想客户，因为这些地区人口密集，有很多精通技术、有环保意识，而且现金短缺的年轻人，他们非常需要偶尔借用一下汽车，以满足出行和日常办事的需要。而大学中的行政管理人员，总是要花大量的时间去处理因学生开车而引发的一系列问题，停车规定就是其中的典型。管理人员迫切需要帮助，解决这些汽车带来的麻烦。“客户”并不只是某产品的最终用户。Zipcar 通过帮助大学管理人员解决学生开车给他们带来的麻烦，而把这些管理人员纳入到了“客户”的范围内。确实，**探索需求是一场非常复杂的博弈，需要同时从多个层面分别下手。**

2004 年，格里夫斯与威尔斯利学院达成一项协议，为学校中年龄在 21 岁以下的 Zipcar 客户提供保险费用折扣。这些客户的行车安全记录十分优秀，于是格里夫斯拿着这些安全数据找到美国利宝互助保险集团（Liberty Mutual），为另外三所大学拿到了更加优惠的保险费率。而这三所大学的行车安全记录也取得了同样的好成绩。就这样，格里夫斯将业务如滚雪球般推广到了更多的学校。

如今，公司已经与50多所大专院校达成了合作，为Zipcar的长期需求增长注入了巨大的潜力。25岁以下的学生很开心地发现，他们可以从Zipcar租车，而在传统的租车公司则根本不可能。等这些学生毕业之后，他们是会自动转向竞争对手赫兹租车（Hertz）或安飞士租车（Avis），还是会因习惯和感激之情而成为忠实的Zipcar客户呢？极有可能会是后者。

同时，针对偶尔需要用车接送客户或进行销售活动的小企业，Zipcar也打出了“商务轿车”这张牌。这一新客户类型，通过另一种维度——时间，使得Zipcar的产品需求得到了进一步扩展。绝大多数的Zipcar核心客户都是在晚间和周末需要用车，这就导致很多车在工作日的白天无人问津。而格里夫斯及其团队瞄准的小型企业客户，则利用上了平时朝九晚五的时间段，令这些以往的低谷时段也能创造出价值，帮助提升公司的盈利能力。2009年时，商业客户占到了Zipcar总收入的15%，而到了2010年末，已经有一万家公司注册成为了Zipcar会员。

Zipcar 2.0产生魔力的关键，就在于实现了密度。而同时，格里夫斯也通过其他方面的改革，化解了阻止潜在客户注册成为会员的种种麻烦。举例来说，以前，Zipcar客户每次租车都要按公里数支付租金。客户们很不喜欢看着计程表上的数字飞快上涨，因为每涨一次就意味着要多掏一张钞票。在Zipcar 2.0中，客户在每次租车时都能获赠180英里的免费里程。

全盘兼顾的力量

切斯当年的梦想，是创造出一套能够服务于大众市场的汽车共享系统。如今，这个梦想终于成为现实，并孕育出了强大的生命力。在留住时髦与环保情感诉求的同时，Zipcar 通过为越来越多类型的客户减少甚至消除买车养车带来的麻烦，实现了不断增强的魔力。正如一位 Zipcar 用户所说的一样，“我不反对绿色环保的理念，但说实话，我之所以选择 Zipcar，是因为它帮我省下了口袋里的绿色大钞。”这位用户的说法十分具有代表性。参与我们访谈的每一位 Zipcar 用户，都将便利和省钱列为 Zipcar 服务最主要的吸引力，而“绿色环保的理念”却被远远甩在了第 3 位。

Zipcar 系统甚至将人们想不到的麻烦都解决掉了。一位用户说，有一次，他在租用 Zipcar 的途中不慎将汽车的钥匙卡（Zipcard）弄丢了。当时他正在搬家途中，很可能在搬运箱子的时候把卡片落在什么地方了。他给 Zipcar 打了电话，从客服处得知，车里还藏着一张备用卡片。于是，他找到了这张备用卡片，立刻就通过电话进行了激活。

另一位住在纽约的 Zipcar 用户给我们讲述了下面这个故事：

> 我们带着父母孩子一起去威廉斯堡（Williamsburg）参观殖民地时期的历史遗迹。我们决定坐火车到华盛顿，并在华盛顿预定了一辆 Zipcar 面包车。考虑到汽油钱、保险费和我们计划行驶的里程，我想，面包车应该比普通小轿车更实惠。没想到之后我却收到一封电子邮件，说他们计划在我们用车的那个周末把面包车开去修理厂保养。于是，我给 Zipcar 打了电话，在解释了我们的情况之后，他们说，“好吧，那我们修改一下保养的时间，这样你们就能在那个周末用车了。”
>
> 他们果然更改了面包车的保养时间，可没想到，另外一个人却在我之前在线预定了这辆车。于是我又一次给 Zipcar 打了电话，说明了这个情况。他们给那位会员打电话进行了解释，告诉他“有人事先订下了这辆车”。他们为了我这个仅仅在一个周末租用一辆面包车的客户，费了这么多周折。

最终，我用上了这辆车，Zipcar 的服务拯救了我们全家人的假期之旅。就因为这件事，我发自内心地喜欢他们。

本书后面的章节中，我们将一起探索需求创造过程中的一个关键因素——全盘兼顾的重要性。客户从来不会注意到很多不起眼的小事，但这些小事却能让用户在使用产品或服务的过程中体验到轻松、便捷、实惠、灵活和有趣。**Zipcar 之所以取得了成功，一部分原因就在于公司实现了全盘兼顾，他们在很多细节上都做得很到位。**Zipcar 在居民区的高密度部署，保证了用户可以在离家附近的位置很方便地使用到公司的服务，车辆定期有专人负责清洁和保养，RFID 芯片使用起来很省事，保险的各种单据表格也由公司统一负责，而且车中配备的 GPS，也确保了用户可以在公司告知的位置找到车辆。

于是，强有力的魔力便随之产生了。当我们问到 Zipcar 会员，过去一个月中是否曾向朋友熟人推荐公司的服务时，高达 88% 的会员给出了肯定的回答，而这一数字比 Zipcar 以外最具竞争力的租车服务公司高出了整整 28 个百分点。同时，高达 80% 的会员认同了“我钟爱这款产品”的说法，比差距最小的竞争对手高出了 30 个百分点。

在“车瘾”这个问题上，记者玛丽·摩根经过多年的思想斗争之后，终于决定尝试一下 Zipcar 的服务，而促使她迈出这一步的原因之一，就是 Zipcar 的密度：当 Zipcar 出现在离家步行 10 分钟的地方时，她立刻注册了会员。与此同时，做出这个决定还存在很多其他原因：

加入 Zipcar 会员的门槛也比较低。只要 25 美元的注册费，外加 50 美元的年费。除了这些费用之外，每用 1 小时车，要付 8 美元的租金。你需要在线预定，过程很简单，用不了 5 分钟就能完成。如果你的用车时间比最初的预期要长，只需给 Zipcar 打个电话，就可以申请延时。一天 24 小时，一周 7 天，随时可以在线订车。[①]

我自己第一次租用 Zipcar 的经历至今仍记忆犹新，因为整个过程实在是自然得出乎我的意料。我预定的车就停在 Zipcar 通过电子邮件告知我的具体地点，不过一开始我找错了停车场，不得不向路人打听 Zipcar 的停放位置。幸好我问到的人知道在哪里。通过邮件收到的 Zipcar 钥匙卡，看起来和信用卡没什么两样，使用起来也很方便：我把卡片放在前挡风玻璃右上角指明的位置，车门就打开了。车钥匙就放在前排座位之间的隔层里。车子里外都还算干净，也没有烟味或者什么奇怪的味道。而且还有半箱汽油。

对了，我说没说过，使用 Zipcar 的服务不用付汽油钱？而且也不用承担保险和维护的费用？

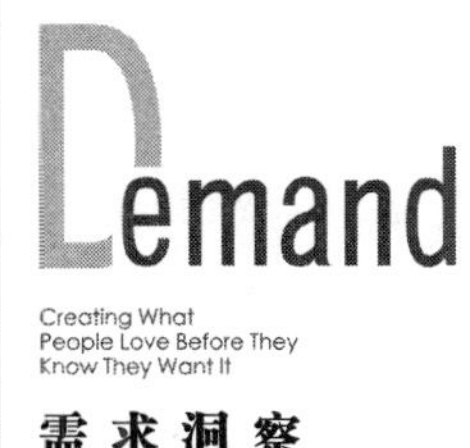

千千万万的美国人都需要汽车带来的自由感和机动性，却为此被迫接受了买车养车带来的种种麻烦。而 Zipcar 轻松便捷的服务，恰恰唤醒了人们本来模糊不定的需要，并将其转变成为具体可行的全新需求：在不买车的情况下快速便捷地使用汽车。

更了不起的在于，这种需求的变化也带来了 Zipcar 客户心理上的巨大转变。摩根在用过 Zipcar 的服务之后，开始质疑自己之前的某些想法，“被一个昂贵、笨重、危害环境，而且基本仅供一人使用的机器所拖累，我当初怎么会把这样的

---

① 根据时间和地点的不同，Zipcar 当前的注册费、会员年费和每小时租金会有所变动。——作者注

境遇与自由划等号呢？”

有了 Zipcar 之后，在摩根心中，自由的定义发生了改变。更重要的是，她有了以前从未有过的新需求。Zipcar 亲手创造并满足了这一需求。一箭双雕。

从来没有“必然”可言

如今，Zipcar 与其魔力产品正在吸引着越来越多的美国人淡忘与汽车之间的缠绵情缘。几代社会工程师曾怀着良好的愿望为之努力却不见成效，而 Zipcar 却取得了成功，同时还创造出了全新的需求形式，更成为了当下成长最快的企业之一。

需求的力量

2002 年以来，Zipcar 以每年收入增长 92% 的速度不断发展壮大。今天，在遍及美国和加拿大，并包括英国伦敦在内的 50 个城市以及 150 所大学中，40 万名个人用户和 1 万个企业用户正在使用着 7 000 多辆 Zipcar。成千上万的 Zipcar 用户完全放弃了自己买车的想法。Zipcar 已经成为了一家价值 1.31 亿美元的大公司，预计将在 2020 年达到 10 亿美元的规模。

1 300 万人生活在距离 Zipcar 停车点步行 10 分钟之内的位置，仅纽约城就有 450 万人。近期一次访谈中，公司 CEO 格里夫斯道出了一组数字：“在美国 15 座大型城市中，95% 的城市居民没必要自己买车。如果我们能吸引到其中 5% 的人成为会员，那就是 100 万会员和 10 亿美元的收入。”

在布鲁克林、华盛顿和剑桥的很多居民区中，21 岁以上的居民人口，已经有 10% ~ 13% 的人注册成为了 Zipcar 会员。而且，这种发展趋势并没有放缓的迹象。”

然而，Zipcar 也面临诸多挑战。截至 2010 年年底，公司整体才刚刚看到盈利的曙光，即在每一个取得成功的城市摆脱了亏损的困扰。为了吸引新的客户类型并继续提升财务表现，格里夫斯及其团队正在紧锣密鼓地筹划几项创新举措。

例如，Zipcar 正在开展一个实验项目，在通勤站点旁边部署车队，为到郊区地区开会的上班族提供“最后一公里”的交通方式。同时，公司也为政府部门提供车辆管理服务。最大的一单是跟华盛顿市政府签的，据说政府为每辆安装 Zipcar 软件的政府用车支付了 1 500 美元的费用，而且每辆车每月还有 115 美元的维护费。华盛顿已经变卖掉了 100 多辆政府用车，由此节约了 110 万美元的开销。这一新产品利用了 Zipcar 的“杀手锏”，在信息技术的支持下，为另一种类型的客户提供服务，并打开了新一层能够带来盈利的需求。就像格里夫斯所说的，“我们利用信息作为我们的比较优势。客户只要提出需求，我们就能对其进行跟踪和分析，并让客户在每一次重要决策时，都能参考我们从系统中收集到的信息。”

格里夫斯对 Zipcar 的业务这样总结，“从核心来看，我们是一家 IT 兼营销公司，只不过碰巧有很多汽车罢了。”

未来几年，在自己一手打造出来的汽车共享行业中，Zipcar 的领导者地位会面临竞争带来的挑战。汽车租赁业巨头赫兹租车已经启动了自己的汽车共享业务——赫兹连接，目前在纽约、伦敦和巴黎投入运营，其商业模式与 Zipcar 十分相似。两家之间的对抗究竟将呈现何种态势，我们拭目以待。赫兹拥有很高的品牌认知度、很大的规模和很强的财务资源。但是，Zipcar 拥有长达 10 年之久的先行者优势，而且在密度上占得头筹。截至 2010 年中期，Zipcar 已在波士顿部署了 158 个停车点，而赫兹却只有 7 处。如果你需要找辆车去办点事，你会觉得这两者之间谁更富有魔力？

在汽车共享领域，前人屡战屡败，而Zipcar却成功地创造出了魔力产品，也迎合了源源不断的强大需求，这到底应该作何解释？

Zipcar的诞生可谓恰逢其时。在20世纪90年代末，由于有了技术创新（包括基于互联网的通信、无线电话和智能卡）、经济发展（例如燃料成本的大幅震荡），以及社会趋势（如美国年轻人不断增长的环境意识），汽车共享这样一套简单便捷的系统才能应运而生。

从这个角度出发，表面看来，Zipcar的成功也许不足为奇，不过是外部和历史因素催生出的必然结果。然而，表象通常是误导人的。

适宜的环境因素起到了促进作用，这个说法当然没有错。但需求创造的大工程需要的远远不止是环境。切斯很精明，没有基于战略目标或财务目标自内而外的规划这家公司，而是从外往内，将公司业务立足于客户需求的巨大鸿沟之上。**这道鸿沟的一边是客户购买的汽车及其带来的费用和麻烦，另一边是客户真心想要的那种说走就走的自由感**。但即使是这样，Zipcar还是在生死边缘徘徊了多年，如果不是格里夫斯和他的团队最终找到重新设计切斯这项创意的办法，将公司一把推过区分“无所谓”与“必须买”的无形界限，这家公司很可能早就被无情的商业大潮吞噬了。

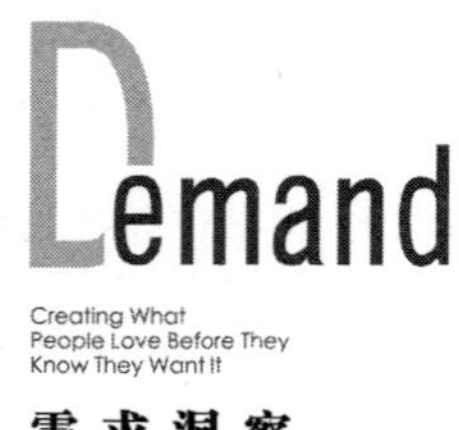

需求创造者明白，需求具有极端脆弱的特性。但凡缺少一个关键变量，或是在一处重要细节上有缺陷，几千个小时的辛勤劳动、构思想象和坚持不懈就白费了。因此，伟大的需求创造者总是执著于不断的尝试，寻找并解决产品及其组织设计中的弱点。

他们内心深处非常清楚，在需求的世界里，根本没有必然可言。

从“无所谓”到“必须买”

那是1969年的5月。年轻的哈佛大学经济学专业学生丹尼·魏格曼（Danny Wegman）正在进行本科毕业论文的收尾工作。这份论文，就美国成长最为迅速的零售形式——折扣店，进行了商业前景的分析和研究。

> 当时，折扣的现象刚刚兴起。传统的百货商场依然占据着服装、家用品、家用电器、家具和玩具等商品的巨大份额。像品类杀手[①]玩具反斗城这样的零售巨头，那时才刚刚问世。当时，距离沃尔玛首次公开招募还有1年的时间，正蓄势待发，准备迎接未来整整30年的爆炸性发展，利用无人能及的营销技巧、物流系统和不断强化的低价优势，去占领一个又一个零售市场。
>
> 到了20世纪80年代，这家总部位于阿肯色州本顿维尔（Bentonville）的巨头将目光转向了一个全新的领域——食品。攻下这块阵地的武器，就是一种被称为“超级中心”的强大的新型零售模式。超级中心将普通商品与食品合为一处，让以往需多次到不同商店才能完成的家庭购物，在同一地点一次全部搞定。与此同时，消费者购买的每一件商品还能享受到沃尔玛一贯的低价优惠。

而这些翻天覆地的发展变化，对于1969年的沃尔玛来说，还是遥不可及的未来。但丹尼·魏格曼却已经开始为此忧心忡忡。

魏格曼对这个问题的兴趣，不是从学术或理论的角度出发，而是个人原因使然。过去几十年间，他的家族在纽约州西北部建起了非常成功的食品连锁商

① 品类杀手（category killers）来自于零售管理的核心“品类管理”。品类杀手的特点是具备专业而丰富的商品种类、极具诱惑力的低价、一站式购物的便利、优质的服务和个性化的购物，通过主宰整个品类而横扫市场、灭绝其他竞争者，因此而博得“杀手”美名。——译者注

店——魏格曼商店（Wegmans）。魏格曼商店在当地社区已成为了地标性场所，赢得了客户的喜爱，而几代家族商人们也依靠着这些商店，获得了优越的生活基础。如今，由沃尔玛率领的一些折扣店已经开始大举进军，虽然不一定会在一两年之内威胁到魏格曼的生存，却肯定会在未来的20年间颠覆整个行业的格局。

丹尼·魏格曼十分敏锐地觉察到了沃尔玛的到来将对传统家族式零售商造成的打击。沃尔玛有着“天天低价”的战略和非常丰富的商品选择，仅凭这两样，就已经建立了其不可战胜的竞争者形象。稍加想象，魏格曼就能看到，在沃尔玛这样富有天赋、野心勃勃的创新企业面前，现有的食品销售业是一副什么样子：这个沉睡已久的行业规模庞大，多家平淡无奇的食品商店充斥着十分成熟的市场，对新进的竞争对手毫无招架之力。当一家无法战胜的强大竞争对手将利箭直指你的业务核心，你该怎么办？

丹尼用打字机敲下了论文的最后一句话——“超大型市场，是食品行业即将面临的最具威胁的外部竞争者。”然后小心地从打字机上取下稿纸，把整份论文整理好，塞入牛皮纸信封，准备交给导师。他轻叹一口气，用手整理着一头凌乱的红发，靠在了椅背上。

“论文写得很好，专家先生，”丹尼自言自语道，摆出了一副似笑非笑的鬼脸，“这份论文肯定能拿高分。但是，真正的考验马上就要开始了。到了折扣店真正放马过来的那一天，我们究竟该如何是好？”

品类杀手：只有想不到，没有买不到

对于像iPhone这样有着时尚外观设计和非凡科技含量的产品，我们可以很轻松地想明白，为什么成百上千万的人会被其魔力所吸引。而即使像 Zipcar 这样时髦的创新公司，当我们在了解到实情之后，也不难想明白，为什么这款对人们生活方式有所提升的产品，能够凭借其魔力吸引到千千万万的年轻城市居民。**但是，人们是否对任何产品，都能产生同等的情感共鸣？像食品商店这样平凡无奇的组织，能获得魔力吗？**

如果你有机会遇到我们的朋友史蒂芬，只要说一个词“魏格曼”，就可以亲眼见证这位能言善辩、条例清晰的强人在描述他对这家食品连锁店的感情时，是怎样地手舞足蹈、词不达意。而事实上，他现在也很少光顾这家商店。

史蒂芬现居波士顿，但他从小生活在纽约州北部的罗切斯特，就在魏格曼超市所在的中心位置。直到离开故乡 20 年之后的今天，魏格曼在他心中依然挥之不去。如果让他讲述一下这种情感，他就会眯缝起眼睛，双手不断地在空中画圈，舌头也仿佛突然变得不利索了。“实在讲不清楚。”他说道，“因为魏格曼真的跟其他商店，跟其他所有东西都不一样。一走进商店的大门，就看到高高的房顶、柔和的灯光，一列列新鲜的农产品在我眼前向远处延伸，一边是排排烘焙得喷香的面包，另一边是陈列在冰柜里的半成品食物。这些东西同时呈现在我面前，那种感觉简直无法用语言形容。”

“这家店和普通的超市完全不同，”他继续说道，“与魏格曼比起来，即使是最好的超市也会让我觉得，‘难道就这些东西？’魏格曼跟欧洲的露天市场也不一样，因为它更加干净整洁，也更加友好。商店更像是通向主题公园大门口的排队区，在那里，总会有人想方设法让你保持好心情，让你心中充满激动和期待。这就像是一座设计精致美观的写字楼或酒店的中庭。但是，魏格曼其实与这些都不一样，那种感觉只有……嗯，只有在魏格曼才能找到！”

如果你怀疑一家超市是否也可以富有魔力，就想想史蒂芬的反应吧。而且，我们还认识很多像他一样的人。有些平时举止稳重的人，一听到魏格曼的话题，总会多少有些情不自禁。

去过魏格曼超市的人都知道，为其注入魔力的特色在店中一目了然——商店的营业面积大得超乎你的想象。比如，我们最近去了位于新泽西州伍德布里奇（Woodbridge）的魏格曼超市。在那里，仅用于陈列普通食品的货架走廊就多达26道，还没算上展示农产品、肉类、鱼类、烘焙食品、熟食、速冻食品、预加工食品、奶酪、橄榄等各种产品的宽敞区域。

如此巨大的营业面积，使得货品种类丰富得令人目不暇接。如今，很多超市都提供几样现场制作的正餐食品，供人们买回家享用。但是在魏格曼，我们发现，光是袋装蔬菜类食品就多达9种，有大蒜和迷迭香调味的酥脆烤土豆、菜花、脆皮烤菠菜、玉米软糕配帕梅森干酪等。很多超市都会在柜台摆几盒寿司。但是在魏格曼，我们亲眼看到了两位身着制服的寿司厨师在约5米长的柜台后面工作，柜台上展示着几十种寿司，还有海藻沙拉和毛豆等一系列日本风味小菜。很多超市都会提供几种热带水果供顾客选择，如猕猴桃、芒果和杨桃等。但是在魏格曼，我们在这些水果的旁边还发现了豆薯、红毛丹、番荔枝、火龙果、甜柿、酸角、非洲角瓜、白椰和木瓜。我们还看见了12米长的茶类展示区，9种不同的蘑菇，14种不同的橄榄，300种不同的奶酪……

货品种类丰富得说也说不完，而这也恰恰体现出了魏格曼的鲜明特色。这家商店魔力的外在吸引力让人一目了然、无法抗拒。这就是为什么这家连锁店在去年收到了7 000多封来信，都是来自于魏格曼超市覆盖不到的地区的顾客，很多人都要求公司在他们那里开分店。这就是为什么魏格曼的顾客会在Chow.com等食品网站上发表引起热议的评论，而魔力产品正是这样，总能激发客户之间正面的、互动的、甚至是激动的大讨论。有评论说，“个人认为，美国所有的食品商店中，魏格曼连锁店是最棒的。”还有人评论道，“简单说，魏格曼就是灭掉所有品类杀手的品类杀手。”“魏格曼在客户服务上做到了极致。有一次，我因为鲜肉区发生的一点小差错，给商店打电话投诉。没想到一小时之后，商店的肉品经理竟然拿着重新切好的 6 条鱼块，送到了我家门口，还附送了一张礼品券表示歉意。那次之后，他们就赢得了我一辈子的忠诚！”

反直觉，提供顾客不具备的选择

客户如此积极的反应，不禁让人心生疑问：如果说魏格曼吸引到巨大需求的魔力是如此的令人无法抗拒，又是如此的一目了然，那么为什么其他超市连锁店不去照搬这套做法呢？

答案在此：虽然说魏格曼的魔力特质十分显而易见，但是创造出这些魔力特质的过程却并不简单。魏格曼超市的经营者凭借与流行趋势唱反调的思想和行动，从早期不起眼的小店做起，与行业巨头展开竞争，经过长达几十年的发展壮大，才取得了如今的成就。

第一家魏格曼超市是在 1930 年时，由约翰·魏格曼（John Wegman）和沃尔特·魏格曼（Walter Wegman）两兄弟在纽约州罗切斯特成立的。由于商店在零售领域的一些新尝试，迅速赢得了全国性的关注。这些新举措包括首次采用配有制冷机的食品展示窗，拥有 300 个座位的店内自助餐厅，以及第一次利用水蒸气喷雾保持柜台蔬果新鲜度的创新做法。有些举措（例如自助餐厅）在发展过程中偏离了初始轨道，而另一些（例如蔬果喷雾）

则在行业内得到了推广。在20世纪三四十年代，食品零售业充斥着商店合并、连锁扩张、零利润销售、成本节约等趋势，各家商店为了获得更大的销量，不惜一切代价。而魏格曼的所有做法，都反映出了这家商店不愿跟随行业主流趋势的鲜明态度。

在如此严峻的大环境之下，魏格曼能否活过来，当时谁也不敢打保票。多亏纽约州西部和宾州地区这块相对较小的地理区域中的忠实顾客，魏格曼才平安渡过了难关。在沃尔特的儿子——罗伯特·魏格曼（Robert Wegman）的领导下，从 1950 年到 1976 年，商店实现了缓慢而稳定的增长。罗伯特是位大名鼎鼎的创新家，睿智而个性十足。他称自己的“销售哲学”是“去做别人没做过的事，为顾客提供他们当时不具备的选择”。直到今天，魏格曼的员工依然铭记着这段话，特别是“与竞争对手唱反调”理念，并不断将这一理念落实在实际行动中。

取得巨大成功的公司，总是容易安于现状，不再为适应不断变化的环境而做出改变。而魏格曼则避开了这个陷阱。其成功的秘诀之一，就是**密切关注新出现的行业趋势，并努力赶在前面**。这也是丹尼·魏格曼在哈佛的毕业论文所强调的。他当时做出了预测：像山姆·沃尔顿这样的超大型超市企业主，将成为食品销售行业最严峻的挑战。而在 1988 年沃尔玛第一家配备全套食品的超市开张之时，这一预测成为了现实。

那时，丹尼已经是公司的总裁兼 CEO 了。在他的领导下，这家连锁店通过不断提升自身的魔力特质，在沃尔玛的重压之下生存了下来，并在 2010 年年底扩张到了全美 77 家商店的规模。

而一旦客户需求出现变化，魏格曼就会适时调整其业务实践，虽然过程可能有些痛苦，但却能帮助产品保持住魔力。

当2008年经济危机来袭时，丹尼·魏格曼预测，由于在经济发展放缓时期，商品和燃料价格一般会呈下降趋势，因此长期来看，经济衰退可以降低公司的成本。这就能帮助魏格曼保持价格稳定，同时也让顾客受益。然而令人惊叹的是，魏格曼没有等到预期的成本下降，就事先采取的行动。为了减轻现金短缺家庭的食品负担，公司主动选出了上百种主要产品，实行了降价策略，为顾客提供了总价值高达1 200万美元的折扣。

“像现在这样的困难时期，我们少赚点钱是应该的。”丹尼·魏格曼这样说道。

魏格曼的故事告诉我们，创造魔力产品，要敢于尝试特殊的反直觉举措，用罗伯特·魏格曼的话说，就是去“为顾客提供他们当时不具备的选择”。当然，魔力的创造，除了这种能力之外，还需要很多其他方面的配合。

形成魔力的6大行为方式

在研究中，我们发现了很多世界上最具魔力的产品及其创造者都具备的6项共同特征。这6种行为方式，并不能加总成为创造魔力产品的“标准”，因为如此复杂的需求创造过程，根本无法用“标准”的方式加以简化。但是，未能采取这些行动的组织，却几乎没有可能创造出具有魔力的产品。

我们来逐条看一下这6种行为方式，看看魏格曼如何利用这些方式，在被同化思维和无差异产品占据的行业背景下，实现了强大的魔力效应。

1. 伟大的需求创造者，能够减少或消除产品与服务中的不便、昂贵、令人不快和厌烦的种种问题。食品采购的整个过程中也存在着很多麻烦，不新鲜的蔬果和肉类、被人抢购一空的特价商品、迷宫般的货架走廊、故障频发的购物车，还有态度冷漠的店员等。大多数超市都存在着一系列的障碍和麻烦，令众多消费者头疼不已。魏格曼并没有消除购物过程中存在的每一个麻烦，但与其他超市比起来，他们在解决这个问题上已经取得了更显著的成效。他们却认为，一切才刚刚起步。

调查显示，最令消费者反感的麻烦，就是收银台前又长又慢的排队现象（甚至比高价现象引发的反感程度还要强烈）。你可能会觉得，魏格曼超市如此巨大的营业面积（超过 10 万平方米，而行业平均面积仅为 4 180 平方米），会使这里成为一个既不方便、又浪费时间的购物场所。但是，魏格曼为了防止这一问题的出现，做好了充分的预防工作。

> 我们在一个周日的下午参观魏格曼超市时，发现全部 26 个收银台中，有 19 个都在工作，每个收银台前排队的顾客数量不超过两人。速度怎么样呢？就在收银台边上，竖着一块所有人都能看到的告示牌，上面贴着电脑打印出来的报告数字，是上一周收银员每次轮班时，平均每分钟扫描的商品数量，旁边还附上一句激励的话。比如“12.44——我们还能做得更好！”“14.26——大家干得好！让我们下次一起达到 14.5 的目标！”

魏格曼对待收银速度这个问题的态度十分严肃认真。罗伯特·魏格曼就常常亲自监测收银台的排队情况，如果顾客等候的时间过长，他就会非常紧张。经过商店的努力，现在顾客进出一家大型魏格曼超市所用的时间，比普通的便利店还要快。我们的朋友史蒂芬这样说道：

> 上次我带着老婆孩子回老家罗切斯特度周末时，总共去了6趟附近的魏格曼超市。那里就是最快捷、最便利的去处。有一次，我着急忙慌地跑到商店，给我儿子买感冒药。那时已是半夜，而他们依然还有6个收银台在工作。我全程所花的时间还不到5分钟。

以减少麻烦为目的，魏格曼还开发出了很多其他的创新举措。抱着孩子来怎么办？商店准备了离大门几英尺距离的专用停车位，供带着婴幼儿来商店购物的家庭使用。而且，很多商店还配有专人看护的儿童房，家长购物时，可以让孩子在那里玩耍。还有很多商店专门标明了“没有糖果”的收银台。如果家长选择这些收银台，坐在购物车中的孩子就不会吵着要那些展示在身边的糖果了。

还有一个购物时总会遇到的麻烦：人们常常需要去几家商店，才能买到所有需要的食物。这不算什么大事，很多消费者也觉得理所当然。而魏格曼却在一家店内囊括了各类食品，能和多家专门化的商店媲美。很多魏格曼的顾客都说，他们以往需要去大型主流超市、有机食品店、生肉店、烘焙坊、蔬果店、鲜鱼市场和熟食店才能买齐所有的东西，现在只要去一趟魏格曼，就能全部搞定，同时还能享受到一流的产品质量和客户服务。

有行业分析师称，魏格曼正在掀起一场食品销售行业的改革大潮，推动整个行业朝所谓的“全品超市”（Whole Mart）方向发展——也就是代表着新鲜、高质量、环保、健康、独特的全食超市（Whole Foods）与以价格、规模和方便著称的沃尔玛的完美结合。

2. 伟大的需求创造者懂得如何调动起客户情感上的兴奋度，来强化卓越的产品性能。魔力产品在以极佳的表现完成其重要使命的同时，还能在其他很多方面发挥妙用。

以魏格曼为例，销售高质量食品原料，只是一个出发点而已。比如，对于夫妻双方都是上班族的家庭，老年人，还有不太会做饭、也没有烹饪工具的学生来说，商店提供的预加工食品，就帮了他们的大忙。而且，这些食品的价格也很合理。有一次，我们在魏格曼超市里看到各种各样 4 美元一份的主菜。用这种方式，魏格曼提供了快捷、健康、美味的正餐食品，使条件不是很宽裕的家庭在快餐之外有了新的选择。

同时，魏格曼也想出了很多吸引人的点子，手把手教给人们烹饪技法，让人们对在家做饭这件事产生兴趣。商店雇佣了世界级厨师，当众展示烹饪诀窍和他们的拿手好菜。店中随处可见介绍菜系搭配和正餐规划课程的标志、宣传单、海报和小册子。商店对员工进行培训，让他们了解食品的产地、种植过程，以及丰富的制作方法。员工们会向顾客推荐搭配食材的葡萄酒和啤酒种类。如果当地法律允许，还会在各种肉类、鱼类和蔬菜旁边展示出适合搭配的赠饮。商店推出了一份华丽的四色杂志《菜单》，免费赠送给所有魏格曼的会员。其中有很多别出心裁的烹饪菜谱，还有厨师访谈，以及关于食品产区和营养建议的文章。魏格曼拥有无人能及的丰富商品种类（库存商品平均达 6 万种，比行业标准高出 42%），这就使得顾客可以在这里充分发挥想象力和创造力，为家人做出花样百出的菜肴。对于很多人来说，准备晚餐这件事，本来是凑合了事、不得不做的家务，现在却摇身一变，成为了富有创造性乐趣的休闲娱乐方式，全家人都能开开心心地参与进来。很多美食家都对这家商店赞不绝口，但你不需要拥有美食家的鉴赏力，也能充分享受魏格曼的购物之旅。

魔力产品通过为人们提供更好、更轻松、更愉悦的途径，来提升人们情感上的满足感。Zipcar 就是交通领域的范例，这家公司提供汽车的方式十分轻松有趣，甚至还能做到有型有款（宝马车随时待命，供约会当晚使用）。魏格曼则在供人们享受优质食品这方面做到了极致，商店不仅仅能帮助顾客吃得更好，而且还可以让顾客满怀激动的心情，富有创造性的参与到食品文化中来。当然，在此过程中，顾客也产生了对产品和服务的新型而巨大的需求。

3. 伟大的需求创造者，为每一位员工赋予创造需求的力量。我们对诸如哈斯廷斯、乔布斯和贝索斯等公司 CEO 和创业家的成功事迹痴迷不已。有时，一个聪明绝顶、创造力丰富的人，的确能在魔力产品的开发过程中起到关键作用。但事实上，需求创造的工作，几乎不可能由一人包揽。而是一整个团队，以需求创造为主要任务，利用集体资源和组织流程，夜以继日辛勤努力的产物。在精通需求创造的组织中，整个创造流程可以被划分为很多独立的小单元，自上而下贯穿整个组织，从 CEO 到主管再到一线员工，这些需求创造的小单元都依循着相似的模式。

罗伯特·魏格曼就深谙此道。1950 年，他被任命为公司总裁。上任后的第一件事，就是给所有人加薪。食品销售业的整体利润之低，早已不是什么秘密，在员工薪水上也是克扣盘剥。而在这样的大环境之下，罗伯特的加薪举措，则充满了大胆的象征意味，并以这样的姿态告知全世界，**“在魏格曼，人才是我们最重要的资产。我们不会纸上谈兵，而是用实际行动证实。”**

他和公司领导层着手开发出了一套关于招聘、培训、薪酬和员工保留的独特政策。在此基础上，他构建起了全国所有超市中最为敬业、受教育程度最高、最有积极性的一支团队。之后，公司大胆放手，让这些出色的人才能够充分运用自身的知识、创造性和良好的判断力，在日常工作中为顾客提供服务和关注。

如今，从行业标准来看，魏格曼的平均工资依然维持在较高的水平。每位魏格曼的员工都能享受到充分的福利，包括公司负担一半的 401（k）养老金计划，以及公司出资的退休金固定缴款计划。从高级烘焙师到存货管理员，每位员工都有全套医疗福利。虽然从2005年开始，员工需要为这项福利支付一部分费用。魏格曼的员工奖学金项目，为每位全职员工每年支付2 200美元的学费，期限4年，而兼职员工则能拿到每年1 500美元的学费。公司对员工选择的专业研究方向和学历学位没有任何要求。自从1984年这一项目成立之后，已经先后为24 000位员工提供了总金额达7 700万美元的教育资助。

> 其他的一些福利就更加难得了。高级副总裁马克·法雷拉（Mark Ferrera）说道，“我95%的时间都用来帮助员工。”他经手的事务很多，小到给位于新泽西州普林斯顿魏格曼超市的员工购买公车月票，大到组织一年一度5月5日节（Cinco de Mayo）①的庆祝活动，每次举办活动，员工们都玩得比顾客还要尽兴。

魏格曼的员工培训，也在业内有着响当当的名头。如果你获得了鲜肉部或鲜鱼部的工作，就要首先通过一个长达30～55小时的教育项目，认真学习专业技能。有的时候，培训项目和额外的福利没什么两样。奶酪经理特里·左达来基（Terri Zodarecky）就被派往英国、法国和意大利出了一趟长达10天的公差，到当地品尝新产品，向制作奶酪的老师傅取经。其他部门的主管也都曾被派往国外，学习关于红酒、糕点和有机农产品的知识和技术。

善待员工这一点很重要，很可能会为你带来《财富》杂志年度“最佳雇主”的席位。每一年，魏格曼都高居“最佳雇主”榜单的前几名，2005年更是被《财富》杂志选入“最佳雇主名人堂”。与此同时，公司还能更加轻松地聘用并留住

① 5月5日节是墨西哥传统的爱国主义节日，是为庆祝墨西哥军队击败法国殖民军而设立的，在美国加利福尼亚州亦有庆祝。——译者注

最优秀的人才。魏格曼给食品行业带来的明星影响力十分抢眼。

- 著名糕点师皮埃尔·艾尔莫（Pierre Hermé），曾被《时尚》杂志誉为“糕点界的毕加索”。他亲自培训魏格曼的员工，教他们制作他最拿手的水果挞、点心和法国土司圈。
- 明星级主厨大卫·勃利（David Bouley）曾荣获詹姆斯·比尔德基金会（James Beard Foundation）最佳主厨奖，也是Zagat纽约美食指南榜首餐厅的所有人。他帮助了魏格曼设计了一些预加工主菜。
- 在纽约州匹兹福德（Pittsford）工作的副主厨查尔斯·萨卡帝（Charles Saccardi），在来到魏格曼之前曾在那帕谷著名的法国洗衣房餐厅（French Laundry Restaurant）任职。

然而，更加重要的是，魏格曼把权力交到了才华横溢的员工手中，让他们依据自身的判断力，而不是手册中的规章条文，来充分发挥创造性和独特眼光，满足顾客的需要。这种权力转移在理想员工看来具备超强的吸引力。当问到一位糕点师，为何离开更有发展前途的餐饮行业而加入魏格曼时，他耸耸肩膀回答说，“你知道吗，我以前餐厅那帮老朋友都想到这里来工作。在这里，我们所从事的创造性工作，比我以前在餐厅工作时要多得多。”

公司吸引到并留住这样一支团队，带来的直接成果，就是在魏格曼粉丝间广为流传的经典客服小段子。

有一次，魏格曼的主厨成功解救了一名手足无措的顾客。这位顾客买了只感恩节火鸡，可没想到个头太大，放不进家中的烤箱。万般无奈，这位顾客只好拿着火鸡回到了魏格曼。没想到主厨灵机一动，在商店中就帮她把火鸡烤好。类似的小事总能令顾客激动不已，而且每天都在上演。曾经有一次，一位顾客无意间抱怨说，昨天晚餐吃得不爽，听到顾客怨言的店员于是主动提出请这位顾客吃晚饭。而当一场暴雨来袭时，很多员工会举着雨伞等在大门口，随时准备护送顾客回到车中。

罗伯特和儿子丹尼都是卓越的需求创造者。可 CEO 再牛，也是分身乏术。魏格曼的英明之处，就在于将公司 3 万名团队成员全部转化成了懂得充分利用自身才华的需求创造者。由此带来的成果，就是人们对魏格曼提供的美食与优质服务产生的源源不断的巨大需求。

但是，组织领导者要记住，一支需求创造者团队不是花钱就能买来的。没错，丰厚的酬劳对于吸引优秀员工来说非常重要。同时也能降低员工打第二份工的需要，并减少他们为个人财务担忧的时间。但是，实践经验和很多实验性研究成果告诉我们，**单凭多给几块钱工资，根本无法让员工释放出激情**。其中的差距就存在于社会心理学家所谓的社会规范（social norms）之中，而社会规范的运转模式是独立于商界人士普遍关注的“市场规范”（market norms）的。

市场规范，讲的是拿多少钱办多少事的道理。公平交易是其主要驱动力，而情感沟通的作用则被放在了最不起眼的位置上。与此相反，社会规范讲的是人与人之间的关系。人们因友情、相互信任和共同的责任感而彼此帮助，并不期望他人立即给予回报。在社会规范的世界中，物质奖励与我们的行为最多仅有部分关联，而对金钱的过度关注，很可能会破坏掉社会规范的积极力量。举个最简单的例子，如果你付钱给你最铁的哥们，让他帮你搬沙发，或是付钱给你老婆，让她为你准备晚餐，就会眼看着本来很亲密的关系迅速土崩瓦解。因此，将社会规范与市场规范结合运用才是最佳策略。其间微妙的平衡关系十分重要，但却难以把握。

魏格曼成功地为员工关系注入了社会规范的蓬勃生机。与众多公司一样，魏格曼也把“像家人一样对待员工”整日挂在嘴边，但不同的是它确实能脚踏实地的真正做到这一点。如果你收养了孩子，就能享受到公司提供的一整套福利，包括额外的休假以及能负担一部分费用的支票。如果开始念大学，你可以把课程表拿给主管，然后主管就会对你的工作时间进行相应的调整。人们之间传颂着许多公司关怀员工的故事。有一次，一位店员抱怨说自己迟交了电费，没想到后来却发现，公司为了确保他家里不会停电，竟悄悄到电力公司为这位员工说情。

魏格曼的员工们在工作中体会到了家庭般的温暖。为了回报公司的厚爱，他们又把这种温暖传递给了顾客。这就是为什么魏格曼超市与其他任何超市比起来，能够更加深入地融入到本地社区之中的原因。

丹尼这样总结公司对员工的依赖与信任，“我们用知识为顾客提供帮助。因此，我们第一个利用到的宝贵资源，就是我们的员工。”高管杰克·迪彼得斯（Jack DePeters）也半开玩笑地道出了同样的心声，说魏格曼就是“由一群 16 岁的收银员经营的价值 30 亿美元的公司。”公司就在这样的悉心经营之下，茁壮成长，业绩非凡。

4. 伟大的需求创造者，拥有足够的胆识，能够认真听取顾客的建议。基本上我们提到的所有魏格曼的创新之处，都可以追溯到一两位认真听取顾客意见的员工。而下面即将讲述的这个实例，则生动地反映了这一点。

2008 年初，魏格曼为方便顾客购物，推出了一个在线购物工具。这个工具做得很好。顾客可以用它列出自己的购物清单，以便在光顾魏格曼超市时不会忘记需要购买的物品。在线工具重点标记了促销商品，还能在线查找菜谱并选择原料，列出的清单可以很方便地打印和保存。顾客很喜欢这个工具，魏格曼也完全有理由继续提供这项服务。绝大多数零售商，如果能拥有这样一个方便实用的信息时代服务工具，肯定会引以为傲。

直到这里，一切都还正常。但没过多久，不寻常的事情便发生了。几位用过在线购物工具的顾客，通过电子邮件和电话留言的形式，为魏格曼提出了改进的建议。有些顾客抱怨说，他们碰到了软件故障，还有顾客提出了他们希望获得的几项新功能。魏格曼认真地听取了所有建议。

在罗切斯特理工学院（Rochester Institute of Technology）专家的帮助下，公司与几类不同类型的客户召开了会议，一类客户是魏格曼网站的忠实粉丝，一类客户找到了软件的缺陷，还有一类客户从来没有使用过魏格曼的在线服务。三类客户在一起，与公司共同起草了一份关于网站和在线购物工具的改进建议。2009 年 2 月，基于客户建议的升级版在线工具正式面世，其中还配有很多新的应用。

> 你只需单击鼠标，便可轻松增加或减少购物单中的商品。点击“开始建立购物单”按钮，一份初始购物单就会立刻出现在你眼前，上面已经为你列出了人们经常购买的 26 类商品，你可以在此基础上进行调整。“健康要点”选项，可以帮助你依据具体的健康状况建立购物清单，例如选择低盐或无麸质食品等。在网站上选中一道诱人的食谱，所需的所有原料就会自动按食谱用量加入到你的购物清单中。最后，选中你光顾次数最多的那一家魏格曼超市，购物清单中物品的排列顺序就会按照这家店内各种商品的布局位置分清先后，然后打印出来。这样，你就不会因为忘记拿某样商品而折回原路浪费时间了。

在客户建议的直接影响下，网站增加了很多类似功能。一位魏格曼的顾客碰巧也是IT专家，在用过新的在线购物工具之后，给公司写了封电子邮件，说这个工具也许是她“用过的最了不起的软件”。用心倾听客户建议并不容易做到，但却能以一种神奇的方式为你带来回报。

5. 伟大的需求创造者总是孜孜不倦的实验者。若想创造出一款魔力产品，仅凭一次性的努力远远不够。顾客心，海底针——顾客时刻会产生新的兴趣、新的需求、新的偏好和新的问题。而商业环境也是变幻莫测：新的竞争对手随时可能出现，新的技术总在发展革新，各类经济部门更是你方唱罢我登场。伟大的需求创造者深知，从魔力产品面世的那天起，对其进行升级和改进的大工程就拉开了序幕。因此，确定高远的发展方向十分重要，只有这样才可以保持住客户对产品的热情，而需求也会因此呈现出持续增长的势头。

魏格曼领导着食品销售业不断创新，并以此为傲。基本上每一次食品零售领域的重大技术进步，都从魏格曼开始的。在罗伯特的号召之下，各家连锁店从20世纪70年代早期就开始在产品上使用条形码。1999年时，公司与纳贝斯克公司（Nabisco）共同开创了用于货品供给规划、预测和补充的零售商与制造商联合项目。2002年，在丹尼的协助下，整个行业掀起了一场减少供应商与零售商系统中产品数据错误的行动，这一行动为全行业带来了诸多利益，其中之一，便是发起了食品业数据质量的首个第三方认证项目。2007年，为了更快地将新鲜的肉类产品送达顾客手中，魏格曼加入了首批试用射频识别（RFID）技术的超市队伍。

在技术领域之外，魏格曼同样具有创新意识。2007年，市场中掀起了一场天然食品类产品的需求风潮，在这股风潮的带动之下，公司在丹尼的住处——纽约州卡南代瓜附近成立了一家有机农场。虽然魏格曼与500多家本地农场主维持着长期的合作关系，但却很难在一年四季为所有连锁店都拿到稳定的有机农产品供应。沃尔玛、全食等其他大型连锁超市也面临着同样的问题。魏格曼设立有机研究农场的目标，就是为了开发出在寒冷的东北地区也能够种植有机农产品的新型技术，这项技术也可供其他农场学习效仿。

2010年时，农场已经在为两家魏格曼超市供应农产品，而且取得了始料未及的成果。比如，农场在有机温室中成功培育出了早熟葡萄和圣女果。“我们十分激动，因为我们的目标之一就是找到延长东北地区种植季节的办法，”团队领导吉姆·赫博利（Jim Heberle）说道，“我们希望能在阵亡将士纪念日（5月25日）之前收获圣女果，我们真的做到了！”

魏格曼的全体工作人员，无论在什么岗位上，都积极的参与到实验文化之中。一线员工总是能为新产品、新菜肴和新服务提供建议，公司会针对这些建议进行测试，如果测试成功，就会予以保留采纳。纽约州匹兹福德店肉品部的一位兼职员工比尔·加纳（Bill Garner）开玩笑说，“他们让我在工作上随心所欲，想怎么做就怎么做。有时，这种想法挺可怕的。”大约20年前的一天，同一家商店烘焙部的员工玛利亚·本杰明（Maria Benjamin）告诉了丹尼制作“巧克力肉丸曲奇”的秘方，这是祖籍意大利的本杰明家中的世传配方。在丹尼的强烈要求下，这款甜品开始在商店销售。直到今天，依然是顾客最喜爱的甜品之一。只要食品行业中出现了令食品商店更富魔力的创新思想或产品，魏格曼就会怀着开放的实验精神，成为首批创新实践者。

6. 伟大的需求创造者对其自身的独特性备加保护。魏格曼经历了几十年的试错，终于成就了食品零售业中独特的商业模式，并且成功应对了所有商业挑战中最难的一项：公司成功维持了这一商业模式的正常运转，没有使其陷入困境。

而事实上，毁掉曾经的辉煌，是再容易不过的事。

快速扩张，就是滥用魏格曼神奇魅力的“最佳”方式之一。而公司则表现出了非凡的自我约束能力，没有走上这条歧途。魏格曼是一家私人控股公司，因此并不受制于很多上市公司面临的盈利增长压力。这一因素在公司的健康发展中起到了正面作用。我们在本书后面将会了解到，有些上市公司也能看穿过度扩张的迷局。魏格曼的美名传遍全美，各地顾客纷纷强烈要求公司到当地开分店。但尽管如此，公司还是将新店开张的速度控制在每年两家。与其他超市相比，这样的扩张速度十分缓慢。公司认为，**把事情做对，要比把事情做快更为重要。**

依据这样的做事原则，魏格曼在建设新店时，通常要提前数月进行研究、计划、招聘和培训。其他魏格曼分店拥有数十年工作经验的老员工纷纷被调遣到新店，从宾州来的烘焙师傅，从马里兰来的鲜鱼专家，从新泽西来的剁肉高手等，帮助新店步入正轨。此外，还会从各处调来几十位魏格曼员工，组成临时团队。在新店开张前 6 周，新招聘的员工要参加为期一天的魏格曼价值观导向活动——“体验我们的本质”。一天结束之后，每位新员工都能拿到一张 DVD，其中是一整天活动的录影，已经配好音乐，做好剪辑，以便员工与家人分享。

等到正式开张那天，你就会觉得，你光临的这家全新的魏格曼仿佛运营了很多年一样，一切都是那么有条不紊。魏格曼新店的开张，对于当地社区来说是件大事，必然会引来人们的极大关注，通常一天的客流量就会超过普通超市整整一周的客流量。因此，能顺利度过营业第一天，应该算是个很了不起的成就。

魔力，多赢出 46% 的销售额

魏格曼的故事告诉我们，创造一款魔力产品，并常年维持其魔力不减，并不是件容易的事。这就引出一个十分重要的问题：**这样做究竟能得到什么样的回报？**任何希望成为需求创造者的人，都急于知道这个问题的答案。在员工身上投入大量资源，在巨大规模的营业面积和库存之中注入大量资金，还要提供闻所未闻的高水平客户服务，而在食品零售业这样一个以低利润而出名的行业中生存，居然还能赚取可观的收入，这真的可能吗？如果你掌握了魏格曼的做事方法，这个问题的答案就是肯定的。

需求的力量

魏格曼的营业利润率是其他大规模连锁超市的两倍，甚至比著名的有机食品商店全食超市还要高。店内每平方英尺面积平均每周的销售额达 14 美元，远远超过了行业平均值 9.39 美元。

其实，魏格曼在经济上的成功，解释起来再简单不过。这就回到了我们本章的主题——魔力产品的力量。盖洛普咨询公司针对超市业进行了一项组织研究，其调查结果生动的反映出了我们的主旨：

> 以行业领先的连锁超市为例，**情感连接的重要性可以体现在两个方面：顾客来店采购的频率，以及每次在店内的消费金额。**在一份调查表中，顾客针对自己对超市的满意程度进行打分，从 1 分到 5 分，5 分为“非常满意”。那些打分在“非常满意”之下的顾客，也就是给出 1、2、3 或 4 分的顾客，每个月平均来店采购 4.3 次，消费 166 美元。那些给出“非常满意”的分数，同时与这家连锁店之间并不存在强烈情感连接的顾客（也就是说，他们并没有全情投入），来店的频率与打分较低的客户相比更少（每月 4.1 次），消费金额也更低（144 美元）。这样看来，**顾客极端满意的态度并不能为商店起到增值作用。**

但是，针对那些对商店“非常满意”，同时又存在情感连接的顾客，也就是盖洛普所谓的“全情投入”的顾客，盖洛普研究发现了一种大不相同的客户关系（在此着重强调）。这些顾客每月来店 5.4 次，消费 210 美元。

看来，不是所有“非常满意”的顾客都拥有相同的特质。与商店之间存在强烈情感连接的顾客，比起没有情感体验的顾客来说，来店次数多出了 32%，消费金额多出了 46%。没有唤起情感投入的顾客满意度，一文不值。“非常满意”与全情投入相结合，就成了无价之宝。

盖洛普将顾客对超市商品单纯的“满意”态度，与顾客情感投入之间的区别，归因于对商店的“情感连接”。

伟大的需求创造者总是十分重视情感诉求，并将这一关键元素融合到功能十分完备的产品之中，以产生魔力。客户一旦对某产品投入了感情，就会成为其忠实拥护者，并为产品和服务提供新点子与新建议。如此一来，公司本应投在广告和营销上的资金就可以相应减少，收入也会相应提高，从而更好地为客户服务。魏格曼基于顾客建议而实施的那些创新性改进工作，帮助公司越做越好。而顾客之间的口口相传，也为公司吸引来了更大的顾客流。这样的良性循环，具有无限的增长潜力。

这一切都源于一款魔力产品。盖洛普所发现的多出 46% 的销售额，正是像魏格曼这样能唤起顾客“情感投入”的公司才能享受到的优势，正是一道魔力的鸿沟。它代表着一款超越传统评判标准的产品所带来的源源不断的巨大需求，也代表着魔力的力量。

03

关键2 麻烦

解决顾客没开口告诉你的困扰

DEMAND Creating What People Love Before They Know They Want It

- 每个没有必要存在的步骤，每个引起用户失望的结果，都是麻烦地图上的一个摩擦点，而每个摩擦点正是代表着一个创造新需求的机会。
- 无论在哪个领域，对于尚待实现的潜在需求而言，麻烦都是最先出现的提示线索和最早的闪光信号。需求，以解决顾客问题为中心，而不是满足需求为中心。

需求创造大师

苹果：一键世界的先锋

彭博社：精加工数据的信息帝国

CareMore：协作式医疗的典范

- 为什么说绝大部分产品、服务和系统都是在浪费你的时间、精力和金钱?
- 什么样的麻烦会令用户气愤而无奈?
- 是否存在一些麻烦，因为太常见而让人们几乎注意不到，但我们却有能力对其加以解决?

那些困扰人类的问题

1907 年 8 月，《纽约时报》和《巴黎晨报》的出版商共同宣布，计划举办一场规模空前的纽约—巴黎汽车大赛。当时，最为狂热的汽车爱好者都为这一大胆计划而感到震惊。主办方规划出了一条长达 3 500 万千米的路线，几乎环绕地球一周，途经美洲大沙漠、阿拉斯加荒蛮之地，还有西伯利亚苔原（搭轮船横渡太平洋）。1908 年 2 月 12 日，比赛的枪声终于在时代广场打响了。只有 5 支车队拥有足够疯狂的胆量和魄力加入这一挑战，其中一支来自意大利，一支来自德国，两支来自法国，还有一支来自美国。

5 支车队都没能幸免于灾难的魔爪。美国的托马斯飞翔者号汽车，由温文尔雅的明星级赛车手蒙太古·罗伯茨（Montague Roberts）及聪明机智的年轻机械师乔治·舒斯特（George Schuster）驾驶。车子陷入雪堆之中，只能随着铲雪志愿者清理道路的速度缓慢向前行驶。巨大的普鲁托斯（Protos）

由德国陆军中尉汉斯·柯本（Hans Koeppen）驾驶。与其说这辆车是赛车，不如说更像是一辆现代皮卡。后来靠12匹马合力才把它从沼泽中拉上了陆地。而且，这些意外都在车队还没驶出纽约州的时候就发生了。

几周之后，明星级赛车手罗伯茨在内布拉斯加州宣布放弃这场疯狂的角逐，年轻的舒斯特随后向联合太平洋铁路公司（Union Pacific）的官员提出申请，将飞翔者号归类为火车，这样就可以在火车轨道上行驶，不用在西部荒无人烟的大地上漫无目的地前行了。在西伯利亚通过一座马车桥时，桥上的横木在飞翔者号的重压之下断裂。多亏舒斯特身手敏捷，将车轮急转到桥边吱呀作响的木质支撑杆上，这才避免了坠落到下方将近10米处的湍急水流中。最终，舒斯特赢得了比赛，在奔波了169天之后，终于到达了终点巴黎。5支车队中，只有3支完成了这场艰苦跋涉。

1908年，也就是在德国工程师卡尔·奔驰（Karl Benz）发明出四冲程发动机整整30年之后，现代汽车旅行的状况就是如此。在汽车问世之后的几十年中，开车旅行仅限于探险家专用，甚至在相对较为发达的北美地区也是一样。司机需要全副武装——帽子、护目镜、手套和厚重的风衣，保护他们免遭在乡村小路上行驶时产生的飞烟、火星和尘土的侵袭。每辆汽车的标准配置中都包含一套工具包，驾驶员最好也是基础修理专家（在必要时，还需要懂得如何制造出配件）。早期的汽车旅游指南很明确地指出，驾驶员需要在没有标示的道路、半清晰的小径和不时出现的家畜所构成的一片混乱中找到出路。

美国之所以成为如今这个高度依赖汽车的国度，汽车的发明本身，只不过是所有必备条件这幅巨大拼图中的一小块而已。在汽车旅行中存在的所有麻烦被真正解决之前，很多东西都需要构思和建设，譬如标准化的公路标识、现代道路设计标准、州际公路系统，以及巨大的支持性商业网络，如加油站、维修店、路边餐厅、汽车旅馆、室内停车场等。只有当所有这些问题统统得到解决，千千万万人对旅行和机动性的深层渴望，才能转化为对汽车的需求。

如今，支持汽车旅行的基础设施依然在经历着不断的改进和扩张。在过去10年间，快易通电子收费系统（E-ZPass）和其他一些自动化网络，减少了汽车在收费道路、桥梁和隧道通行时的麻烦。Zipcar发起的汽车共享风潮，最终成功应对了城市司机面临的一系列麻烦。未来的一代人，将能够享受到自动导航系统带来的便利，该系统可以在汽车和危险障碍物之间保持一个缓冲区，让汽车碰撞事故导致的死亡从此销声匿迹。到那时，再提到当初每年因交通事故而导致4万人丧命时，人们会因这段残忍无情的历史而感到惊诧和恐惧。我们已经在内燃机时代生活了一个多世纪，直到今天，当年遗留下来的一些问题依然阻挠着我们。

化摩擦为动力

如此想来，现实世界中存在的种种问题也就不足为奇了：在电子革命（以威廉·肖克利发明晶体管为标志）之后60年，以及PC问世之后30年的今天，信息时代与数字通信的世界中，依旧是麻烦丛生，充斥着互不兼容的系统、满是bug的程序、反应迟钝的网络，以及无法正常运转的产品。就像内燃机时代一样，数字时代也需要一点时间，才能彻底解决掉所有的麻烦。

更加让人感到奇怪甚至惊诧的是，很少有人想到要去开发新产品、新服务和新系统，以便令全世界的数字资源可以更加轻松简洁地送达到每个人手中。这就使得那几个为数不多的例外情况更加吸引眼球。

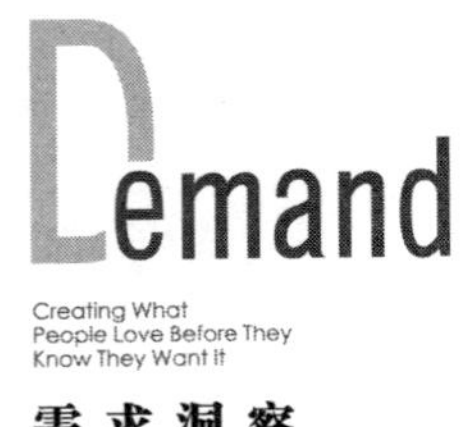

这些独树一帜的人，不仅能关注到新技术的卓越潜能，而且能留意到阻碍我们利用这些新技术的种种麻烦——也就是像当年那些没有标示的道路、积满泥泞的沼泽和极具破坏力量的大坑一样的高科技等价物。

无论在哪个领域，对于尚待实现的潜在需求而言，麻烦都是最先出现的提示线索和最早的闪光信号。这就是为什么魔力产品的创造过程，通常都是以某人画出一幅客户生活中存在的麻烦指示图开始，然后再去按图索骥，找到减少或解决这些麻烦的办法。

还记得本书在第 1 章讲到的故事吗？有人因影片租赁商店的迟还罚金引发的不便，而下定决心着手对这种情况做出改进。我们很多人都经历过类似的麻烦事，但是，却只有里德·哈斯廷斯将这些麻烦视为创造需求的契机，并由此创造了奈飞。

抑或，让我们来思考一下某位观察家就 21 世纪初期一个普遍存在的麻烦之源做出的评论："我们都有手机。我们也都很厌恶手中的这部机器，因为用起来太不方便了。软件很差，硬件也不怎么样。我们跟朋友们聊起这个话题，结果他们也很厌恶自己的手机。似乎每一个人都不喜欢手机这个东西。"你知道他的意思：古怪的信息界面、贫乏的网络浏览、模糊不清的屏幕、啰唆费时的流程，还有不太友好的应用，所有这些问题，当时都困扰着（而且现在依然困扰着）无数的手机用户。而只有史蒂夫·乔布斯（也就是我们前面提到的那位观察家）看到了其中的机会，明白需要一款新产品去解决所有这些麻烦，而 iPhone 就这样在人们的渴望中诞生了。

乔布斯与他的团队目标直指这些麻烦，力图加以解决。他们发明出了"可视语音信箱"（Visual Voicemail），让用户可以像查看电子邮件一样查找语音留言，并以用户偏好的顺序选出想要收听的留言条目。通过 iPhone 的多任务操作，预装 Safari 浏览器，并且实现了显示内容的横向旋转，创造出便于阅读的宽屏效果，苹果公司的产品令短信阅读和互联网浏览变得更加方便易用。

需求的力量

苹果利用独家绝招，令用户界面更加简化、更加清晰，例如，下载一首歌曲的点击次数仅为 5 次，而其他品牌设备若想完成同样的任务，则需要 18~39 次点击才能做到。

iPhone 于 2007 年 1 月正式面世，从此便创造出了一个全新的智能手机行业，并激发出了巨大的潜在需求。直到今天，还没有哪家竞争对手可以完全超越 iPhone，创造出与其相媲美的、可以为用户简化麻烦的功能和特点。

让我们想一想数字设备带来的种种问题。很多数字工具只能完成你期望之中的一小部分工作，很明显，其设计者除了最终用户之外，其他什么都考虑到了。跟这些设备较劲实在是令人头痛的一件事。一位华尔街交易员说，他曾对为公司提供电子数据管理设备的工程师这样抱怨过，“你们这些人生产出来的设备，显示的字母和数字总是太小，根本看不清，按键也太小，我的大手指根本按不到。”问题看起来似乎不起眼？可在交易悬而未决，一个小数点的错误就会造成几百万美元损失的情况下，这些全都是天大的问题。

这位交易员就是迈克尔·彭博（Michael Bloomberg），他充分利用操作金融数据时遇到的种种麻烦，在此基础上创造起了以自己名字命名的信息帝国。

现在回头看看，当年哈斯廷斯、乔布斯和彭博所拥有的洞察力，以及据此开创出来的源源不断的巨大需求，似乎再平常不过。但也只有用回顾的眼光看历史，才能得出这样的结论。

需求洞察

伟大的需求创造者，懂得从用户的角度看世界，才有了各自的重大发现，并为普通产品与服务制造出来的麻烦提供出了专家级的解决方案。事实上，他们当初也正是这些产品与服务的用户。像这样以解决问题为目的的发现之旅是紧张而激烈的，既要考虑客观因素，又要包含主观思想。通常用一种直觉和感性的方式表达出来，要比冷冰冰的统计数据更有说服力。也许这就是为什么很多商业领导者觉得这样的探索过程很难把握，特别是在高科技领域中，领导者们很容易落入一种陷阱，认为业务的中心是设备和产品，而不是人本身。

哈斯廷斯、乔布斯和彭博三人，都可谓是解决麻烦的行家里手，他们能够敏锐地觉察到用户体验中的苦恼、不便、混乱以及潜在的灾难。回想一下上次乘飞机的经历、收到一份错误的有线电视账单所带来的不便，以及被迫与庞大迟缓的官僚机构打交道的情形。

这种不舒适的感觉就是麻烦地图的定义——每个没有必要存在的步骤，每个引起用户失望的结果，都是麻烦地图上的一个摩擦点。通过消除摩擦，甚至化摩擦为动力，使麻烦摇身一变，成为用户的愉悦体验。其实，每个这样的摩擦点也都代表着一个创造新需求的机会。

你可以在头脑中构想出这幅麻烦地图，也可以在纸上画出来，用真实直观的视图来表达出用户体验中的种种麻烦。如果你希望能掌握需求创造的要领，那么就一定画出目标客户的麻烦地图，这是一种很有帮助的方法。这是你开始用全新的眼光看问题的关键一步。通过这幅指示图，你能够亲眼看到以前从未发现的各种问题，以及解决这些问题之后的美好图景。

有些麻烦地图，就是整个流程的步骤列表，从中可以看到很多无用、复杂，或存在目的和价值不明确的行为。比如，填写个人所得税报表就是个例子。在另一类麻烦地图中，可以看到用户为了完成一项任务而必须联系到的人、组织、供应商和源头，过程中会遇到迷惑、浪费、过多的选择以及过量的信息等情况。譬如装修厨房。还有一类指示图，明确告诉用户只能在看似二者选一的需求中做出无奈取舍。比如，在很多现实情况中，用户都被告知，想要便宜就不能有质量，想要方便就不能有选择，想要个性化服务就不能有速度。鱼和熊掌永远无法兼得。

在画出用户麻烦地图的过程中，聪明的需求创造者怀着探究的态度，向自己提出以下问题：

- 用户的心理活动是怎样的？他们希望从人生中获得什么？令人激动的产品是否能满足人们的这些愿望？如果无法满足，又是为什么？
- 什么样的麻烦会令用户气愤而无奈？是否存在一些麻烦，因为太常见而让人们几乎注意不到，但我们却有能力对其加以解决？

我们的世界中充斥着各种麻烦。可惜，具备足够明确清晰远见，能深入理解这些麻烦，同时还拥有执著而坚定的创造力来解决这些麻烦的人，简直是少之又少。这就是为什么汽车驾驶要花上几十年的时间，才能变得相对安全、轻松和高效，这也是为什么数字化信息革命还要再花上几十年，才能充分挖掘出其全部潜力的原因。

“一键”先锋：以用户问题为中心

如今，我们终于能有幸亲眼见证，由一群认识到麻烦地图重要意义的先锋人物开创的数字时代变革。在这一过程中，他们通过富有魔力、改变人们生活方式并解决掉诸多麻烦的产品，创造出了源源不断的巨大需求，同时，也改写了高科技行业的游戏规则。

麻烦地图的思维方式彻底扭转了某些传统观点。于是，由麻烦地图的行家里手掀起的这场数字时代变革，就制造出了很多一反常态的商业成果。

- 苹果，一家计算机公司，制造出了最优质的手机，并在音乐发行领域占据领导者地位。
- 奈飞，一家网络公司，竟在电视频道和有线节目公司眼中，成为了用户需求的最大竞争对手。
- 亚马逊，另一家网络公司，在全世界最具价值的零售商排名中位居第二（虽然一家零售门店都没有），堪称最具创新精神的电子设备制造商之一，也在图书出版业中占据着越来越重要的地位。
- 彭博社，一家数据技术公司，在一度曾被美国 NBC、《纽约时报》和道琼斯占据的媒体领域中，凝聚成一股强大的力量。

如果我们按照熟悉的规律，将这些公司贴上“计算机公司”“媒体公司”“电信公司”和“消费电子公司”等标签，那么上述成就便会让人十分摸不着头脑。但是，如果我们将这些公司全部归类为“麻烦解决者”，就完全可以想得通了。

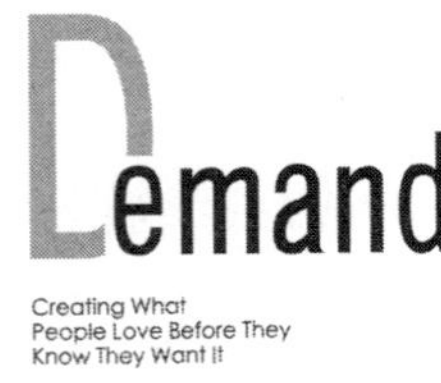

在如今的高科技领域中，创造出最大需求的公司，也就是那些成功解决用户麻烦的公司，它们利用的技术可能会被贴上各种各样的标签，归类于各行各业。当下数字化了的麻烦解决者，超越了诸如个人电脑或手机等独立的技术领域，对这些设备及其周边的基础设施进行了重新设计，从而更加敏捷的响应用户需要。

做到这一点，就需要让各类技术相互融合。而在另一些情况下，需要在不同的设备和信息流中建立起彼此之间的联系。还有一些情况下，则需要创造出新型工具，使得数字化设备更加便于使用，无论这些工具是否带有高科技的成分。但是，在上述任何一种情况之下，麻烦解决者们都深知，**打开成功大门的钥匙，是“以用户问题为中心”的创新方案，而不是将目光锁定在设备性能本身。**

这种以用户为中心的新途径，逐渐消除了技术与技术之间的隔阂。现在，我们正在快速通往一个“一键世界”。在那里，用户可以轻松地即时享受到无处不在的数字产品与服务，而曾经用来划分需求空间的行业界限则不复存在。

众多公司纷纷加入了这场世界范围的角逐，却没有几家了解个中真相。想一想索尼和苹果这两家大公司迥异的发展历程，就能明白这个道理。

索尼本是“一键世界”竞技场上的先行者。在蓬勃发展的各大科技行业中，索尼都拥有丰富的经验和资源。从消费电子产品起家，索尼占据了计算机领域（VAIO）、电信行业（索爱手机）和媒体业（哥伦比亚影业、音乐和游戏）的一席之地。但是，公司在所有这些领域中的地位都是彼此隔离的，也就是说，在上述诸多行业之间，索尼没有搭起一座桥梁，带来更加优化的用户体验。拥有一台VAIO笔记本电脑，与拥有一台索尼随身听或看一部哥伦比亚出品的电影之间没有任何关系。索尼在上述4个行业中都曾有过不俗的表现，虽然在这一层面曾有广泛的“协同效应”。但是公司却没有把这些产品集成起来呈现给消费者，也没有创造出改善用户麻烦地图的新工具。

相比之下，苹果公司的史蒂夫·乔布斯就可谓是“一键世界”的先锋人物。在他凭借iPod打入消费电子领域之时，就将其与iTunes这款全世界第一个，同时依然是全世界最优秀的在线购买、整理和享受音乐与视频的软件系统整合起来。

而后，他以 iPhone 进军电信业，把这款产品与一个更加庞大的应用与服务系统（包括 iTunes）相结合。现在，iPad 又将触摸屏技术与影视节目制片人创造出来的视频、图书报刊发行公司出品的数字读物，以及很多其他类型的信息与娱乐方式整合为一体。

苹果公司没有在 4 个行业中分头作战，而是将其加以整合。更加重要的是，苹果将数字技术与一个富含优质内容的世界联系在了一起，对用户的麻烦地图进行了重新绘制，提供了一种无缝、独特、具有强大魔力的用户体验。

如此得来的商业成果，就是前所未有的巨大财富转移。2000 年 12 月时，索尼的市值高达 630 亿美元，而苹果只有区区不到 50 亿美元。如今，两家公司的地位换了过来。苹果公司截至 2013 年 3 月的市值为 4 048.7 亿美元，而索尼只有 155.7 亿美元。苹果创造出来的需求成果，让全世界的消费者不仅认为它的产品和服务炫酷、优雅、强大，更把它们当成了直观、简便、有趣的代名词。卓越的麻烦解决者的影响力可见一斑。

在“一键世界”中，用户心目中的理想产品，既消除了技术之间的界限，也带来了便捷、易用和乐趣。如果某个产品还停留在传统的技术与公司壁垒之后，消费者就会予以排斥，而且这种排斥的强度会随着时间的发展而愈演愈烈。

再举一个例子：索尼公司的第一款阅读器，于 2006 年 9 月在美国上市。这款阅读器设计精良，甚至算得上是一款革命性的消费电子设备。它利用了电子墨水技术（E Ink），创造出了前所未有的优质数字阅读体验。但是，你肯定没有购买。为什么？因为索尼没有找到一种方法，将这种绝妙的技术与廉价、即时、便捷的无线网络相结合，而没有无线网络，人们就无法找到他们想要阅读的书籍。就在14个月之后，亚马逊的Kindle让网络连接成为了现实，从而使得亚马逊成为了电子阅读器大比拼中的赢家。

电子阅读器之间的竞争，充分体现了产品没有完工就上市的悲惨命运。规则很简单：**在“一键世界”中，一款只能满足用户部分需求的产品，常常无法达到原定目标。**

设想一下，如果iPhone没有App Store，没有成千上万忠实的软件开发者不断创造出炫酷好用的工具来提升手机本身的价值，那么iPhone就不过是一款普通手机而已，尽管设计精美。人们还会继续满肚子抱怨，这将与如今这个令人一见倾心的生活小配件相去甚远。

“一键世界”中设计的三大维度

苹果、奈飞、亚马逊、Kindle等成功的“一键”需求创造者，为我们引出了全新竞争环境中存在的另一个现实：设计的三大维度。在“一键世界”中，设计的重要性被提高到了空前的高度上。其中涵盖了设备的设计，当然没错。但同时，还包含了用户体验的设计，以及为其提供支持的整个商业系统的设计。

• 维度1：外观设计 •

优秀的一键公司以非常严肃认真的态度对待产品的外观设计。你可以看到苹果无可挑剔的产品外观。但是，你是否了解，奈飞对其标志性的红色邮寄信封设计进行了150多次改善，才敲定了能为客户提供高效服务的最终版本？你是否真正留意观察过亚马逊网站上各类内容与功能的简明布局（奈飞坦白承认，自己网站的设计就是模仿了亚马逊），以及所有那些不太显眼的独特设计，比如按键位置的摆放？ Kindle 之所以比索尼阅读器更加简便好用，就是按键位置使然。

• 维度 2：用户体验 •

比设备本身的设计更加重要的，还有公司在设计与用户的体验关联时用上的充满艺术感的技巧。在系统、界面、信息流、服务规范、公司间协作等处做出的成百上千、大大小小的调整，每一次微调，都能实现一点点改善，减少用户浪费掉的时间、精力以及苦恼程度。将所有这些小小的不同之处加总到一起，用户就获得了不会制造麻烦的产品体验。让我们为之动情，并开开心心掏腰包的，正是这样的产品。

• 维度 3：商业系统的设计 •

公司成败的关键点也正在于此。成功的一键公司深知，世界级的商业系统设计并不是唾手可得的，而是要动用做产品时的创新态度，有针对性地加以定制，比如独特的价值主张、包含传递给消费者价值份额在内的盈利模式，以及保护这些利润的战略控制手段。

因此，“一键世界”的出现是饶有意味的，充满了对未来需求发展趋势的种种暗示和启发。但是，一切都要从零开始。这需要依靠杰出的人才以明确而坚定的态度关注用户身边的种种麻烦，并以不屈不挠的决心来消除这些麻烦，无论一路上要挑战和破坏掉多少存在于技术之间的界限与壁垒也勇往直前。

从用户的角度看世界

早在 20 世纪 70 年代初，迈克尔·彭博就开始为困扰华尔街交易员的麻烦地图寻找解决方案。他心中的使命，就是要让那些把信息的重要性与利润划等号的人们，能够更加方便及时地使用至关重要的数据信息。而他的背景和个性，使他成为践行这一使命的理想人选。

> 彭博的第一份工作可以追溯到中学时代。那时，他在马萨诸塞州剑桥一家电子产品公司做兼职。之后，他考入约翰·霍普金斯大学工程学专业。毕业后到哈佛商学院深造，并在所罗门兄弟公司（Salomon Brothers）找到了一份场内交易员的工作。
>
> 据说，他那时以急躁易怒著称。“他总是在大喊大叫，”以前的一位同事回忆说，“他给我打来电话，让我等着别挂，然后 3 分钟之后在电话里冲我嚷，‘你要干嘛？’我说，‘彭博，拜托，这电话是你打给我的好不好！’”
>
> 无论是什么样的工具，只要能节约交易员的时间，能帮助交易员集中精力在赚钱这件头等大事上，彭博都会大加赞赏。同时，他还是个头脑灵活、意志坚定、自信得有些过了头的人，很喜欢站在聚光灯之下。这些个性特征让所罗门的同僚对他深恶痛绝，但却在他后来的事业发展中起到了积极的推动作用，让他成为了一名成功的“一键世界”需求创造者，同时也是一位卓越的独立政治家。

从本质来讲，若想在华尔街取得成功，毋庸置疑，在第一时间把握重要的信息至关重要。你要比街对面甚至全世界各个角落的交易员能够更加快速地捕捉到市场动态趋势、价格变化，以及不平衡和异常的现象。因此，一直以来，投资银行、经纪公司和投资经理都倾其所能以最快的速度使用新型信息技术，从电报、电话到电传和传真机等。

到了 20 世纪 70 年代早期，彭博已经在凭借自己的工程学背景，研究如何利用计算机减少证券交易过程中的麻烦。他那时是所罗门公司信息系统的负责人，说服公司为每位交易员提供了一台与后台主机相连的计算机工作站，这在当时是具有革命性的一大进步。之后，他又聘用了一些程序员，使整个系统运行得更加流畅，更加便于交易员的使用。彭博自己也曾做过交易员，因此对交易员面临的种种麻烦十分了解，甚至连基础设施中的实体元素都了如指掌。这也是他对显示屏上文字的易读性和键盘上按钮的大小等细节如此执著的原因。

可惜，所罗门兄弟公司的同事并不能完全认同彭博这些远见的价值，也可能是因为不能完全认同这些远见与他急躁的个性结合而成的高压危险产物。1981年，所罗门与农产品交易公司 Phibro 合并，而脾气暴躁的彭博则“没有接到留任的邀请”。或者用彭博自己更加直白的话说就是：“他们在 15 年之后把我甩了。”

一站式资源提供商

被无情地扫地出门之后，彭博骄傲的自尊心被深深刺痛。但同时，也刺激他释放出了强大的创业动力。彭博与几位合作伙伴联手，利用他在所罗门积累的资源，成立了一家专门为华尔街提供电子信息工具的公司。公司提供三种形式的服务：包括股票、债券价格和货币估值在内的实时金融信息数据流；便于快速执行交易，将交易员与后台系统相连的电子系统；以及执行识别套利机会，对比证券价值等分析任务的软件工具。

公司提供的这些服务，正是彭博在他的交易员生涯中梦寐以求的。即使在当时那些原始的电子设备上，这些信息服务也十分令人难忘。据一位当年的华尔街员工回忆，那时的服务演示是在 “一台与终端机相连的老式 IBM 电动打字机上”进行的，就算从当时的角度来看，这类设备都已过时。然而，只有精明的交易员才知道这种服务之中蕴涵的强大力量。

第一笔订单是美林证券公司下的。美林当时在资本市场中还只是个小辈，正在力图寻找各种独特的优势来刺激业务的发展。这就使得彭博的服务与美林的业务形成了理想契合。美林指派了两位交易员，为彭博的技术提供实时的具体反馈。据彭博自己说，他们的“吹毛求疵”促成了公司服务水平的稳定提升，为公司日后取得成功注入了重要的动力。美林对彭博提供的数据服务非常满意，为公司注资 3 000 万美元，附带条件是 5 年之内不许将服务卖给美林的竞争对手。后来，美林发现，这道需求的闸门一旦打开，巨大的利润也就随之而来，于是便取消了对彭博的销售限制。就这样，彭博社逐渐发展了起来。

在 20 世纪 80 年代，人们开始注意到，电子 IT 工具对金融专业人士的重要性越来越明显。那时，彭博面临着至少 20 家竞争对手的威胁，其中也包括路透和道琼斯的电子新闻服务部门德励财经（Telerate）。但这些竞争对手都一门心思地认为客户只需要普通数据，而彭博却有着更加深远的见地。他聘请了一些分析师，专门将普通数据制作成对交易员具有独特价值的专业信息。

在这些信息转换的增值服务中，有些看似平淡无奇，譬如将不同财年、基于不同财务假设的公司数据转换成为统一格式，以便在数据对比时更加轻松准确。但是，这些服务通过消除了投资决策过程中浪费时间的步骤，而大大减少了交易员身边的麻烦。另一些增值服务则更加复杂。例如，不断更新的收益率曲线分析，一系列投资组合规划工具，允许交易员推断替代投资策略结果的模拟系统，以及支持“黑匣子”电子投资决策交易系统的程序。成千上万的交易员，只要使用了彭博的工具，就会很快产生依赖，甚至觉得如果没有这些工具，简直无法正常工作。

如果问到彭博的员工，面对德励这样资源更广、资金更充裕的竞争对手，公司是如何在这场需求之战中生存下来的。他们就会告诉你，“德励没有对数据做任何处理。”而彭博则恰恰相反。到了 1997 年，彭博的普林斯顿中心聘用了 900 名分析师。交易员纷纷加入彭博的团队。一年之后，道琼斯主动退出这场战役，将德励以 10 多亿美元的价格贱卖了出去，比当初的买入价还要低。而路透则发现，只有追加上亿美元的投资，才能赶上彭博提供的服务水平。

迎接脱离各种麻烦的美好时代

从那以后，彭博社开始逐渐增加并提高信息服务的广度和深度，类型和质量。公司从彭博本人当年做交易员时专攻的债券数据做起，后来又拓展到了股票、对冲基金、期货和期权、外汇、房地产，以及一系列基于按揭、指数、利率等元素的复杂衍生品证券，覆盖的金融工具多达 500 万种。

和 Zipcar 一样，彭博很快认识到了各类需求中存在的价值，了解到不同类型的客户有着不同类型的麻烦地图，并致力于开发出独特的产品，力求为所有客户解决掉身边的麻烦。

需求的力量

如果一位交易员想要获得与彭博具有同样深度和广度的金融信息，就需要分别进入全世界 200 家交易所和上千家研究机构的数据库。而彭博则是一家一站式资源提供商，使用户能够即时获得汇集于一处的所有信息。

彭博并没有就此放慢脚步。“任何与钱有关的新闻”都会被整合进来，通过彭博特别定制的显示器传递给广大用户。在专有屏幕的一角，有一个视频链接，专门播放新闻发布会、参议院听证会，以及由电视节目主持人查理·罗斯（Charlie Rose）主持的新闻访谈（罗斯在PBS电视台的节目搬到了彭博纽约总部的演播室）。1990年，彭博推出了自有新闻服务，横跨商业、政治、社会、经济以及其他各类新闻。如今，公司在全世界设立了几十处办公机构，雇用了2 300名员工，拥有广播电视访谈节目和即时新闻报导，一份自有品牌的商业杂志《彭博商业周刊》，一家有线电视台和一个广播电台。为彭博提供动态新闻的本地报刊数量比美联社、路透社或任何一家新闻服务机构都要多。

彭博用事实证明，商用产品也能具有如此强大的魔力——就算用上贿赂的手段，客户也不愿放弃彭博的产品。

一家位于美国东海岸的资产管理公司的老板很不开心地发现，每部彭博终端机的成本高达一年18 000美元。他不相信手下的价值投资分析师可以从中挖掘出那么高的收益。于是他告诉这12位分析师，如果他们同意放弃使用彭博的产品，就给他们每人多发15 000美元的奖金。12个人中，有11人拒绝了老板的提议。其中一位分析师说，就算给他目前的奖金减少15 000美元，他也不会放弃彭博的产品。

彭博自从2001年当选纽约市长之后，就不再介入公司的日常运营管理。但是，全世界对其产品的需求却是有增无减。现在，全世界正在使用的彭博机达30万台，每台每个月能为公司带来约1 500美元的收入。与路透等竞争公司不同的是，彭博不提供批量购买折扣，只是在客户安装第二台彭博显示器时给出1 800美元的优惠。无论是购买上千台机器的华尔街大公司，还是只有两名员工的小门脸，他们为每台显示器支付的费用都是相同的。如需股票交易执行等附加服务，还需支付额外的费用。

与丰厚的盈利相对应，彭博提供的高水平服务塑造出了一个高端品牌。在人们开玩笑时，通常拿彭博社与奔驰或劳力士相提并论。彭博的骄傲也是有理有据，“我们的产品没有使用手册，因为随时都有一万多人可以提供帮助。这些人接受过高端培训，说着多国语言。一周 7 天，一天 24 小时，随时待命。”如果一个问题要花上几个小时才能解决，这个问题就会从一位专家传递给另一位专家，从一个时区转移到另一个时区。从日本语到乌尔都语，你可以选择任何语言来接受服务。

而且，彭博服务中的某些内容还极具个性化和价值，魔力令人一目了然。我们最喜欢这个例子：失业的客户可以在家继续使用彭博机，时限为 4 个月，不收取任何费用，也不会缩小服务的范围。也许，只有像彭博本人这样，曾经有过交易员的工作经历，也亲身体会过被炒鱿鱼的落寞，才能如此真切地理解到客户身处的麻烦和困境，也才能发挥出如此生动的想象力，提供出这样的服务。想想看，在交易员不幸被辞退之时，这项服务能为他带来多大的精神支持，而在这位交易员再次找到新工作时，又将会以多大的决心继续使用彭博的信息服务。Amaranth 曾经是一家价值 95 亿美元的对冲基金，2006 年时不幸破产。而彭博则让这家公司的 221 位员工继续使用彭博机。几个月之内，其中的 180 人找到了新工作，而且他们坚持要将使用彭博的服务作为他们聘用协议中的条款。

彭博社本身也无法逃脱经济危机的威胁。2009 年，华尔街大幅裁员之时，彭博的注册用户骤然少了 11 000 人。但是，公司的领导层毅然决定，坚持一贯原则，为客户提供更多的服务。公司买下了《商业周刊》杂志，并在彭博终端机上增加了 2 000 多种新功能。在 2010 年，用户数量逐渐开始恢复。公司总裁彼得·格劳尔（Peter Grauer）说道：“我们已经找回了丢失的市场份额。”而且，在找回市场份额的同时，还维持了产品价格不变。

彭博社的故事，仅仅是“一键世界”中巨大需求创造潜力的冰山一角。在这个由需求构成的宇宙中，还有无数的角落等待着属于那里的先锋式人物去占领。

我们看到了在技术领域拼搏的无数公司与人们的最终目标——将如今这个结构分散的数字化时代转变为“一键世界”。到那时，我们身边的信息工具就会变得非常简便，达到与我们的意识浑然一体的境界，最终迎来彻底脱离各种麻烦的美好时代。

用人际沟通叩开需求大门

艾伦是个 82 岁高龄的寡妇，住在加州阿纳海姆市，离洛杉矶不太远。一个周三的清晨，她像往常一样，称了一下自己的体重。146 磅，是不是有些高了？艾伦走到厨房，给自己准备燕麦粥做早餐，心下忍不住有些担忧。

半个小时之后，电话响了。是诊所的桑德拉打来的。

“早上好，艾伦。今天有没有发现什么不一样的地方？”

“我觉得自己的体重好像长了一点……”

“没错。”桑德拉说道，“146，比昨天多了 3 磅。”

“我说怎么觉得有点高呢。”

“我们需要你今天上午来一趟诊所。”

“我没法去，我女儿这周不在家。”

“不要紧，我们会派一辆车去接你。一个小时之内能准备好吗？”

“可以，我能准备好。”

艾伦有充血性心脏衰竭病史。对她来说，一夜之间体重长了 3 磅可不是件好事，很可能是液体在体内淤积的征兆。艾伦的治疗从当天早上立即启动，直到两周之后她脱离危险才结束。

艾伦的朋友瑞贝卡使用的是另一家医疗服务提供商。6 个月之前，瑞贝卡也和艾伦一样，有过体重增加的症状。但是，由于没有艾伦那样的无线体重秤，所以无法将每日的体重传输到诊所进行监控，结果这一症状一直没有引起瑞贝卡的注意。一周之后，瑞贝卡因为呼吸困难和心悸被送到了急救室，不得不长期住院治疗。

丹尼是一位退休的邮递员，87 岁高龄，久病缠身。曾经健壮的双腿，如今早已虚弱不堪。他到诊所来是因为两个原因：参加四肢力量的训练课程，还有每月一次的修剪脚趾甲。

像丹尼这样的情况，很容易因为跌倒而一病不起。他的很多朋友都已经因为摔坏了腿或臀部而饱经折磨，要在医院住上几周的时间，之后还要在康复中心度过几个月的调整期,随后就是经年累月的疼痛和行动不便。但是,丹尼的医生知道，虚弱的四肢、脚趾甲过长以及蓬乱的地毯，都可能成为老年人摔倒的原因。医生们已经拜访过丹尼的住处，确保丹尼的女儿已经将 20 世纪 80 年代遗留下来的长毛地毯换成了平整的短绒地毯。现在，他们还要继续跟进丹尼在健身房进行的定期肌肉训练课程，并且定期帮他修剪脚趾甲。在诊所的帮助下，像丹尼这样的病人的跌倒风险降低了 80%。

约瑟夫是一位 79 岁的糖尿病患者，不小心把脚撞到了门上，破了一道口子。几天之后，伤口不见好，于是他一瘸一拐地来到家庭医生的办公室。耐勒医生看了一下伤口，便立即将他转送到位于加州惠蒂尔的诊所。

在那里，一位护士帮他清洗并包扎了伤口。她告诉约瑟夫，“我希望你两天之后来换药。然而过两天再来一次，之后再来一次，直到伤口彻底愈合。明白了吗？”

约瑟夫苦笑了一下，点了点头。像这样的事，他之前早就有经验了。

对于糖尿病患者来说，即使一个小伤口，也会成为大问题。如果不能及时给予治疗，伤口就会很难愈合，最终极有可能导致截肢。但是，约瑟夫的脚被保住了。而且，约瑟夫也不是唯一的幸运儿。这家诊所病人的截肢率比其他医疗服务提供商少 60%。

耐勒医生几年前开始与为约瑟夫治疗的诊所合作：

> 说实话，我一开始不怎么喜欢他们，因为他们的治疗流程特别明确。我不喜欢别人告诉我应该怎么治疗。
>
> 但是一年之后，我就开始明白他们制定这些做事原则的良苦用心。
>
> 你要理解我作为初级保健医生的处境。每天，我要给 60 ~ 70 名患者问诊。什么病人都有，耳部感染的幼儿，怀孕的青少年，患上健忘症的老年人等。我的时间和能做到的事情都很有限。病人一旦出现严重情况，我只有两个选择，要么将病人送到专科医生那里，要么将病人送到医院里。
>
> 而诊所则提供了第三种选择。只要是老年患者，诊所的大夫就会提供出全套的治疗方案。诊所的工作人员素质很高，响应速度也很快。如果病人没有交通工具，诊所就会派车去家里接他们。而且，诊所将重点放在了疾病的预防上，而不仅仅是治疗。
>
> 更值得一提的是，他们也能理解我面临的问题。他们帮助我为老年患者提供了更好的治疗，你不知道这种感觉有多好。

艾伦、丹尼、约瑟夫和耐勒医生，他们的故事都是真实发生的案例，只不过隐去了真名。而且，为他们提供服务的诊所也是真实存在的，全部隶属于CareMore公司。CareMore总部位于加州喜瑞都，是一家保险机构的定点医疗服务提供商。公司在加州、亚利桑那州和内华达州拥有26家中心，为超过5万名的美国联邦医疗保险病人提供服务。这些病人由于可以在联邦医疗保险优享计划（Medicare Advantage Plan）的范围内进行任意选择，因而刺激了对诊所医疗服务需求的增加。但是，CareMore的医保计划有着自己与众不同的特点。通过针对老年人的独特护理方法，CareMore总能取得其他医疗服务提供商望尘莫及的成果，减少了伤亡人数和住院比率，并提高了老年人的生活质量。

绝大多数人都心甘情愿地为如此高水平的医疗保健服务支付更高的费用。而且，CareMore取得的这些成绩，依靠的并不是高科技手段、侵入式介入疗法或只有富人才享受得起的独家“礼宾服务”。

需求的力量

CareMore通过简单直接的方式，强调医生、护士、治疗师与患者之间的人际沟通，从而延长了病人的寿命，丰富了病人的生活，同时还将整体医疗成本降低了几乎20%。

CareMore谱写的这段美国医疗故事，知者甚少，但每个人都应该了解。人们总是在头一次听说CareMore的故事后问出同样的问题，“他们究竟是如何做到的？”“为什么我和我的父母享受不到这样的服务？”

减少麻烦，而不是减少成本

CareMore的故事要从20年前讲起。一位名叫谢尔顿·津伯格（Sheldon

Zinberg）的胃肠专科医生因当时南加州逐渐出现变化的医疗服务状况而深感忧虑。

就像美国其他地区的医疗市场一样， 南加州也被健康维护组织（HMO）占据。HMO 背后的理论听起来相当有吸引力。这种“管理之下的医疗保健服务”本该本着“患者至上”和“经济可持续”的双重原则，对治疗和保健工作进行协调和指导。但是，在健康保险资助企业和政府部门（以及追求利润的投资者）的压力之下，HMO 越来越倾向于降低成本，为此不惜任何手段，其中也包括短期补救措施，这就让患者的治疗得不到保障，而且长期来看，也致使医疗费用节节攀升。患者身陷越来越复杂的麻烦地图，医生遭受层层压榨，而成本依旧不断上涨。

津伯格因此而警醒。早在 20 世纪 60 年代，他就成立了一个拥有 20 多位医生的大型内科医学团体，涵盖的专科包括心脏病学、肿瘤学、风湿病学、肾脏学等。内科医学专家公司（Internal Medicine Specialists，Inc.，）为患者提供着优质的服务，慕名前来就诊的病人越来越多。

但是到了 20 世纪 80 年代后期，随着一小撮 HMO 逐渐占据了医疗市场，转诊病人越来越少，医疗服务限制却越来越多。津伯格和他的同事们不得不花很多时间，与“保险金协调员”通电话。这些保险金协调员可谓是不折不扣的麻烦制造者，他们的主要工作就是寻找各种理由将患者的情况甩到承保范围之外：“为什么要做结肠镜检查？那个病人才 40 岁。我们不会付这笔钱的。”

内科医生查尔斯·霍兹纳（Charles Holzner）曾经在一家 HMO 工作。他在谈到 HMO 的流程时，言辞极为犀利。他说：“那里的医疗流程完全是脱节的。我可以两三天就让病人出院，但他们很快又会住进来，因为病人对具体病情完全不了解，根本得不到后续的治疗。”

无论从患者的角度讲，还是从医院的角度讲，这都是最差的状况。**协调不利的低质量医疗护理，引来了惩罚性的经济后果。**

津伯格因“管制之下的医疗保健服务”造成的破坏性影响而震惊不已。那时，他已年逾花甲，本可以像他的许多同事一样，躲开这些麻烦，颐养天年。但津伯格没有这样做。1988 年的一次内科医学团体会议上，津伯格站了出来，宣布了一个重大决定：“解决目前这些问题的唯一办法，就是有人来启动一个优秀的医疗服务项目。”

随后的几年间，他一直在思考如何将自己的美好愿望落实到行动之中。

津伯格很敏锐地觉察到了患者就诊体验中存在的庞大而复杂的麻烦地图。他一直在寻找以减少患者麻烦为目的，而不是以减少成本为目的的医疗系统，在这样的系统中，各个环节应该是协调一致的。津伯格是个健身迷。他每天都要在家中的健身房里，对强化身体各个部位的锻炼课程进行设计。当时，没有几个医生知晓这种非医疗的保健方式。传统的医疗观点认为，患者不过是器官、症状和病情的简单叠加，而不是组合在一起的整体。津伯格开始设计一种新型的医疗保健机构，在那里，医生、护士、治疗师、健身教练和其他各类专业人士共同合作，针对大家共同治疗的患者，共同分享信息和观点，并以确保患者最佳的身体和精神健康为目标，提供一切患者需要的服务。机构会为患者将治疗方案组织为一个整体，整个系统围绕着患者本身展开。

这样的医疗服务，就算是医生本人也希望自己和家人能够享受到。但是，这种做法在经济上是否可行？医生们是否已经因 20 世纪 90 年代经济形势的变化而放弃希望，或是早已习惯了自主制定治疗方案，不愿以团队合作形式为患者提供服务，而使津伯格的新型医疗理念找不到用武之地？

津伯格花了将近两年的时间，才为这一项目招聘到足够的医生。他回忆说：

1991—1992年那段时间，我太太基本见不到我。我每周要拿出4个晚上的时间，与医生同行共进晚餐，向他们解释我的理念。我甚至用祈求的语气和态度，邀请他们和我一道开发出医疗服务领域的第一个集成系统。后来，还是有很多人拒绝了我。他们会说："这是个责任重大的工作，我们太忙了，实在是心有余而力不足。"还有人直截了当地告诉我，他们不想跟这个项目有任何瓜葛。我希望医生们能在这样的一个组织中产生主人翁意识，全心全意地投入工作，将关注的重点全部放在病人的最高利益上。我告诉他们，"如果我们把人的重要性放在盈利前面，我们就能盈利。"但是，这种想法却让医生们很紧张。

幸运的是，几位医生对津伯格的理想给予了认同。查尔斯·霍兹纳就是早期加入进来的一员。如今，他已经是CareMore的一名资深医师。其他一些与津伯格长期共事的医生，是因为与他有个人交情，被他的决心和真诚所打动而加入进来的，有几位还是他以前的病人。后来，津伯格在一次充满激情的晚餐演讲终于有了突破性的收获。一天晚上，在一家意大利餐厅用餐后，津伯格正讲到一半，一位眼科医生站了出来，打断了他。"大家想想看。"他高声说道，"其实我们本应一直这样做的。我们选择医生这个职业，就是这个原因！我们大家能不能记住这一点？"那天晚上，又有几位医生加入了进来。

到了1993年，在28家不同医疗机构中执业的医生，都同意加入津伯格的新型医疗系统。那年6月，CareMore医疗集团正式开张了。

协作式医疗

津伯格一直将发展重点放在适应老年人需要的协作式医疗保健上，在这一领域的投资，也带来了更低的成本和更为理想的成果。作为一名胃肠专科医生，他治疗的患者中有很大比例是老年人，而且，随着自己年龄的增长，他对老年生理学的兴趣也与日俱增。他在这一领域的研究成果，不仅包括他独创的锻炼课程，而且还涵盖了他在营养学、遗传学、记忆力保持等方面的思想，这些都为他 1993 年的著作《赢在后半生》（*Win in the Second Half*）提供了灵感。而且，津伯格也发现，拥有联邦医疗保险的老年患者，被认为是医疗系统中消耗资源最多的一部分人。而这些患者，恰恰可以通过特定的医疗关注来获得很多利益。由于整个美国医疗系统之中存在严重脱节的现象，老年患者被迫身陷于庞大的医疗困境之中——本可避免的住院治疗、重复进行的检查项目、误诊、患者对病情信息的迷惑、没有必要的痛苦，还有彻底的忽视。简单说，**严重错位的需求，加上昂贵、失调的治疗，导致了并发症的出现和治愈率的低下。随之而来的，便是更多的治疗。**

但在最初的时候，由于几位投资人（包括一家社区医院）的压力，CareMore 接收了各种情况、各年龄段的患者，其中还有一些是员工医疗保险的被保险人，这类保险叫作“商业计划”。CareMore 在这样的基础上坚持了 4 年。就像很多其他医疗机构一样，尽管患者人数持续增长，却还是无法实现盈利。但是，在 1997 年，可能是因为感觉到了 CareMore 成长所带来的压力，商业保险公司坚持让 CareMore 做出承诺，不会自行启动商业保险计划。津伯格和公司的管理层正在为此犹豫不决之时，商业保险公司突然中断了他们与 CareMore 的合同。

从短期来看，这一事件给公司的财务状况带来了巨大打击。但后来的事实证明，真是塞翁失马，焉知非福。这件事给了津伯格和他的团队一次机会，将 CareMore 按照他最初的理念进行了重建，成为了一处以患者为中心，专门为老年人提供服务的医疗机构。而且，这种商业模式只有一个资金来源——联邦医疗保险。联邦医疗保险的付款系统使得 CareMore 可以为患者提供所谓的“按敏锐度调整后的合计付款”（acuity adjusted aggregate payment）。换句话说，CareMore可以每年从每位患者名下收到一笔费用，这笔费用的额度根据每人的病史和疾病风险而定。这种新模式取代了以往交钱办事机制下的扭曲动机，使得CareMore能够在为老年患者提供创新服务的同时，从中获益。

津伯格曾说过，“我们的理念比很多人想象的要简单许多。根本不需要什么高深的知识背景也能理解。首先，你要列出一张单子，写出老年人这个群体的需求。然后你就要问，我们能在何种程度上满足这些需求？然后再去想办法提供他们需要的东西，帮助他们恢复健康，保持健康。”

正如所有的需求创造者一样，津伯格也具有足够的底气和魄力去倾听用户的声音。但是，用户能告诉你的东西很有限。有的时候，他们不会说出自己真实的欲望和动机。比如“我买奔驰的原因是想让隔壁的邻居看着眼红。”而在另外一些情况之下，尤其是涉及像医疗这样的技术领域之时，用户自己也不知道他们需要的究竟是什么，或者无法用语言清晰地表达出来。这就是为什么聪明的需求创造者在与用户对话之外，还会通过大量的观察来得出自己的结论，尤其会着重注意到人们所说的话与他们的实际行动之间存在的差异。

著名棒球运动员约吉·贝拉（Yogi Berra）曾说过，“你只要去看，就能观察到许多情况。”津伯格、霍兹纳和同僚们一起，在医疗服务领域做了件十分不寻常的事情。他们看到了医疗困境给老年患者造成无谓痛苦的根源。经过分析，他们发现这些上游事件常常会导致下游的灾难性后果。之后，他们便下定决心一个接一个地解决掉这些棘手的麻烦。

在这一上下游分析过程中，CareMore 运用了一种传统的系统管理原则。这一原则由贝尔实验室（Bell Laboratories）于 20 世纪 30 年代首次提出，后经管理学大师 W·爱德华兹·戴明（W. Edwards Deming）于 20 世纪 50 年代进行了提炼。这种原则是指，你可以花 1 块钱在第一步就把问题解决掉，也可以花 30 块钱在第十步将问题解决掉。或借用一位医生的话，“美国的医疗系统，就是随时等着问题出现，然后再去进行补救。在 CareMore，我们会想尽量在问题出现之前做好预防措施。”

CareMore 发现的第一个问题，就是有多达三分之一的老年患者无法按预约时间来医院看病。

为什么会这样？查尔斯·霍兹纳解释道，“我们问诊过的 40% 的老年人，都是独自在家生活。他们手头可用的资源十分有限，也不能开车，孩子们又都住在别的地方。因此，他们生病时，就只能打急救电话。而一旦需要平时的例行复诊，他们有时就完全没办法赴约。”

CareMore 针对这种情况，想出了一个超越常规的解决方案：不收取任何费用，为患者提供交通工具，接他们来就诊。本地的汽车服务公司非常愿意接下这笔生意。CareMore 虽然在这里花了钱，但因此而节约下来的成本，却比这笔费用要高得多。这样一来，小病小痛就可以在病情的早期得到及时地发现和治疗，避免了并发症的产生，住院率和护理中心入住率也开始下降。为病人提供免费交通这种事，大多数医生连想都不会想到。医学院也从来没有教过学生要去承担可能为患者带来伤害的非医疗挑战。因此，先不提是否能予以解决，仅是察觉到这类问题，就需要津伯格和他的团队去改变延续了几十年的旧式思维习惯。

而一旦开始用这种新眼光看待问题，开始从患者的角度思考医疗困境，将系统中脱节的部分联系成为一个整体，以此来化解患者身边的麻烦，他们就发现了越来越多的机会，可以对系统加以改进，同时为患者提供他们真正需要的医疗服务。而联邦医疗保险的付款方式，也使得 CareMore 能够将这些医疗服务领域的改进措施转化为更高的盈利，从而进一步推动了公司的成长、创新，以及服务水平的提高。

还有一个例子：在提供医疗服务的过程中，“不遵医嘱”的现象非常严重。很多患者不仅不按时赴约就诊，还不按时取药，不按时服药，不遵从锻炼和节食疗法，以及不报告具体症状等。医生和护士们总是因此抱怨不断，但由于他们工作繁忙，时间紧迫，实在无力顾及这些问题。

CareMore 发明出了一种不同的方法。就像津伯格所说的那样，“不遵医嘱是我们的问题，不是病人的问题。”CareMore 发现，在平时的就诊过程中加上非医疗服务，可以提高患者遵医嘱的比率。例如，医疗专家亲自登门拜访患者，确保家中备有人体秤，可以随时监控体重；查看地毯是否平整，是否存在绊倒患者的风险；还提供“会说话的药盒”，自动提醒患者按时服药。

每一项小小的创新，都能对患者的康复起到一点点帮助作用，也相应地提高了医疗服务的整体水平。在人们的记忆中，以往总是持续上升的医疗成本，头一次呈现出了下降趋势。而这只不过是 CareMore 迈出去的第一步。

接下来，CareMore 的专家们开始重点研究糖尿病的治疗与护理。糖尿病是困扰老年患者最为常见的慢性疾病之一。专家们在研究发病原因时发现，为了预防严重的糖尿病并发症，早期察觉和积极的对策对年老体弱的患者来说非常关键。同时，从临床角度和经济角度出发，早期发现与积极治疗也有着同样重要的意义。

以截肢为例。一连串的加重病症，一般都是从一个不起眼的小伤口开始（比如在脚上），患者往往随便贴块创可贴了事，以为没什么大碍。当伤口过了一个礼拜还没有愈合时，患者便去看家庭医生（也就是初级护理医生，PCP）。医生会帮着清洗伤口，换药，然后告诉病人有哪些注意事项。但病人不一定完全明白医生的忠告，也不一定会严格遵从。一周之后，伤口的情况越来越严重，病人再次来看家庭医生，医生直接将病人转院给另一位外科医生。对于这类病症，日理万机的家庭医生唯一能做的，也就是转院了。

等排上外科医生的预约号，已经是两周以后了。外科医生发现，伤口已经开始出现坏疽，需要与血管专科医生会诊。然后又是两周的等待。两周之后，伤口的病情已经非常严重，必须进行截肢。手术的成本很高，也给病人造成了难以言喻的痛苦。而这一切，都是从一个不起眼的小伤口开始的。

但凡从患者的角度出发考虑问题，就绝对不会设计出这样一套系统。哪个病人也不想陷入如此的境地。但现实就是伴随着美国脱节的医疗服务系统成长起来的副产品，令人无奈。绝大多数的美国医疗机构，都是按照“交钱拿货”的方式提供服务。在这样的模式之下，就出现了支离破碎的交易型医疗。而 CareMore 创造的新型系统之中所包含的与患者之间的积极互动，则无法获得任何经济补偿。

面对这种情况，CareMore 开办了伤口门诊，专门有护士为受伤的糖尿病患者处理伤口。每隔一天，护士就会为患者换药，还要花上几分钟的时间与患者谈话，以确保伤口能够正常愈合。由此，CareMore 糖尿病患者的截肢率下降了 60% 多。

HMO 那些令津伯格医生和霍兹纳医生不敢苟同的严格政策，让人们似乎觉得，美国医疗体系中存在的主要问题就是过度的需求。这一问题的解决办法，就是尽量多对患者说“不”。而 CareMore 为糖尿病患者提供的服务，则暴露出了这种思路中存在的缺陷。年迈的糖尿病患者与所有病人一样，并不想接受频繁的治疗。事实上，他们总是想着尽量避开就诊和护理。这就导致了许多本可避免的并发症发生和巨大的长期成本。而 CareMore 提供的协作式治疗服务则对现实情况有清晰的认识。CareMore 并没有走上对患者说“不”的老路，而是通过为患者提供有效的早期治疗和积极的跟进式护理，降低了成本，缓解了患者的痛苦，保证了他们的健康与活力。而归根结底，这些才是我们真正需要从医疗服务中获得的价值。

从彼此脱节到连接为一个整体

CareMore 引领的最重要的创新之一，就是启用了“扩展式医疗服务者”（Extensivist）。**患者是统一的整体，而不是一堆彼此之间毫无关系的症状**。然而，主流的医疗机构普遍忽视了这样的事实。

需求的力量

一项研究显示，患有诸如糖尿病、心脏病和哮喘等慢性病的人群中，有 40% 的患者平均要见 11 位医生。而病情较为复杂的患者，平均来讲，要去 9 家医疗机构，见 16 位专科医生。这群医生彼此之间没有交谈的机会，也无法协商治疗计划，更不能根据各自的治疗方案交流可能出现的药物相互作用。

在人体这个如此精妙而复杂的机体面前，上述医疗服务真可谓是一种毫无成效的对治手段。但是，究竟是谁又该负责理清这团乱麻呢？重担就这样压在了患者的肩上，因为患者本人才是唯一知道所有医生给出的治疗方案的人，也是唯一能针对这些治疗方案的相互作用而提出问题的人。医疗专家根本没有多余的时间、经历和资源，来分担患者的这份责任。而当患者年迈力衰之时，因交流和护理失误而出现问题的可能性就会大大增加。

扩展式医疗服务者，就是将医疗领域中彼此脱节的部分连接为一个整体的专家。他们专门负责协调与整合，主要的工作目标就是将医疗领域中存在的麻烦剔除出去，确保患者的需求和希望与他获得的治疗与护理一致。

查尔斯·霍兹纳向我们娓娓道来这种新型医疗专科的成长历程：

> 在刚刚创办 CareMore 的时候，我们发现需要建立一种机制，尽量帮助年迈体弱的患者减少住院的时间和次数。如果只是将这些患者当做普通病人对待的话，很大一部分都避免不了频繁的住院治疗。但是，谁也不想在医院待着，而且无谓的住院再住院，是对人力和物力资源的极大浪费。
>
> 于是，为了让患者少住院，我就开始以一到两周一次的频率亲自为每位病人问诊。我基本上成了他们的私人医生，确保他们能明白手术后的养生方法，并正确遵循。但很快，工作量就超出了我的能力所及。于是我告诉津伯格医生，“我们需要更多像我这样的人。

就这样，扩展式医疗服务者的理念诞生了。CareMore 团队认识到，老年患者通常有很多相互关联的临床症状。如果没有一套集成为一体的治疗计划，很多问题就必然会从脱节的缝隙中浮现出来。全身综合患者管理，是医疗领域中的新职能。这一职能为医生配备了一系列强大的工具，可以将患者看做一个整体，并可以对其病情进行全盘考虑。其中的“患者快速查看”工具（Patient QuickView），是一套统一化的电子医疗保健记录系统，也是 2010 年颁布的《患者保护与平价医疗法案》（*Patient Protection and Affordable Care Act*）在全国范围进行实验推广的系统，已经在 CareMore 正式启动。扩展式医疗服务者为患者提供服务时，不需要凭借患者的记忆或其他医生的手写病历。只要点几下鼠标，每位 CareMore 病人的全部背景数据就会出现在屏幕上。

另一套工具，是以治疗最常见慢性病为目的而设计的一系列连锁协议，其中还借鉴了“循证医学”（evidence-based medicine）这一新兴学科的最新研究成果。我们回过头再看一下糖尿病的例子。加入 CareMore 糖尿病项目的患者，会收到一份综合医疗评估，一套伤口护理药物，为防止意外造成截肢而设计的定期足部护理，糖尿病健康规划养生日志，“塑形减重”锻炼计划和力量训练课程，还有一份监控之下的个性化定制的营养计划。几十项身体指标都在监控之中，至少每月检查一次，并根据检查结果，对患者的医疗计划进行调整。

扩展式医疗服务者会保证将上述所有事项都按部就班地做到位，这就是他们的本职工作。CareMore 在宣传手册中这样写道：“医疗的集成与协作不是自发的行为。”这句话的意思是说，CareMore 已经将这一理念落到了实处和具体流程规定之中。而由于年迈患者需要的恰恰是这样的整体医疗护理，扩展式医疗服务者的角色也就成为了 CoreMore 在临床和经济上取得成功的基石。

CareMore 也针对其他慢性疾病开发出了类似的项目，如晚期肾病、慢性阻塞性肺病，以及高血压和充血性心脏衰竭。CareMore 在对各种配套护理措施组合进行了详细研究之后，找到了最有益于患者康复的方法。CareMore 不会抱着碰运气的态度对患者实施治疗，甚至不会让某位医生单独做出治疗方案的决定，而是会列出一张详细的清单，上面写着需要做到的事项和需要解决的问题。很像是飞行员在飞机起飞之前需要做的例行检查。

扩展式医疗服务者本人必须是经验丰富的医生，此外，与人打交道的技巧以及清晰有效地进行沟通的天赋，对这项工作来说更加重要。霍兹纳强调说：

最重要的就是信任。我发现，参与到病人护理的过程后，如果我能够争取到病人的信任，他就会严格按照我说的去做。因此，让病人了解到，我们会随时将患者的最高利益铭记在心，就是构建起可靠医患关系的关键一步。

如今，每次霍兹纳聘请到一位新的扩展式医疗服务者，他就会推荐丹尼尔·戈尔曼（Daniel Goleman）的著作《情商》（*Emotional Intelligence*），并要求这位新人务必将从中学到的知识应用到实际工作中来。

需求的力量

扩展式医疗服务者的大部分精力，都用在了 CareMore 病情最为严重 15% 的患者身上。一部分原因在于，总体来说，这 15% 的患者需要投入 70% 的医疗成本。而扩展式医疗服务者的工作任务之一，就是尽量避免患者无谓的频繁住院。

CareMore 管理层的利巴·莱辛（Leeba Lessin）这样说：“如果有病人因为事先没有预料到的情况而住院，我们就会认为，这是我们的失职。”为病情最严重的 15% 的患者提供高效、完整、合理的治疗保健，可以防止小问题演变成大灾难，减少 CareMore 必须支付的高达 5 位数的账单数量，同时还将重复住院率降低了三分之一。这样，宝贵的资源就得到了解放，可以用来进一步提高针对每一位患者的服务水平。

这些听起来都是再普通不过的人之常理。就像 CareMore 的巴鲁·加迪（Balu Gadhe）医生提出的问题一样：

在充血性心脏衰竭病人的住院治疗上投入高达 30 万美元的治疗费用，等病人出院后，只能住进老人院，没有家人陪同，冰箱里没有吃的，也没钱治病。忙活了半天，我们的目的又是什么？

然而，主流的医疗机构，每天都会重复制造出成千上万这样的结果。原因就在于，目前美国联邦医疗保险“交钱拿货”的机制，为保险覆盖范围出现漏洞提供了可能，并进一步加剧了碎片式的交易型医疗，而且以病情严重的患者为代价，进一步恶化了成本高昂的问题。这一现实鲜明地反映出，**人们真正需要的医疗与因为没有选择而不得不购买的实际医疗之间存在的巨大鸿沟。**

有时，CareMore 的干预团队甚至会去承担超出常理的工作。加迪回忆起了一位病人，因不能带上她的宠物狗而拒绝按医嘱住进疗养院。这位病人的 CareMore 社工解决了这个问题。她收养了这只狗，而且还定期带着狗狗去疗养院看望病人。

需求的力量

扩展式医疗服务者的工作，帮助 CareMore 取得了许多优异的成绩。举例来说，住院率比行业平均水平低 24%，住院时间比行业平均水平低 38%，这就极大的降低了褥疮的发病率，而褥疮正是引发住院患者医源性（由医生治疗而引起的）死亡的一大原因。在美国，疗养院中的很多老年人都忍受着褥疮的折磨，而入住疗养院的 CareMore 病人中，在过去两年间，只报告了一例褥疮。“居家跟进护理”可以为病人提供医院式的健康保障，同时还能降低重复住院率。CareMore 的重复住院率比联邦医疗保险的平均水平低三分之一。

无论是在医院、家中，还是 CareMore 诊所，CareMore 均可以为患者提供治疗和护理服务。所有患者都能进入 CareMore 的临床中心，在那里可以享受到一系列的服务：健康评估、自我管理技能培训、心理健康和社会服务、保健与营养指南、诊断与化验服务，以及针对 CareMore 提供的服务套餐进行的咨询。患者不再需要在诊所之间奔波往返，还随身携带着 X 光片、化验单和病历本等容易丢失、损坏或保存不当的文件。CareMore 甚至还为患者提供修剪脚趾甲的服务。因为研究显示，足部保护得很好的老年人能更好地掌握平衡。

CareMore 总是不停地尝试新项目。最近推出的两项创新举措，就是利用无线技术，随时监控患有充血性心脏衰竭（CHF）和高血压的病人。人体秤会把 CHF 患者每日的体重数据自动传输给 CareMore 的医疗助理，这样，一旦出现 3 磅以上的体重增加（这一现象很可能是出现液体淤积的危险信号），诊所就可以第一时间发现，并迅速给患者提供治疗。血压计也可以将高血压患者的血压读数自动传输回 CareMore。患者们很希望每天都有人关注着他们的身体状况。在测试无线人体秤系统的头 6 个月中，CareMore 就发现，因 CHF 而导致的再次住院比率降低了 56%。现在，CareMore 正在测试一套用于糖尿病患者的类似的监控系统，还有一套每天与护士对话的视频电话系统。

把人的重要性放在盈利前面

CareMore 将部分连接为整体的系统，可以为所有参与其中的人们带来一连串的利益。

首先，病人是最大的受益者。能够全盘照顾到病人各个方面的医疗系统，可以减轻病人肩上的重担，让病人不用再去承担治疗的规划、整理和协调工作，也不用再去亲自跟进几十项化验数据。如此一来，病人就可以将全部精力投入到康复之中。

CareMore 的满意度调查结果，充分反映出了患者从中得到的利益。97% 的病人都对 CareMore 健康计划持非常满意和比较满意的态度。82% 的患者报告说，他们的客户服务代表“一直都很有礼貌”；74% 的患者说，他们对会员服务“一直都很满意”；超过 80% 的患者向朋友推荐了 CareMore 的服务。

医生也同样能从中获益。对于很多医生来说，能与 CareMore 这样的公司一道工作，将病人的需求放在所有计划和行动的中心位置，是非常有吸引力的。而且，在遇到某些难度很大的复杂病情时，CareMore 专家团队的帮助，可以很好地提高初级护理医生的工作成效，并为患者及其家属带来更高的满意度。

美国医疗行业整体呈现出的不可持续的经济结构，则在 2009 年到 2010 年 CareMore 的改革大讨论中占据了主导地位。这也是当初促使津伯格和他的同事们决心创办 CareMore 的主要原因。

津伯格在劝说其他医生与他一道创办 CareMore 时，曾做出过这样的承诺，“**如果你把人的重要性放在盈利的前面，你就能实现盈利。**”在最初 CareMore 只是传统医疗服务提供商的那几年（1993—1997），共累计了约 1 100 万美元的亏损。但是，随着津伯格梦想中的协作式医疗成为现实，他当初构想的在经济方面的盈利也渐渐成为了可能。到了 2000 年，CareMore 转亏为盈，有了 2 400 万美元的盈利。从那以后，公司的财务情况就一直稳定向好。

CareMore 故事背后的经济逻辑是超越常规的。CareMore 的医疗工作者承担了超出传统职能责任之外的工作，而且，与普通医护人员比起来，CareMore 的工作人员与患者及其家属共处的时间也更多。但是，**CareMore 每多花出去一块钱，就能为整条医疗链条的下游部分省下好几块钱**。由此一来，CareMore 的总体患者成本比行业平均数低了 18 个百分点。通过对成本曲线的走向进行重新描画，CareMore 创造出了医疗领域中的新型经济模式，为私有医疗市场的可持续发展闯出了一条新路。

2006 年 1 月，由几位私募投资者组成的团体收购了 CareMore。那年 3 月，阿兰·胡普斯（Alan Hoops）成为了公司的新任 CEO。投资者的构想，是复制 CareMore 模式，将其建设成为一个全国性的医疗机构，为遍及美国各地的老年人提供差异化的医疗服务。实现这一构想面临的关键挑战，就是如何在保留“患者第一”这个独特理念的同时，进行商业模式的复制。如果 CareMore 能够成功实现这一构想，将会成就美国医疗史上独一无二的先例。

胡普斯强调了对这一挑战进行认真思考的重要性。他解释道：

> 这不是“规模化发展”的问题。规模化发展，就必须要有巨大的患者基数，才能保证系统的正常运行吗？不一定。我们可以在社区中建立服务点，吸引 3 000~5 000 名患者，然后，经济成本的降低和患者康复水平的提高就会立刻显现出来。因此，与其称之为“规模化”，不如说是“复制”更为贴切。我们现在正在亚利桑那州、内华达州和加州其他地方的社区中进行我们商业模式的复制工作。目前的问题已经不再是系统是否能够正常运转，而在于是否能让这一系统惠及到更多的人。希望数以千万计的患者能及时地享受到我们的服务。

胡普斯的主要目标，就是要让复制策略取得成功。而事实证明，这一复制策略已经初显成效。CareMore 已经成立了多家新诊所，同时继续提高其医疗服务水平，并增加患者数量和他们的满意度。

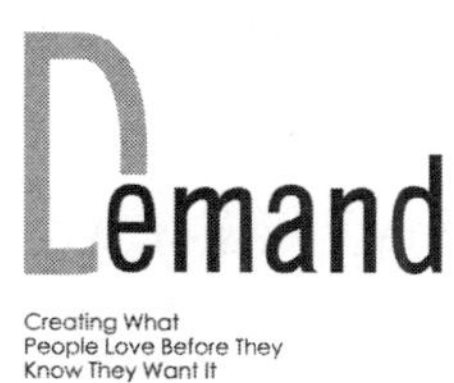

成功来之不易。这需要对最佳实践进行系统化整理，并用简洁而精准的方法进行复制。需要创造出清晰明确的标准，并将这些标准应用于衡量和鼓励进步之中。而最具挑战的，就是需要把 CareMore 以患者为中心、富有激情的核心文化，通过强大的领导力、沟通和培训机制，从一处诊所移植到另一处诊所中去。

这些目标的确不易达到，但却是可行的，而且已经初见成效。从 2005 年到 2010 年，CareMore 原先的医疗网络再加上新建成的诊所的患者数量，以平均每年超过 15% 的速度增长。同时，为其他社区建设新诊所的计划已经在筹备阶段。

在美国问题重重的医疗系统中，CareMore 的出现无疑具有重要意义。CareMore 的服务针对美国消费者中的一个特定群体——年迈多病的患者。在人们认识医疗服务需求的过程中，这一患者群体具有十分突出的重要地位。因为无论这些患者是有心还是无意，他们都消费掉了很大一部分国家投入的医疗资金。而且很多证据还显示，这些患者获得的医疗服务中，很多并不是他们想要的或者需要的。**通过为年迈多病的患者人群提供他们真正需要的医疗服务，就可以为解决国家的医疗困境指明一条道路。**

CareMore 系统可以靠自身的力量解决美国的医疗危机吗？答案是否定的。但是，胡普斯认为，在 CareMore 模式的基础上进行适当改动，就可以用来为各种高危人群服务，其中包括长期被慢性疾病困扰的患者，吸毒者和酒精滥用者，以及残障人士。应用在老年患者群体的基本原则，同样可以应用于以上这些人群：将患者视为统一的整体，而不是毫不相关身体系统的简单组合；将所有的医学专科和关系到患者健康的非医学活动集成为统一的医疗服务；强调疾病的早期干预和防治，并严格执行；对患者的病情执行连续监测，让有需要的医生可以随时调用患者信息；通过节食、锻炼和其他生活习惯的改变，来提高患者的健康状况；并为每一种消耗资源、伤害生命的医疗问题，找到持续有效的循证医疗方案。

最重要的是，给患者真正希望从医疗服务提供商那里得到的东西，给他们几位充满仁爱之心的医生，他们 能真正了解病人的具体情况，并全心全意为病人的康复而努力。

有朝一日，如果我们真的能找到一种办法，满足所有美国人真实的医疗需求，你就能切身感受到 CareMore 患者体验到的好处。

04

关键3 背景因素

看似无关的因素左右产品成败

DEMAND Creating What People Love Before They Know They Want It

- 成就或摧毁一款产品的力量，通常隐藏在你看不见的地方。每一个附加的步骤，每一个多余的限制，每一个额外的部件，都会决定一款产品的成败。
- 由背景因素构成的基础设施与消费需求之间，是共同成长、相互依存的关系。

需求创造大师

亚马逊 Kindle：真正起作用的是你看不到的东西

利乐包： 做一件从来没人做过的事

- 谁能逃脱产品不完整的魔咒?
- 看不见的需求在哪里?
- 你的组织是否在为客户服务、向客户学习方面做到了最佳?

看起来很美，却难逃功亏一篑

几十年来，人们一直梦想着能有一款电子书，可以在任何时间、任何地点方便地阅读到海量的优秀读物。想想看吧，要是能有一款小巧轻薄的电子阅读器，既方便阅读，又方便检索，而且还有很长的电池寿命，那该是多么美好的一件事。这样的一款魔力产品，不仅能满足读书爱好者的愿望，激发技术爱好者的热情，而且还能唤起一股强大的新需求。

难道不是吗？这就是索尼公司的浮田嘉孝（Yoshitaka Ukita）心中的梦想。

浮田是索尼公司最具天赋的产品设计师，也是公司最富远见的消费者需求专家之一。他于1984年设计开发的索尼CD机给音乐行业带来的革命性影响，丝毫不逊于其大名鼎鼎的前身产品——索尼随身听当年为磁带音乐播放方式带来的颠覆性转变。他在20世纪90年代中期参与了索尼的互联网技术开发，在90年代后期生产出了早期的智能电话，并于新千年伊始领导创造了富有首创精神的在线音乐销售系统——Music Clip。

而现在，浮田再次接手了一个新项目。他深信，这个项目的潜力巨大，比以前的任何一个项目都更能深入影响到媒体业的大格局。浮田告诉我们：

> 索尼那时已经投资了日本的电影业，当时，这个行业的规模大概在30亿美元左右。而且，我们也投资了音乐行业，那时这个行业的价值在每年40～50亿美元左右。但是很长时间以来，我们一直在寻找一种方法，将我们的技术应用在一种不同的内容上，应用在我们所谓的数据业务上。而数据业务相关产业的规模要大得多。我们调查发现，所有类型的出版物——图书、杂志、漫画等，其价值加在一起，仅日本一地就高达260亿美元。因此，是的，如果有一款电子设备能够承载这些内容，就像CD机承载音乐那样，我们会为此兴奋不已。

2003年时，怀着这样的梦想，浮田邀请日本最强大的10家出版商，参加了在索尼东京总部召开的一次绝密会议。作为全球最受崇敬、最具创新意识的电子设备公司之一，索尼拥有全世界最先进的技术。但是，书籍内容毕竟归出版商所有。如果浮田想要实现心中的理想，那么在索尼就必须与会议桌边这10位来自出版界的绅士达成一致。

会议以惯常的仪式性寒暄开场，在浮田道出了这次会议真正的目的之后才步入正题。只见他按下了一部小巧的灰色塑料设备的开关，施魔法般地为显示屏赋予了生命，在座的出版商们顿时惊讶得目瞪口呆。

以前，出版商们在无数的视频设备上看到过日本文字，也见过许多所谓的电子阅读器。在那些电子设备上，文字总是频频闪烁，分辨率低得让人不安，而且久视屏幕会觉得晃眼，明暗对比度很低，读起书来总能感到一些不便和不快。但是，浮田手中这部设备的屏幕却完全不同。它浅灰色的背景上显示着干净利落、边角锐利的日本文字，完全不会晃眼，而且阅读起来毫不费力。浮田拿着这部设备，走到窗口，在东京晌午十分的骄阳下向与会者进行了展示。出版商们惊奇地发现，屏幕上显示的文字竟然在如此强烈的光线下依然清晰可辨，而不像笔记本电脑或手机的显示屏那样，无法在阳光直射下阅读。如果不仔细观察，你可能会觉得自己看到的是实实在在的纸张上用墨水写出的文字，而不是一个电子显示器。

> “这就是 Librié（索尼阅读器的名称）。”浮田自豪的宣布道。他经常穿梭于世界各地。一次，他在西班牙旅行时学到了这个词，并记了下来，仿佛当时就知道将来会用这个词来为某款电子设备命名似的。“未来的某一天，成百上千万的人都会利用这样一部设备，阅读你们出版的每一部著作。”

出版商们面无表情地互换着眼色，浮田继续开始讲述 Librié 背后的技术细节。他是在接到了一位朋友的电话之后，头一次见到了这样的显示屏。朋友在电话中说他遇到了一个叫威尔考克斯的美国人，这个人的新玩意儿值得一看。第二天，浮田与一家叫作电子墨水（E Ink）的公司的代表在酒店里见了面。在那里，他看到了这家公司独特的“微胶囊”（microcapsule）显示技术的最新版本。

浮田惊喜万分。十多年来，他一直在寻找一种更好的屏幕阅读方式，甚至在 1992 年尝试创造出一款名叫数据随身听（Data Discman）的信息设备而惨遭失败的打击之后，也没有放弃希望。现在，他终于找到了自己梦寐以求的技术。于是浮田与电子墨水公司的拉斯·威尔考克斯（Russ Wilcox）很快达成了协议，让索尼成为在电子阅读器上采用电子墨水技术的首家公司。经过电子墨水公司与索尼公司几个月的合作设计研发，终于成就了如今这部在会议室中被各位出版巨头争相传看的样机。

> 浮田对各位出版商说道：Librié 使用简单，机型紧凑，方便携带，可以存储多达 500 本图书。内容受到了保护，在没有授权的情况下，他人无法进行拷贝。整部设备，包括电池在内，只有 300 克重。而普通的纸板书籍，平均重量是 309 克。我们的机器比纸书还要轻便！

他点击了一下屏幕。“这就是未来的阅读体验，”他宣布道，“索尼公司希望能与大家一道，共建未来，共创嘉业。”

很长一段时间，各位出版商只字不言，眼睛紧盯着桌面。他们没理由怀疑浮田的判断。这些出版商对索尼公司一直都是仰望般的崇敬与欣赏。他们知道，全世界没有一家公司能像索尼这样，拥有如此强大的技术创新传统和需求创造能力。如果浮田君认为索尼公司即将掀起出版业的变革风潮，他们别无选择，只有温顺地认同。

于是，长时间的沉默被打破了。10 大出版商微笑着认可了浮田的提议，开始迫不及待地讨论起如何与索尼公司形成紧密的合作关系，为 Librié 打开电子书的新市场。

他们深知，与浮田及其代表的伟大公司结成同盟，是他们参与数字出版业变革大潮的最后机会。同时，他们也绝望地幻想着，如何将这股变革大潮及时扼杀在摇篮里。

那些不为人知的力量

最令人赞叹的需求创造故事，当属电子阅读设备的蓬勃发展。在大约 6 个世纪之前，古登堡创立了如今全世界最古老的产业——传统出版业。而电子阅读设备的出现，则彻底改造了这一传统产业。然而，甚至连许多出版界的业内人士，都不太了解这场需求大爆炸背后的真实故事。

很多人都将成功归因于亚马逊 Kindle 在其清晰易读的屏幕上利用了电子墨水技术。但是，如果说电子墨水的优越性就可以解释 Kindle 的成功，那么在强劲营销攻势中走向日本庞大图书市场的索尼 Librié，同样也利用了电子墨水技术，而且比 Kindle 的诞生整整早了 3 年时间，却以败局收场。面对这样的事实，我们又该作何解释？**需求之谜的关键，总是有些出其不意，让人第一眼看去似乎摸不着头脑。**

在电子阅读器这个案例中，Kindle 的完胜，其真正原因并不在电子墨水技术，而是屏幕背后一些不为人知的元素。正是因为有了这些元素，Kindle 才成为了一件富有魔力的产品，而相比之下，与其极为相仿的索尼阅读器，在日本的需求量却几乎为零。我们随后就会了解到，索尼的失败，很大程度上应归咎于那 10 位日本出版界的笑面虎在浮田会议之后的暗中破坏。

我们很容易忽视这些屏幕背后不为人知的元素，但这些元素却是需求创造过程中必不可少的。正是因为有了它们的存在，才组成了产品的全套背景因素。

拿你最近观赏过的一部好电影为例。你的注意力被屏幕上的画面深深吸引：魅力十足的明星，引人入胜的曲折情节，惊艳夺目的视觉效果。然而，只有电影业内人士才知道，一部电影取得成功的真正秘密，其实是那些观众们连听都没听说过的背景因素。其中包括无数达成与未达成的交易，还有几百名专业人员的辛勤努力。这些人的职能对于绝大多数观众来说都无比神秘——刀具设计师、制音师、外景混音师、配音剪辑、灯光、场务、场务助理等。而正是有了这些人的存在，才有了电影特有的画面、音效、质感、进度和激发力。如果没有这些人，没有由他们组建而成的庞大且复杂的全套背景因素，朱丽娅·罗伯茨和詹姆斯·卡梅隆这些大牌明星，就算演技再高超，也毫无用武之地。

Kindle 具有如此之大的魔力，同样是因为那些不为人知的背景因素的力量。而索尼 Librié 的惨败，也正是因为没有如此全面、如此优质的背景因素，才导致需求量的低迷。

每一个关于需求的故事，都重复着同样的规律：**成就或摧毁一款产品的力量，通常隐藏在你看不见的地方。**

新技术不等于新需求

与计算机鼠标、图形用户界面等电子领域的创新一样，Kindle 的故事也要从 20 世纪 70 年代的施乐帕洛阿尔托研究中心（Palo Alto Research Center，PARC）开始讲起。PARC 的一位研究人员尼古拉斯·谢里顿（Nicholas K.Sheridon）对当时计算机屏幕暗淡、对比度低而导致的阅读困难苦恼不已。于是，他用了 18 个月的时间来实验替代性产品。1973 年，他开发出了一款叫作 Gyricon 的设备，利用嵌入液体之中的微观小球，生成了高对比度、无闪烁的可辨认图像。

正是这项技术突破，最终孕育出了电子阅读器。但当时，施乐并没有对谢里顿的发明加以利用。我们可以将其归咎于管理层的短视，而其中的真正原因却更加具有普遍意义。

新技术本身几乎从来不会直接创造出需求。创新与需求合二为一的道路往往是曲折的，其间需要在各种貌似无关的情境中，将意外、运气、远见、坚持和偶然情况综合到一起，再加上对需求的关键秘密——背景因素的探索与部署。

在20世纪70年代中期，电子阅读器取得成功所必备的背景因素，尚需要未来几十年的发展。

20世纪90年代中期，麻省理工学院媒体实验室年轻的物理学家约瑟夫·雅各布森（Joseph Jacobson）和两位研究助理阿尔伯特（J. D. Albert）与巴瑞特·考米斯基（Barrett Comiskey），为这项技术向实用型应用的转化做出了重要贡献。

雅各布森十分爱好阅读，一直以来，都幻想着能拥有这样一部电子书，既能像阅读传统纸书一样舒适、方便、惬意，同时还能看到屏幕上显示出的各种不断变化的文字和图像。1996年，他请阿尔伯特和考米斯基针对谢里顿的技术进行了实验。到了1997年，这一技术概念已经濒于成熟，成为了一家新公司——电子墨水公司的业务基础。雅各布森组织起阿尔伯特、考米斯基，还有当时刚从哈佛商学院毕业的拉斯·威尔考克斯， 以及Lexis-Nexis公司的前任总裁杰罗姆·鲁宾（Jerome S. Rubin），开始为电子墨水公司开发纸感电子显示器的样机。

公司刚刚成立之时，电子墨水的基础技术得到了高度认可，公司的创始人也从英特尔、摩托罗拉、飞利浦、赫斯特互动媒体公司（Hearst Interactive Media）

等处获得了 1.5 亿美元的创业基金。但是，**从创新向需求前进的这条崎岖山路上，不久就会遇到更多的弯道和颠簸**。

时过境迁，回首当年，电子墨水公司 CEO 拉斯·威尔考克斯讲述了他与同事们在创业过程中的“幼稚”：

> 我们知道，要想做出值得购买的产品，可能需要花上两年左右的时间。于是，我们用了两年的时间，做出了一件看起来还不错的产品。但是后来随着时间的发展，我们才慢慢领悟了一件事，而这件事在开始时并不明白，那就是我们还需要另外两年的时间，将看起来还不错的产品，提升为可以经受多年考验，适应所有操作环境的产品。换句话说，就是要获得稳定性和鲁棒性（Robustness）。之后，还要再花两年时间，实现批量制造和成本控制。整个系统设计极为复杂，涉及化学、材料学、电子学、光学和机械工程学等多个领域。

到了 2004 年，电子墨水公司的研发工作取得了初步成效，已经接近了雅各布森对电子书的构想。索尼公司的浮田嘉孝接纳了电子墨水技术，将其应用于目标瞄准日本市场的 Librié 电子阅读器。一直空转的电子墨水公司，在那年实现了收入高涨。公司终于有机会将自身的技术投放到成千上万消费者的手中了。

然而，技术与需求之间魔幻般的连接还是未能成型。

多年之后，浮田告诉我们，Librié 成功与否，关键就在于日本图书业是否给予这款产品支持。索尼公司一直以电子产品的成功创新与营销而著名，日本出版商们对此颇为警觉。他们认为 Librié 的成功，很可能会直接导致行业内纸质印刷品的衰落。因此，他们对电子书这个概念深恶痛绝，害怕会因此失去对自身产品的控制权，甚至连中间人的地位都有可能不保。于是，出版商们决定，不惜一切力量，开展打击电子书的行动。而整个行动的第一步棋就走出了阳奉阴违的日本特色：表面大力支持，背后暗藏杀机。

当浮田与出版商们开会时，他们全都表现出了支持的态度。他们对这项技术大加称赞，对索尼的绝妙理念不乏溢美之辞。出版商们承诺，为索尼提供图书内容，甚至还提出要为这款新产品投资。表面看来，为了日本出版业的变革，索尼已经成功创造起了一张强大的联盟网络。

然而，事实上出版商们早已暗下决心，只提供足够令 Librié 夭折的“支持”工作。10 位出版商中，每一位都同意为索尼提供 100 本图书。1 000 本书听起来的确不少。但是，随便走进一家书店，从身边的书架上点出 1 000 本书来。你马上就会发现，1 000 本书不过是书店的冰山一角，最多，也只能提起顾客 5 分钟的兴趣，浏览完这 1 000 本书，顾客就不会再回头了。

Librié 需要连到计算机上，才能进行图书下载，这已经为用户制造出了麻烦和不便。更何况，一本电子书的所有权只有短短 6 天时间。然而，相比之下，这些都算不上什么大问题。真正致命的打击，还在于日本出版商的消极抵抗。

索尼的设备本身设计精美，技术优良，但归根结底，这部电子阅读器只能提供少量图书，如果不抓紧阅读，过不了几天，仅有的这些书目还会自动消失。这个伟大的世界级消费电子公司设计出的卓越的高科技设备，一开始就注定了失败的宿命。其根本原因，就在于没能逃出产品不完整的魔咒。这也是阻碍我们进入“一键世界”一个根深蒂固的弊病。

优秀的技术配上设计拙劣的背景因素，就如同一部大牌明星做主角的电影，却出现了滑稽的对话，无厘头的剪辑和丑态百出的特效。其中任何一个问题，都注定了这部电影票房惨败的命运。

126 号实验室，让摧毁的力量源于自身

最终，索尼的失败成就了如今 Kindle 的突破与成功。而 Kindle 一夜成名的背后，却是整整 35 年的辛勤努力。

很多 CEO 都像亚马逊的创始人杰夫·贝索斯一样聪明、博学、勤奋。但贝索斯身上独有的特质，却让他以一名伟大需求创造者的身份脱颖而出。

贝索斯的特质之一，就是他对事物的运转和工作原理怀着难以抑制的强烈好奇心。而且，他凡事都从客户的角度出发进行思考。他这样总结了自己的经商策略："我们一旦遇到棘手的困难，陷入永无休止的循环，无法决定下一步行动的时候，我们就会试着将困难转化为一个直观的问题，向自己提问，'怎样做会对客户更有利？'"

贝索斯并不是纸上谈兵。亚马逊的所有组成部分，从简洁明快的网站设计，便利的一键式购物系统，到上千家零售商销售的无缝融合，以及客户评价、个性化产品推荐等信手拈来的增值服务，所有这些的设计初衷，都是为了让消费者的购物体验能更加轻松、愉快、完整、满意。亚马逊为了履行这样的原则，宁愿以牺牲销售额为代价。

譬如，亚马逊发现，经常购买图书或音像制品的客户，有时会忘记已经购买过某本书或某张 CD，一不小心重新下了订单。这时，亚马逊就会在给出"确认订单"按键之前，为客户提个醒。的确，这样的做法会让网站损失掉一些销售额，亚马逊内部的一些人也认为没有必要。但贝索斯说，"我们知道，这样的提醒是为了客户好。就这么做吧。"从长期的角度看，客户开心了，自然还会回到亚马逊购物。

贝索斯和他的公司自从一开始就遵循这样的做事方法，就算在提供似乎无法盈利的服务，导致公司承受全年亏损的情况下，也毫不动摇。这样的原则一直被贯彻到今天。一路走来，亚马逊已成长为全世界第二大零售商（仅次于沃尔玛），也是最具盈利潜力的企业之一。

贝索斯还有一种特质，那就是眼光独到。

2004 年，看到索尼的 Librié 时，人们会说，“这个设备很酷，就是不知道有没有人买。”图书零售商很可能会摆出一副嗤之以鼻的态度，“我们见过的电子阅读器多了去了。客户真正喜欢的，还是纸书的味道和感觉。”上述两种态度，我们都可以理解。

但是，当贝索斯在商业研讨会上，头一次看到电子墨水公司的雅各布森展示出 Librié 时，便感叹道，“完了，这个机器可能会摧毁我的全部业务。”

现在看来，贝索斯当时的反应有些过激。一部只能显示日本文字的阅读器，而且只有 1 000 本图书可看，并不能对亚马逊构成什么威胁。但是，稍加想象，贝索斯就构思出了下一代的 Librié：多国语言显示，无线上网（这样可以实现即时购买图书，而不用与计算机连接进行下载），拥有像亚马逊网站或（贝索斯听到这里可能会机灵一下）巴诺书店在 1997 年推出的在线书店这样巨大的网络图书资源。换句话说，**这是一部拥有优秀显示技术的电子阅读器，配上了完美的背景因素。**

这样一部阅读器拥有巨大的潜力，能彻底改变图书的销售和购买方式，并解决掉亚马逊网站本身无法消除的麻烦与障碍。贝索斯一定这样想过，“上百万的客户在两天之内拿到订购的图书就已经心满意足了。那要是有人能在两分钟之内把图书交到客户手上，将会出现什么结果？”

贝索斯订购了 30 台 Librié，供员工把玩、研究，甚至还拆开来琢磨了一下内部构造。很快，他就联系上了电子墨水公司的人，提出了这样的建议：“我们合作设计出一台适用于美国市场且更加优质的电子阅读器如何？”

从某种角度看，这样一个项目，再怎么说也轮不上亚马逊来接手。亚马逊不是三星那样的电子设备制造商，也不是苹果那样的计算机公司，更不是诺基亚那样的无线电话设备生产商。乍看去，上述三家公司中的任何一家，都比亚马逊更适合与电子墨水公司合作。但是，贝索斯在此发挥出了他的特质，从客户的麻烦着手，找到麻烦地图中隐藏的新型需求，然后提问，“亚马逊若想满足这些需求，需要怎么做？”如果这个问题的答案是“创造出一款优质的电子阅读器”，那么亚马逊就会去为此付诸实践。

贝索斯小心地为这个项目布局。当一家公司取得成功，正处于快速成长期时，很难在公司内部的主流环境中为一项具有革命性潜质的产品或服务提供资金和管理保障。因为其中存在着太多的内部竞争、预算压力、凭空想象出来的威胁、固执的假设以及习惯性的行为，所有这些都有可能影响到项目的正常进展。

于是，贝索斯将这份工作交与了他的得力助手史蒂夫·凯塞尔（Steve Kessel）。凯塞尔可以凭借广泛的知名度和公认的影响力，在公司内外呼云唤雨。贝索斯给了凯塞尔一个新头衔——数字业务高级副总裁，专门为这个项目成立了独立的事业部，并给事业部取了一个富有科幻色彩的名字——126 号实验室。

126 号实验室坐落于高科技的温床——美国加州库比蒂诺（这里不仅拥有最优秀的人才，而且也与来自西雅图公司总部的压力产生了空间上的隔离）。126号实验室的日常管理交与了格雷格·泽尔（Gregg Zehr）。泽尔是个神童式人物，曾任职于Palm、Linux和苹果等公司。他也聘请了一批卓越的技术人员。他们组成了一支优秀的团队，一道开发出了全世界最棒的电子阅读器，包括了Librié未能实现的所有背景因素。

贝索斯暗下决心，“如果有一股力量想要摧毁我们的在线购物商业模式，那么这股力量等也要来自我们自己。”

触动需求主脉：给用户更多自由

与此同时，索尼的浮田还没有放弃自己关于电子阅读器的梦想。就在126号实验室埋头苦干之时，索尼还在继续解决Librié存在的缺陷。新款索尼阅读器（Sony Reader）于2006年进入了美国市场。虽然阅读器还是没有无线上网功能，但却拥有了6英寸大屏幕，与其前身Librié相比，显示屏的对比度和可读性都有所提高。同时，还改进了按键的设计。设备拿在手中，感觉更为舒适。人们对这款机器的试用评价很高，用上了“美观”“非凡”“优雅”“惊喜”等充满赞赏之情的描述。

为了修整Librié不够健全的背景因素，索尼公司与出版商紧密合作，集合了一批富有吸引力的书籍，通过Connect，也就是索尼公司出品的类似于苹果iTunes商店的在线服务，进行图书的销售。可是有一个问题：在阅读器推出市场之时，Connect已经在与iTunes的竞争中遭遇了惨败，濒临垂死的挣扎。这样一来，阅读器的购物体验，虽然比Librié有所提升，却还是缺乏打动人心的光彩。2007年时，一位阅读器的使用者这样评论道：

虽然今年早些时候，索尼已经彻底放弃了 Connect 在线商店的音乐销售，但其电子书业务还在。不管怎样，依然正常运转。

索尼称，商店中有两万多部图书，入选的图书种类也十分丰富，足够吸引住读者的注意力。在线商店使用起来简便顺畅，在《出版人周刊》上也出现了豆腐块大小的评论。同时，在线商店还为用户预留了发表评论的空间。可惜，这些空间大多是一片空白。甚至连《魔鬼经济学》《引爆点》和史蒂芬·柯伯特（Stephen Colbert）的大作《我就是美国，你也能如此》（*I Am America and So Can You*！）等畅销书，也是一条评论都没有。

这些现象，让人觉得，进入了 Connect，就仿佛走进了一座满眼尽是自动售货机的鬼城。你想要什么都能找到，而且你也知道，会有人不断前来往售货机里添加各种饮料。但是东西再多，也掩盖不住空空荡荡的感觉。

我们总是禁不住会去联想，如果当初索尼与巴诺书店这样的主流图书销售连锁机构结成合作关系，或是与诸如俄勒冈州波特兰的鲍威尔书店（Powell's）、丹佛的破烂封面书店（Tattered Cover）那样的大型独立书店联手，而没有使用自己的零售网站，那么历史又将被怎样改写？索尼阅读器如果配有无线上网功能，方便读者下载书籍，再加上与亚马逊几乎并驾齐驱的在线图书资源，很可能会在亚马逊还埋头设计自有设备之时，就率先打开了电子阅读器需求的大门。

但是，联想终归只是联想。虽然亲眼目睹了 Librié 因背景因素的欠缺而落入失败的宿命，索尼公司还是没能在开发未来一代电子阅读器的过程中，完全领悟到背景因素生死攸关的重要性。索尼公司打造出来的新版背景因素的确比之前有所提高，但毕竟不够充分。**电子阅读器的发展史中，我们眼看着一支利箭直飞过来，却又是以毫厘之差而未能中靶。**这样的失败，是否会让数字墨水技术从此终结，是否会为数字出版业的圣杯探寻之旅画上句号？

答案是否定的。因为就在14个月之后,2007年11月,亚马逊的Kindle上市了。

严格来讲，作为一部阅读设备，与索尼阅读器相比，Kindle并没有多少出彩之处，反而还有欠精致。譬如，Kindle只有能显示4种深度的灰色，而索尼阅读器则可以显示高达8种深度的灰色。但是，如果你看到了外表背后的内涵，那么显示器之间的差异就不值一提了。

Kindle的优势可以从无线上网下载图书开始讲起。这正是之前所有的电子阅读器未能做到、却十分关键的一个功能。其实，用USB线将阅读器与计算机连接起来，也不是什么无比困难的事。但是，**使用设备的过程中，每一个附加的步骤，每一个多余的限制，每一个额外的部件，都会降低这款产品的魔力**。亚马逊让使用数据线不再是必需步骤，这给了用户更多的自由，也为Kindle这款产品赋予了一层魔法般的光晕。

更为重要的，应该算是亚马逊无人能敌的巨大电子图书数量了。经过十几年的建设，贝索斯已经拥有了全世界最大的在线书店，与几乎每一家大型出版商都建立了稳固的合作关系。自从2003年领导启动了亚马逊的“书内搜索”功能，贝索斯就开始积累数字化文本方面的经验。现在，他将这些优势应用到电子书领域，让整个电子阅读体验更加令人难忘。在Kindle上市的那天，就有88 000多本电子书随时可供下载，其中包括了所有当时《纽约时报》排行榜中的畅销书，是索尼图书量的4倍还多。更为便捷的是，读者只要拥有亚马逊的账号，轻点一下按钮就能完成购买。大部分电子书的价格都是10美元，比精装和平装纸书便宜了许多。同时，还可以用Kindle订阅《纽约时报》等在线报刊，这就使得Kindle成为了笔记本电脑便利快捷的替代品，可以随时在线阅读新闻。

贝索斯拥有的另一项强大的背景因素，就是亚马逊与6 500多万在线购物者之间的关系。其中，几百万读书爱好者的购买习惯他们的电邮地址早已在亚马逊的掌握之中。如果说，索尼在线书店的访问者有种游走于“鬼城”的感觉，那么Kindle用户就会发现自己身处友好熟悉的环境之中，手边尽是依据个人喜好而专门定制的图书推荐，还有与他们兴趣相投的读者发布的实时评论，随时供他们取用。

将Kindle这部机器拿在手中，你看不到无线上网，看不到亚马逊与出版商之间的关系，看不到庞大而便捷的在线书店，也看不到个性化的图书推荐。但是，所有这些背景因素，虽然无影无形，却拥有强大的力量。正是因为有了这些背景因素的存在，整个电子书的购买和阅读体验才有了巨大提升，Kindle也才拥有了前辈们所缺乏的魔力。虽然399美元的价格不算便宜，而且只能通过亚马逊购买，但是，第一批Kindle还是在5个半小时之内就被消费者抢购一空。

经历了长达30年的苦苦探寻，亚马逊凭借在电子墨水屏幕的基础上为消费者提供的多重便利，电子阅读技术顷刻间就触动了需求的主脉。

我们在采访了几十位读者之后得出结论，认为还存在另一项因素，在2007年帮助激发起了电子阅读器的需求。这项因素就是消费者对环保重视程度的不断提升。我们采访的很多人都主动讲述，他们一想到家中堆放的那些报纸、杂志和书籍的印制过程需要砍伐大量的树木，就觉得心痛难忍。

现在，还存在一些纸质图书的忠实粉丝，不愿接纳电子阅读器，因为“就是喜欢手中这本纸书的感觉和味道”。但是另一批对传统纸制品带来的愉悦感心生愧疚之情的人也不在少数， 甚至有超过纸书粉丝的势头。 对于Kindle的成功来说，这个原因也许是次要的，但却是真实存在的，而且其重要性也在与日俱增。

由于上述这些因素的共同作用，Kindle终于取得了电子墨水公司一直在寻求的需求大突破。到了2008年末，分析师估计，Kindle已经售出了50万台，使得电子阅读器一跃成为了一个价值两亿美元的新兴行业。

亚马逊本着客户之上、需求为重的原则，没有满足于Kindle 1取得的佳绩。用了14个月的时间（2009年2月），又推出了改进版的Kindle 2，价格有所微调（359美元），设计更为圆润，更符合人体工程学，电子墨水显示屏的更新速度也实现了进一步提高，还新添加了“从文字到语音”技术，书中的文字可以被“大声读出”。和Kindle 1一样，Kindle 2也是一上市便“遭遇”了消费者的哄抢。当年10月份，就在假期销售旺季之时，流行文化的标志性人物奥普拉公开宣称，她已经“爱上”Kindle 2了。

电子墨水公司的员工至今回忆起当时的一幕，还是津津乐道。他们在公司巨大的中央工作区兼会议厅中集会，看着电视中的贝索斯为奥普拉节目的观众赠送预装了图书的Kindle。突然间，满怀喜悦的心情被惊慌所掩盖，因为他们才刚刚意识到，目前面临的最大问题，是如何以最快的速度制造出足够多的电子墨水显示屏，以保证设备的充足库存。

需求的力量

Kindle的畅销，让我们看到了一个不容忽视的事实。亚马逊的史蒂夫·凯塞尔，如今是负责Kindle的高级副总裁。他谈到，Kindle用户购买书籍的频率，是之前通过邮件等传统模式订购图书频率的2.7倍还多。用我们熟悉的剃须刀和刀片打比方，想象一下，如果吉列能想出办法让客户用以往2.7倍的频率刮胡子，那么刀片的销量将会有多大的提升！这就是我们所谓的新需求创造，这就是我们想要看到的公司盈利增长。

在 2009 年 5 月份，第 3 款 Kindle 问世了。Kindle DX 的屏幕更大（9.7 英寸），可以阅读 PDF 文档以及 Kindle 格式的电子书，还能旋转画面，有纵向和横向阅读两种模式。在 2010 年 8 月，新一款 Kindle 再次推出，性能又有了一些提升，价格却比前几款降低了许多，带有 WiFi 功能的一款，价格是 139 美元，3G 款的价格是 189 美元。

如今，亚马逊帮助用户减少了阅读过程中的麻烦，在为自身的产品赋予魔力的同时，还创造出了强大的背景因素。亚马逊用事实证明了人们对电子阅读器的巨大需求，而一键世界中的其他玩家也纷纷在雨后春笋般的电子阅读器行业中展开了地盘之战。

不过，索尼依然没有淡出电子阅读器的舞台。2009 年 8 月，索尼推出了全新的阅读器，取名为 Daily Edition，灰度的色调种类也从原先的 8 色增至 16 色，使得这款阅读器能够显示出更为精致的画面。同时，索尼也在改进背景因素方面下了大功夫。终于，Daily Edition 提供了免费的 3G 无线服务，书店中的图书数量与质量也得到了大幅提高。虽然与 Kindle 相比，索尼阅读器还有着很大的差距，但已经在阅读器行业中稳居老二的地位，需求量也颇为稳定。

与此同时，2009 年 10 月，巴诺书店也推出了自有的电子墨水阅读器——Nook。这款阅读器与 Kindle 十分相似，在电子墨水显示器下方，附加了一个小型彩色触摸屏，用来输入信息。Nook 的书籍储备来自于巨大的 B&N.com 网站，其规模仅次于亚马逊。

2010 年 3 月，在长久的等待与强劲宣传之下，苹果 iPad 横空出世，正式加入了这场鏖战。与电子墨水的黑白外观不同，iPad 采用了色彩鲜亮的 LED 触摸屏。苹果公司一键大师的名声可不是吹出来的，当 iPad 作为阅读器使用时，也拥有完整的背景因素支持。用户可以在 iPad 上安装 Nook 和 Kindle 书店的应用，这就使得 iPad 比任何设备的电子书资源储备量都要庞大。到了 2010 年底，iPad 已经销售了超过 700 万台。随之而来的，便是一批照猫画虎的触摸屏平板电脑，其中也包括巴诺推出的带有 LED 屏幕的电子阅读器——Nook Color。

随后，2010 年 12 月，电子书行业又发生了一件大事：谷歌电子书商店开张了。这家新的在线图书销售网站，据说拥有全世界最多的电子书储量。网站拥有几乎 300 万本公共领域的免费图书，也不乏其他领域的好书。谷歌的电子书格式通用于绝大多数设备，无论是 iPad、iPhone、iPod touch、索尼阅读器、还是个人电脑，都可以下载并阅读谷歌的电子书，除了 Kindle 之外。但后来，黑客们很快便开发出了软件，专门用于将谷歌的电子书格式转换为 Kindle 的可读格式。谷歌用一种奇妙的手法搭建着自己的背景因素。公司宣布，愿意与全国的独立图书销售商达成合作关系，让他们能够以即时、低成本的方式进入电子书市场。在亚马逊和大型连锁书店的双重压迫下，谷歌为这些图书销售商指明了一条挽回销售额的生路。

亚马逊在 2007 年掀起的这场图书界的革命风暴，很可能还会衍生出更多令人意想不到的创新。但是从目前看来，Kindle 还是电子阅读器行业中的佼佼者。据估计，截至 2010 年底，亚马逊已累计售出 800 万台 Kindle（亚马逊对具体数字缄口不提）。随着 Kindle 用户数量的增长，电子书的销售也节节攀升。据亚马逊称，对于既有电子书，又有纸质书的作品来说，Kindle 上的销售量几乎占据了半壁江山。

消费者对电子阅读器的需求，以爆发的势头实现了突破。然而，随着图书与阅读的世界不断生息繁衍，谁才能最终成为需求的赢家？从某种角度讲，这个问题的答案，就要看谁家的设备可以经受得起时间的洗礼，在读书爱好者眼中一直保持不变的魔力。而从更重要的角度讲，则要依赖于每家公司构建起来的强大而完整的背景因素，以及公司与出版商、图书零售商、设计师、经销商、程序员以及其他各行各业的协作者之间形成的牢固而富有创新意识的关系网。

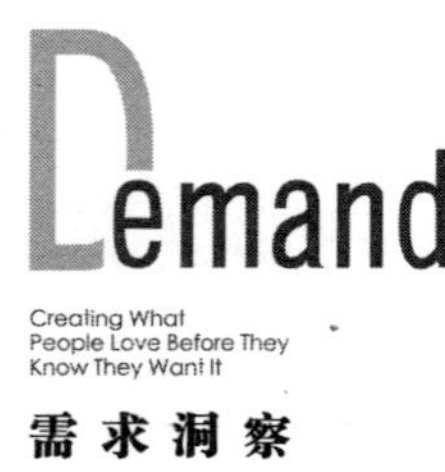

在未来十年中，随着电子书的普及，屏幕背后的元素将会日趋重要。这就意味着，某些“传统媒体”玩家，只要懂得充分利用自身创造并传递出来的优质内容，那么，所谓的数字时代将“传统媒体”边缘化的恐惧心理，就显得毫无根据了。

现在，请你想象一下，出版商利用高科技的速度与灵活性，不断放大着美妙文字的内在力量——难忘的故事情节、神奇的故事人物、发人深省的洞见、感人至深的诗歌，并利用电子书这种新型媒介，让无数的年轻人爱上了阅读。只要发现了正确的阅读体验，找到了正确的方式，选择了正确的时间，过去一代人经历过的出版界大事件——从奥普拉的读书俱乐部到 J.K. 罗琳的《哈利·波特》，似乎只不过是整体阅读需求的冰山一角而已。**电子阅读器在强大的背景因素力量的作用下，可以不断提升人们的阅读体验。**而现在，一切才刚刚开始。

请你在头脑中描绘出上述这幅图景，然后想一想这个问题：未来的图书需求是否会有极限？

打出属于自己的鲜明旗帜

美国人到欧洲旅游，总避免不了各种大大小小的文化冲击。无论你身处巴黎、柏林还是罗马，在朋友家帮忙准备餐后咖啡时，总会下意识地到那小得出奇的冰箱中寻找牛奶罐的踪影。

“牛奶在橱柜里。”朋友往往会这样告诉你。然后，你便看到架子上摆放着的纸盒牛奶，还有旁边纸盒包装的橙汁、鸡蛋液、酸奶、布丁等美国人永远不可能储存于室温之中的食品。

这是怎么回事？难道欧洲人不了解食品安全的基本原则吗？冷藏储存这个最浅显的道理在美国人家里可是世世代代严格遵守的呀。

这个问题的解释，将我们引入了需求世界中一个非常有意思的领域。同时，故事也鲜明地反映出了文化和心理在需求形成过程中发挥出的影响力。

想象一下，由新鲜蛋黄、黄油、几滴柠檬汁制成的美味而经典的荷兰汁（hollandaise sauce），浇在班尼迪克蛋上，或配在清蒸芦笋尖、水煮三文鱼块的旁边。如果荷兰汁储存于室温之中，然后从纸盒中直接倒在你面前的美味菜肴上，你会作何反应？

如果看到这样一幕，绝大多数的美国人都不会吃下面前这份倒人胃口，而且存在安全隐患的食品。但事实上，估计你在不知情的情况下，早就已经享用过这样的食品了。利用传统工艺制成的荷兰汁，在特殊的纸盒包装下，可以完全不用冷藏储存，就像我们欧洲朋友家中橱柜上的盒装牛奶一样。纸盒包装的荷兰汁不含任何防腐剂和化学成分，满足所有的食品安全标准，而且比你自己动手制作荷兰汁要更加方便快捷。

令人不敢相信的是，纸盒包装的荷兰汁味道真的很好。一位美国厨师在品尝过盒装荷兰汁之后承认，“我实在分辨不清盒装荷兰汁与我自己亲手制作的荷兰汁有什么区别。”而且，现成的荷兰汁只不过是一系列盒装液体食品中的一种而已。在美国，越来越多的餐厅、酒店和饮食服务机构都开始在烹饪过程中利用盒装酱汁进行调味。

这是否属于某项最新的科技突破，从实验室直接推广到了厨房？答案是否定的。在美国，对盒装食品的新一轮需求，历经了长达50多年的发展历程。直到今天，还有众多美国消费者不愿意去面对这样的事实，不愿知道其实他们享用的精致美食中有相当一部分来自于室温储存的纸盒。

这项创新被誉为20世纪最重要的食品包装发明，在纽约的现代艺术馆作为新颖设计的范例得到了永久展出席位。而创新背后的公司，面对美国人不愿接受纸盒食品的现实情况，展开了一场“隐姓埋名运动”，在改变我们饮食习惯的同时，一直保持不为人知的低调姿态。虽然普通美国消费者几乎从来没听说过利乐包这款产品，但食品生产公司的老总们却通晓利乐的大名。而且随着合作的进展，越来越依赖于利乐的包装技术，从而也创造出了对利乐包源源不断的巨大需求。

如今，利乐的故事翻开了令人好奇的新篇章。我们将会看到，一款几乎没人听说过的优秀产品，是否能一改低调的姿态，不再以别家的背景因素自居，而是打出属于自己的响亮旗号，开始吸引崭新的需求？

做一件从来没人做过的事

无菌纸盒包装（Aseptic Carton Packaging）是瑞典人鲁宾·劳辛（Ruben Rausing）构思出来的点子。20世纪初，劳辛还在纽约的哥伦比亚大学读书时，为现代食品零售技术的发展速度所震撼。当时已有全国性的产品配送，自助式购物，以及第一家超级市场。劳辛认为，同样的趋势早晚会席卷到欧洲地区，于是开始思考如何应对食品零售业大发展带来的挑战。

回到瑞典之后，劳辛与一位名叫艾瑞克·埃克朗（Erik Akerlund）的投资人合伙成立了埃克朗与劳辛公司（Åkerlund & Rausing），专注于为 20 世纪新时代的零售业提供创新的包装方式。例如，用独立的小包装面粉替代传统的运输与销售过程中使用的批发大桶。

到了 20 世纪 30 年代，劳辛注意到了另一种急需改进包装与配送方式的常用食品——牛奶。当时在瑞典，牛奶要么装在笨重的大铁罐中，要么装在沉甸甸的小玻璃瓶中，在美国也是一样。无论是大铁罐还是小玻璃瓶，都不适合放在新兴的自助式食品商店中销售。于是，劳辛开始尝试寻找包装牛奶的新方法，为牛奶消费者和生产商解决掉他们面临的麻烦与不便。

他需要应对的第一个问题，就是如何在将牛奶注入容器的同时，保证牛奶不暴露于污染物之中，从而延长其保质期。这是个颇有难度的工程，劳辛花了好几年的时间才彻底完成。

1943 年某一天中午，劳辛边吃午饭边与妻子聊着这个话题。突然，妻子恍然大悟般地说道，“你为什么不让牛奶一直不间断地从管子中流出来，在牛奶流动的过程中进行封装呢？”妻子的想法是，如果不中断牛奶的流动，就可以避免包装中产生空气囊。而牛奶不纯净的罪魁祸首，就是因为这个空气囊的存在。

劳辛半信半疑。“听起来似乎不太可行，”他说道，“因为用于热封的夹钳很可能会让牛奶产生烧焦的糊味。”

妻子则反问道，“你试过了吗？”后来，劳辛评价说，那个问题的解决方案正是“这位优秀女性给出了富有逻辑的经典答案”。

午饭之后，他回到实验室，尝试着在不间断牛奶流的情况下将牛奶封装到纸质圆筒中，发现牛奶并不会因此带有烧焦的糊味。封装好的牛奶盒成四面体形状（tetrahedral），于是劳辛将其命名为利乐包（Tetra Pak）。

然而，仅仅解决了持续牛奶流和无空气包装的问题还远远不够。劳辛还需要一系列其他领域的创新，诸如轻便、易折叠、无臭无味，由多层纸、塑料和锡箔构成的包装材料；为包装和内容物快速消毒，并保持无菌状态的方法；能够快速、高效、自动完成整套工序彼此衔接的机器设备系统等。甚至连如何在运输过程中摆放好一批四面体纸盒都成了个难题。后来劳辛的同事哈里·杰朗（Harry Järund）想了个办法，他设计出了一个六面体的“篮子”，可以在其中整齐地码放好 18 个四面体的小利乐包。

找到正确的方法，解决上述各项问题，花掉了将近 10 年的时间。后来，劳辛用典型的北欧风格言简意赅地发出了这样的感慨：“做一件从来没人做过的事，真的很难。”新成立的利乐公司原属埃克朗与劳辛公司的子公司，于 1952 年将第一部四面体利乐包封装机卖给了隆德（瑞典）奶制品联合会（Lund Dairy Association）。两个月之后，这家乳品厂便开始以 0.1 升的无菌四面体包装进行奶油的运输与销售。

没用多长时间，利乐包系统就大大改善了乳制品行业的背景因素。消费者也享受到了利乐包带来的直接好处。与罐头类金属容器不同，利乐包不需要特殊工具就可以打开，消费者只要撕开纸质包装的一个小角，就可以将液体倒出来或直接饮用[1]。与瓶子或罐子不同，利乐包不会被打碎，这样就避免了液体的浪费和碎玻璃带来的危险。利乐开发出了一种独特的闪蒸灭菌方法，只需不到 15 秒钟的加热，牛奶或其他液体就可以实现灭菌，同时还能保持其最自然的状态，不改变本身的味道和质感。而且，灭菌利乐包也不会像罐头或玻璃瓶那样，对液体的口味产生影响，就算打开的利乐包没有一次用完，存入冰箱之后再次饮用时，味道还是像当初一样新鲜可口。

利乐包的其他好处，为食品加工商、批发商和零售商带来了诸多便利。由于利乐包本身重量很轻，再加上其超常规的几何外观设计，就使得运输成本得到了大幅缩减。一个装满 18 个利乐包的篮子装载的液体量，比同样面积所容纳的圆柱体玻璃瓶或金属罐容量都要大。更值得一提的是，像牛奶这样容易变质的食品，装入利乐包之后无需冷藏就可保持长达一年时间的新鲜与完整，同时，从加工厂到食品商店的过程中，也不用保持“冷链”。如此一来，运输过程中就不再需要冷库式卡车或火车车厢。产品能够运抵的地区扩大了，产品的辐射面也得到了极大的拓展，这样，厂商就可以为比以前多得多的客户提供服务，从而进一步节约了成本。利乐包也带来了能源的大幅节约，也就是我们今天所谓的更小的碳排放量。由此带来的经济利益，其重要性只有用长远的眼光才能看到。

利乐通过大大改善奶制品行业的背景因素，重新绘制了行业面临的麻烦地图。很快，公司就会开始将影响面覆盖到很多其他类型的食品生产商。

就这样，利乐包悄无声息地成为了一款富有强大魔力的产品，既受到了消费者的热烈欢迎，又积极的推动了食品产业的发展，在提高行业运营水平的同时，

---

① 这项进步不容小视。我们来了解一下包装发展史中一个令人称奇的事实：用于包装食物的金属罐发明于 1813 年，而第一个开罐器却发明于 1858 年。整整 45 年的时间里，人们不得不很费劲地开罐头。——作者注

还增加了企业的利润。

很快，各大食品公司纷纷开始采用这种无需冷藏的包装方法，将各类预制食品推广到了更大的市场，甚至还远销到了发展中国家。1964 年，第一台利乐传统无菌包装机走出欧洲，来到了黎巴嫩。1972 年，利乐技术传到了肯尼亚，还在那里开设了一家培训中心。1978 年，利乐进驻巴西，1979 年走到了中国。在中国，利用利乐技术包装的首批产品有甘蔗汁和菊花茶。如今，利乐机构已遍布 170 个国家，覆盖了全世界每一个有人居住的大洲。

需求的力量

劳辛创造出了如此巨大的需求潮流，自己也成为了全世界最成功、最富有的创业家之一。2010 年，利乐公司的年收入高达 89.5 亿欧元（相当于 125 亿美元）。如今，利乐生产的包装数量多达每年 1 450 亿个，平均来看，全世界的每个人都能分到 20 件利乐产品。而且，我们前面也提到过，劳辛最初的利乐包设计在纽约现代艺术博物馆中占据着永久性展出席位，与赖特的流水别墅（Fallingwater）和伊姆斯椅（Eames chair）等其他 20 世纪的杰出设计作品平起平坐。

“看不见的需求”在哪里

然而，劳辛的点子却遗漏了一个需求市场，而且还是全世界最富有、最重要的消费市场。只要一到美国，利乐的魔力及其需求创造的潜力，便完全失去了效果。

整整 60 年时间，除了利乐砖（Tetra Brik）包装的儿童果汁之外，美国人一直固执的将无菌包装食品和饮料拒之门外。利乐砖，就是用一根小吸管插入纸盒上方锡箔封装的小孔中以便饮用的包装方式。这种包装在 20 世纪 80 年代时的美国非常流行。然而，利乐包的其他包装方式，从顶部为三角形的利乐皇（Tetra Rex），到楔形的利乐威（Tetra Wedge），都未能吸引到美国消费者的兴趣。

原因在哪里？为什么利乐在欧洲充满魔力，却令美国消费者无动于衷？这种截然相反的态度背后所隐藏的文化与社会因素，值得我们深入研究。

美国人很早就开始使用冰箱，早在 20 世纪 30 年代，冰箱就成为了美国家庭必备的电器。与此相反，20 世纪 60 年代时，科技历史学家大卫·兰德斯（David Landes）曾描述过法国人如何“认为冷藏储存食品的口味会变差”，而这种观念给冰箱在法国的销售造成了负面影响。到了 1970 年，99% 的美国家庭都拥有冰箱，而在西欧地区，只有 72% 的家庭购买了冰箱。

在美式厨房的实体结构中，最主要的组成部分就是容量巨大的冰箱。美国人的行为模式也围绕着大冰箱展开。而所有关于购买、储存及消耗食品的习惯，都对消费需求产生了深远的影响。欧洲的城镇居民，通常每天都要外出购买食品，去到本地的几个小商店小市场，采购鲜鱼鲜肉、蔬菜、奶酪、面包和葡萄酒（以及时下的八卦新闻）。而美国人则习惯于每周去一次大型超市，将一周所需一次性全部搞定。回到家中，再把大包食品直接装进冰箱和冷冻冰柜中。在这种习惯的作用下，世世代代的美国人受到的教育，就是要对未经冷藏储存的易变质食品持不信任的态度。

这样的现象我们在工作中也遇到过：不同类型的客户，对魔力有不同的理解。像利乐这样的公司面临的一大挑战，就是找到低成本高效能的方法，为所有类型的客户提供出他们眼中的魔力产品。

由于美国人对储存于常温状态下的食品安全问题存有顾虑，在这种情况下，利乐倘若直接杀入美国市场，恐怕无法取得令人满意的成果。美国消费者对利乐包的印象，充其量不过是儿童果汁饮料而已。如果想要用利乐包销售荷兰汁这样精致复杂的美食，儿童果汁的印象也许无法起到正面的提振作用。

于是，利乐对美国消费市场展开的第一次攻势，采用了迂回战术。对于为美国家庭提供各式各样食品的公司来说，利乐在其背景因素中的重要性与日俱增。如今，无论是在家中还是餐厅，美国人已经不知不觉的享用到了盘中的灭菌包装食品。

我们可以称之为“看不见的需求”。

以客户为中心

若想建成一个像利乐这样优秀的背景因素公司，面临的挑战是极端复杂的，至少需要了解以下 3 个不同层面的需求运作原理。

在同一时间，利乐既要考虑到直接客户，也就是购买其产品或服务的食品包装企业；又要考虑到客户的客户，也就是从食品包装企业处购买产品的零售商（例如食品店）；还要考虑到客户的客户的客户，也就是产品的最终用户，正是他们掏出了钞票，才带动了整体系统的运转。

这样的思维方式，在如今高度复杂的多层次全球经济中必不可少。利乐通过多年的实践，早已深谙个中道理。

利乐为了促进食品包装企业层面的需求，开发出了一系列创新方法，远远超越了无菌包装技术本身。

在第一部利乐系统安装于瑞典乳制品厂之前，劳辛和他的团队花了整整10年的时间，才解决掉整个包装系统中存在的诸多疑难问题。这样的磨炼，恰恰帮助利乐培育起来了一大批优秀人才，覆盖了流程管理、设备设计、材料学、微生物学，以及均化技术、蒸发技术和过滤技术等诸多领域。从为客户服务的角度出发，公司将这些技能应用于实践，开发出了削减成本、提高效率、减少设备故障时间的方法，同时，公司也针对新市场开发出了新产品，带来了新的收入来源。

其中一个例子，就是利乐开发出的利乐海耶深蓝冰激凌冷冻机（Tetra Hoyer DeepBlue Ice Cream Freezer）。这套提升了冰激凌生产效率的冷冻机系统，超出了利乐与奶制品客户的关系范围。瑞士科学家文德海博（E. J. Windhab）对冰激凌制造过程中的冷冻环节进行了改进。基于这项设计，深蓝为冰激凌制造企业带来了多重好处：缩短并简化了生产流程，降低了资本支出，同时还减少了机器故障和原料浪费。更重要的是，深蓝制造出来的冰激凌，口味更加醇厚细腻。这样一来，制造商就可以将产品中奶油或黄油等脂肪的含量减少40%到50%。由于消费者对健康日益重视，脂肪含量的减少就成为了一个巨大的商业优势，也从背景因素的角度，对健康冷冻甜点的需求起到了绝妙的驱动作用。

当人们享用着深蓝制作出来的新型低脂冰激凌，永远也不会看到利乐在冷冻机设计上的创新举动。而深蓝只不过是利乐诸多需求创造思想中的一个。因为有了这些高明的点子，利乐也成为了很多食品公司背景因素中不可替代的重要组成部分。

利乐对食品加工行业形成的魔力，远远超出了技术创新领域。如果说魔力 = 功能 × 情感，那么利乐散发出的情感吸引力，就来源于公司与客户之间形成的紧密合作关系。

下面就来讲讲利乐非同寻常的商业模式设计。我们在研究中发现，背景因素高手总会问出这样的问题，“我的组织是否在为客户服务、向客户学习方面做到了最佳？”利乐的领导层就不断向自己重复着这样一个问题，并在必要时对公司进行改造，以便给出更好的答案。

绝大多数的公对公关系，都在“销售部”和“采购部”的职责范围内。实际上，这种关系只涉及两个人：销售和采购。两家公司中其他员工的职能，涵盖了产品的需求、设计、建造、运输、使用和服务等诸多方面，但这些员工并不认为自己的职责中包含公对公的联络和交流，也不会采取相应的行动。

而利乐的运营模式则截然不同。当利乐接手一位新客户时，无论是中国的奶制品厂，西班牙的果汁生产商，还是印度的饮料公司，利乐都会派遣一支由食品加工专家和包装专家组成的团队，到客户的工厂中实地工作，对客户产品的生产运行进行研究，并分析客户的需求。从产品原料进入工厂开始，到整个加工过程，继而到最终成品出厂，专家团队都要进行认真细致地研究。同时，专家们还会详细调查产品的生产标准、送货日程安排、流程瓶颈和设备故障的原因、浪费率和损坏率，以及降低成本、提高效率。利乐聘用了几千名科学家、工程师和设计开发专业人员，这些专家与客户在现场形成了紧密的合作关系，以非常精细的标准来扫描客户身边的麻烦，并寻找办法缓解或消除这些麻烦。利乐公司的一位发言人说道，“无论何时，只要出现了浪费的现象，就说明该系统并不完美。”而这种现象在利乐看来是无法接受的。最终，专家们会向客户推荐安装某一款特定的利乐设备，并根据需要，由利乐的专家为客户员工提供培训以及设备的持续监控与升级。包装设备的实际生产，全部外包给了上百家本地“系统供应商”和“组件供应商”，而利乐独一无二的优势——其对食品加工系统的专有知识，则来自于公司内部。

这样的工作关系，并不属于典型的销售，不是以“交易”为核心，一手交钱一手交货的买卖。

要深入到客户公司的真实生活与工作中去，在发展出长期合作关系的同时，在过程中加入很多“接触点”，以便与客户共同订立更加合理的工作方式。销售和采购部门当然是这层关系中的一分子，但与此同时，工程部、产品开发部、质量控制部、营销部、客户部、存货管理部、物流部、财务部、人力资源部、培训部等等诸多部门也参与了进来。通常需要在几十人甚至上百人之间形成持续的合作，而不仅仅是两人各代表一方，一年碰一两次头而已。

同时，这样的工作方式也改变了利乐销售经理的职责范围。一位利乐的销售这样解释道，“与（传统）销售人员不同，大客户经理的职责超越了单纯的销售。他要负责帮助客户发展业务，而不仅仅是推销自己公司的产品……他的态度要反映出，‘我是你业务成长过程中的合作伙伴’。”

关于利乐以客户为中心的商业模式设计，我们有必要在此强调一下其重要性。利乐最大的竞争对手是瑞典的 SIG 康美包（SIG Combibloc）。相比之下，这家公司的组织结构更加传统，采用了所谓的直线职能（生产、技术、采购等）式结构。

各个部门的运营彼此分立，与以市场为中心的职能（如销售、服务、业务拓展等）相互平行。绝大多数采用这种组织结构的公司，在与客户直接打交道的经理和实际创造出产品的工程师、科学家、设计师之间，通常会形成一种“虚线”式连接关系。这样的连接关系会继而引发出职责不清晰、优先级不明确等各种问题。也许，这也是SIG康美包与利乐之间，在满足全世界对无菌包装的需求上差距甚大的原因之一。

利乐以客户为中心的商业模式设计已深入到了组织的各个角落。甚至连公司的研发部门也在20世纪90年代早期进行了重组，取消了传统的以技术和专长划分的职能性部门，并以具体客户的特定项目为核心，组建起了跨职能的团队。由此一来，从1994年到1999年，对利乐研发服务的需求在短短几年间翻了7番，工程师拿到的专利数量也是屡创新高。

利乐公司独一无二的设计能力，帮助客户极大地丰富了他们的背景因素。举例来说，利乐公司在中国乳制品行业的蓬勃发展中，就起到了不可忽视的辅助作用。从1998年开始，公司就开始与中国政府主管健康事务的官员及教育机构合作，将牛奶推广成为了中国中小学中每日必备的饮品。而为中国乳制品企业设计包装系统，提高其运营基础设施的水平，只不过是利乐公司贡献中的一部分。其他项目包括围绕着乳制品展开的行为习惯培养，为中国家庭和学校教师传授牛奶对于学龄儿童的营养价值，并为乳制品工人提供培训，帮助提高中国原料奶的质量。2008年，260名奶农加入了由利乐提供支持的“奶农学校”，以提高生产效率为目标，学习了奶牛养殖的新技术。2009年，利乐在上海浦东开设了一家技术中心，专门从事中国食品市场的研究，以解决工程、业务、营销等相关问题。譬如分析农村道路状况，以便为当地的交通问题提供专业的指导方案等。

利乐公司一直在积极地为客户公司的产品扩大需求量，甚至创造出了以前从未有过的新需求，而中国并不是其唯一的目标市场。与中国市场类似的学生饮奶项目，已在全世界50多个国家开展，公司也为此与政府部门、非营利机构和当地的乳制品厂发展了紧密的合作关系。这一项目为儿童提供了饮用牛奶的机会，同时也给孩子们补充了牛奶中的营养成分。利乐公司食品开发项目总监乌拉·何姆（Ulla Holm）称公司的目标为：在扶植起“饮奶一代”的同时，为利乐及其客户公司开发出更多的业务。

一家中国报纸在谈及利乐在中国社会、教育和健康生态系统中巨大的覆盖面时，评论称这家公司“常被媒体说成是‘好管闲事’”（也就是外来的侵扰因素）。但文章继续写道，“然而，人们似乎愿意接纳利乐这个‘好管闲事’的家伙。”

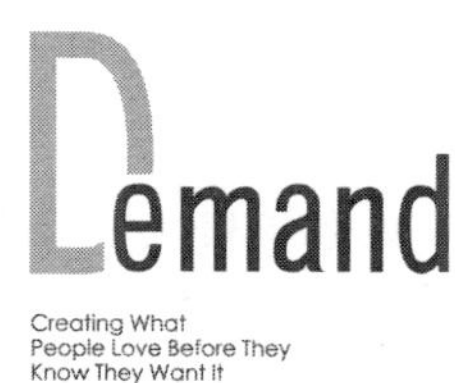

若一家公司在为客户构建背景因素的过程中太过深入，很可能会被视为一股威胁力量。但如果这样的深入合作带来了富有魔力的产品和不断增长的需求，那么客户就不会产生畏惧心理，反而会充满感激。

其实，**这种紧密而深入的联系，正是利乐这家富有魔力的公司情感能量的来源**。像魏格曼、CareMore或Kindle这样的直接消费产品，往往通过出其不意而令人们感到愉悦，让生活变得更加美好，为人们提供了更多的美味，更多的创意，更多的欢笑，更多的健康，更多的便捷，也让客户情不自禁的感叹：“我太爱这款产品了，简直无法想象没有它的生活！”而像利乐公司提供的服务这类商业产品，则通过人的力量，提高了客户公司的生产力、效率和创新能力，从而激发出客户的情感，也让客户称赞道：“我的利乐团队太宝贵了，实在无法想象，如果没有他们，我们怎么解决生产难题！”

不同类型的产品，所处的环境不同，带来的利益也不同。但是，它们激发出来的情感诉求却同样的强烈。

公司与公司之间基于人际沟通而形成的长久情感连接，需要大量拥有卓越特质的员工。技术上的天赋当然必不可少，但同时也需要优秀的人际沟通能力，深远的商业洞察力，以及对公司自身和客户公司双方目标怀有强烈的个人责任感。由于利乐是一家私人持股公司，很少公布其组织内幕，因此，我们通过外部观察公司的组织系统，对其创造出来的这样一支团队进行了分析研究。

举例来说，利乐最近刚刚聘用了首位专职于内部沟通的副总裁。她的职责，就是确保公司的每位员工都对利乐的商业战略有深入的认识，了解具体任务与总体战略之间的关系，熟悉客户公司的发展目标，并能专注地投入到帮助客户实现目标的工作之中。很多公司都将这些理念成天挂在嘴边，但没有哪家公司能像利乐这样，为这些理念投入如此高度的重视和实质性的投资。

需求的力量

利乐的 LiVE 项目，是一个长达 4 小时的员工互动与团队建设活动，其中包括演讲、音乐、游戏、访谈、问答环节、幻灯片播放、纪录片形式的影片，以及观众参与的活动等。这个项目投资巨大，推广到了世界各地，以 25 种不同的语言进行，并将最终覆盖到利乐全体 21 000 名员工，这就意味着参与时间总时长超过 8 万小时。从中也可以看出公司对其内部沟通的重视程度。

与利乐的客户聊上几句，你就能感觉到利乐员工的个人责任感在实际工作中起到的效果。菲尔·马扎（Phil Mazza）和尼克·马塞拉（Nick Marsella）是波恩乳品公司（Byrne Dairy）的管理人员，这家乳品公司有着悠久的历史，1933 年成立于纽约州北部。两位管理人员向我们讲述了波恩最初决定借助利乐的力量进入长效保质期牛奶及奶油产品领域时所经历的坎坷。“我们觉得，他们的服务还不够强。”尼克回忆说。面对这样的客户反馈，利乐派北美地区副总裁与这位新客户见了面，并共同开发出了一套提升合作水平的行动纲领。随后，利乐又将公司的整个服务部门全部调回瑞典，重新接受培训，学习新技能。这次培训不是一两天就完成的例行公事，而是整整进行了一个月。

如今，利乐不仅仅能高效快速地应对波恩所面临的问题，而且还积极地与这家乳品公司合作，帮助开发出了更有效率、可持续性更强和盈利潜力更大的工作方法。“去年，在根本没出什么问题的情况下，我们曾抱有一些疑惑，”尼克笑着解释道，“我们就是想了解更多的信息。于是利乐派了一支团队来到公司，与我们一起进行头脑风暴。他们 3 个人用了整整两天时间，走访了我们的工厂，见到了我们的员工，也找到了提升营运效率的办法。”在这里，利乐与波恩有着共同的目标：弄清楚波恩面临的挑战，并设计出创新的方法，帮助波恩取得成功。

据利乐的管理人员称，每次与客户交谈，都能感觉到客户需要倾听、渴望了解、盼望成长的愿望。而**“倾听、了解、成长”，也正是利乐坚持奉行客户服务信条。**简简单单的 6 个字，生动地反映出了利乐与波恩乳品公司之间的动态关系。

与魏格曼和许多其他伟大的需求创造组织一样，利乐公司也深知，自己团队成员才是公司产品魔力的主要来源，而且也为此投入了巨大的资源。

从“不能”到“可能”再到全盘接受

如今，利乐的业务覆盖面很广，在激发出巨大需求的同时，用一种消费者并不知情的方法，以幕后的姿态与客户公司合作。利乐以客户为中心，创造出了提升客户业务水准的制造系统，取得了诸多佳绩。然而，面对不断变化的市场动态,利乐依然需要继续进行技术与服务的创新和提升。CEO 丹尼斯·乔森（Dennis Jonsson）讲得好，利乐在过去 10 年间开发出来的 9 000 套生产线，既是公司最强的优势，也是最大的劣势。他说，“生产线的平均寿命已有 13 年之久，其中大部分都需要在近期完成更新换代。除非我们能为客户交上一份帮助提高盈利能力的新型解决方案，否则无异于是为竞争对手敞开了大门。”

作为一家纯幕后的背景因素公司，利乐也面临着成长的局限性，尤其是在巨大的美国市场中，消费者不愿尝试无菌包装的产品。如果利乐想要将自身的专长带到除了果汁生产商之外的美国公司，那么就需要跳出背景因素，帮助消费者认识到无菌包装食品的安全和便利，让消费者发现，无菌包装食品可以在节约成本的同时，提升味觉上的享受。

目前，利乐正在通过多种途径，试图培养起美国消费者的热情，让无菌包装食品在美国像在欧洲一样富有魔力。

其中一种途径，就是让利乐包在刚刚兴起的产品类目上站稳脚跟，因为新的食品种类尚未形成固定的消费行为习惯。在你家附近的超市对比一下牛奶货架与豆浆货架的区别就知道了。超市中，牛奶通常装在传统的塑料或纸盒中冷藏储存；而绝大多数的豆浆种类，则装在色彩鲜亮的利乐包装中，放置于常温之下。很难说服早已习惯了冰镇牛奶的美国消费者去接受常温的无菌包装，但美国人对豆浆却没有类似的心理限制。因为直到 1979 年，美国人都还不知道豆浆为何物，直到总部在香港的维他奶公司（Vitasoy）将第一罐豆浆引入了旧金山中国城的几处商店。这样一块处女地代表着创新的大好契机，而利乐也适时地抓住了这个机会。

现在，高端美食市场也提供了另一个机会。20世纪90年代中期，总部位于佛罗里达的主厨创意公司（Chef Creations）想要寻找一种为餐厅、宴会承办人、酒店、食堂等食品服务商提供特色食品的好办法。利乐利用在欧洲长期实践得来的背景因素力量，帮助主厨创意公司想出了一个办法。利乐派一个团队与主厨创意公司合作，将利乐的技术用于公司酱料和甜品的包装上。主厨创意公司对口味质量的要求非常高，因为高档餐厅若能同意购买公司的荷兰汁，首先需要确定顾客能认可这种味道，并且认为其味道与高档餐厅的品味相当。同时，包装食品的新鲜度和卫生度也不能有半点马虎，因为在食品行业中，没什么比安全问题更重要了。

如今，主厨创意公司的利乐包装食品，已经在美国的高端美食市场占据了非常可观的地位。在遍及全国各地的高档餐厅用餐，你都很有可能享用到这家公司的酱料或甜点。主厨创意的发言人很喜欢讲述这样一个故事：一次，一位婚宴承办人需要为即将举行的婚礼准备300份法式炖蛋。这样针对某种甜品的短期大量需求，如果放在几年前，就意味着巨大的赶工压力，而有了利乐包装食品之后，婚宴承办人的工作就轻松了许多。

同时，利乐也在其他背景因素的利基市场中寻找到了适合自身的门路。很多餐厅提供的布丁、汤类，甚至鸡蛋，都来自利乐的纸盒包装。卡罗·怀特（Carol White）是波士顿一家咖啡店的店主。她说，选择无菌包装的豆浆，是因为“可以直接放在常温中储存，还可以节省冰箱中的空间”，她还压低声音补充说，“反正顾客也看不见，他们尝不出有什么区别。”

然而，如今利乐面临的一个不容忽视的大问题却是，一旦美国人看见了入口食品的无菌包装，是否能适应并真正接纳？

日积月累，水滴石穿。从前坚决的“不能”，已经逐渐在向“可能”转变，最终将过渡到顾客态度上的全盘接纳。

如今，美国人终于开始慢慢熟悉无菌包装的即食食品和饮料。主厨、美食家和冒险食客等美食爱好者是这场过渡的领导者。

> 2004 年，最受美食爱好者欢迎的杂志《烹饪画报》（*Cook's Illustrated*）中，对盒装鸡汤和传统罐装鸡汤做了详细的对比。杂志主编杰克·毕夏普（Jack Bishop）讲道，“很明显，盒装鸡汤味道更好。一口就能尝出来。”他还为广大家庭厨师提出了这样的建议：“把开罐器扔了吧。”
>
> 之后不久，《纽约时报》记者凯特·莫菲（Kate Murphy）另做了一番实验：“我在盒装番茄碎以及罐装番茄碎之间进行了对比。盒装番茄碎的浓稠度、味道和颜色都更好。还有一次，我在一群美食爱好者聚会时，呈上了主厨创意公司提供的法式炖蛋。这个品牌的盒装食品只向餐厅和其他食品服务公司销售。客人们品尝过炖蛋之后，都很喜欢，还向我讨教食谱。”

莫菲在文章中提到了主厨创意公司，这就是正在孕育之中的新需求的体现。这篇文章发表时（2004 年 3 月），主厨创意公司的盒装特色食品只面向餐厅和其他饮食供应商销售。如今，以终端消费者和家庭主妇为主体的零售市场也在慢慢接纳利乐包装。在克罗格（Kroger）、西夫韦（Safeway）、温迪克斯（Winn Dixie）等连锁超市中，都可以找到 6.75 盎司无菌利乐威包装的阿尔弗雷多奶香酱（alfredo sauce）、禽肉汁、荷兰汁。其他利乐包装的特色食品种类也日趋丰富，有沃尔夫冈·帕克主厨汤、巴西精品水果浆、苏克野花园鹰嘴豆泥、ArteOliva 初榨橄榄油等。**这种曾经并不为美国人所接受的包装，如今已遍布超市货架之上。**

利乐针对消费者的需求进行了深入的研究，总结出创新型解决方案之后，还要对方案在消费者心目中形成的吸引力进行测试和演示。公司在世界各地拥有 12 处研发中心，并在意大利的摩德纳成立了一处消费者概念实验室（Consumer Concepts Lab）。在这些机构中，工业设计师、心理学家、平面设计师、工程师等跨职能团队聚集在一起，共同研究现实生活中有关包装的消费者行为。譬如，利乐聘用的人种学专家会走访各大超市，随身携带纸笔和摄像机，随时记录消费者对不同外观、形状、大小、风格的食品包装的反映，以及他们最终的购买决策。

营销总监克里斯·肯尼利（Chris Kenneally）在描述利乐研发团队的使命时，体现出了典型的麻烦地图思想："若想找到新的产品解决方案，就需要对很多概念进行评估，然后选出其中最佳的一种。研发团队的工作从整理消费者需求信息库开始，将这些需求信息与目前的产品组合相比照，并找出两者之间存在的差距。"

基于这样的研究方法，设计者开发出了众多新产品模型，仅 2008 年就推出了 9 436 种。之后，这些模型还要经过测试的层层筛选，浓缩成一小撮可行概念（2008 年选出了 626 种），并最终精炼为准备推向市场的新产品系列（总共 9 种）。

利乐通过与消费者直接接触的方式，丰富了自身的需求创造能力。利乐佳（Tetra Recart）的故事就是个典型案例。利乐佳诞生于 2004 年，是首款二次灭菌纸盒包装系统。利乐佳可以为不适用于传统利乐连续流包装方法的含颗粒食品进行灭菌和包装。利用利乐佳包装的首款产品是荷美尔辣椒酱。但销售情况并不尽如人意。荷美尔随后也暂停了这款产品的生产。

利乐并没有因此气馁，而是直面消费者提出的挑战。利乐与德尔蒙特的包装企业合作，推出了自有品牌 Corelli 番茄泥、番茄碎和番茄酱。

随后，利乐在选定的零售商处开始了为期 12 周的测试活动。测试结果令人鼓舞：消费者纷纷表示，纸盒包装的食品看上去比金属罐装食品更加“新鲜”；零售店管理人员也说，四方形的纸盒比圆柱形的金属罐更加节省货架面积，而且更加重要的是，销售额比同类罐装产品多出了 29 个百分点。

利用测试得来的数据，利乐开始向食品包装商传授利乐佳带来的好处。现在，从甜玉米粒到湿猫粮，很多食品都开始利用这种新型包装方式。

利乐正在将越来越多的无菌包装食品种类介绍给消费者。而消费者对无菌纸盒的态度也正在发生转变， 其中一个迹象就是无菌包装的另一类 “高端产品”——酒类的发展。利乐与生俱来的欧洲根基与产品对环境的保护作用联系在一起，创造出了一类令越来越多美国消费者为之青睐的新型包装。

> 葡萄酒进口商 J. Soif 股份有限公司的创立者兼总裁马修·凯恩（Matthew Cain）找到利乐，希望利乐能为经过有机认证的马尔白克葡萄酒（Malbec）提供适合的包装。正是利乐包装为酒类进口业务带来的环境与经济的双重意义让凯恩下定决心。
>
> “一段时间以来，我逐渐认识到红酒产业中存在的问题，”凯恩解释道。“消费者将红酒买回家之后，80% 的酒在一周之内都会被喝掉。将 9 升红酒放在重达 40 磅的大箱子里，再长途跋涉几千英里，实在没什么意义。”

虽然利乐纸盒这种凯恩所谓的“替代型包装”在国外很流行，甚至连高级陈酿也开始选用利乐包装，但凯恩还是有些犹豫。他说，“在美国，只有小零食才用纸盒包装。”但到了2008年，由于石油价格飞涨，经济形势严峻，消费者也开始寻找省钱的新办法。在这种情况下，利乐包装的经济和节约就显现出了其吸引力，而且时下流行的绿色理念也助其一臂之力。

如今，对于见多识广的红酒爱好者来说，无菌包装在与沉甸甸的玻璃瓶对比之下，有着卓越的环保特质，也因此提升了其吸引力。这也是利乐三层思维模式——制造商、零售商、消费者的鲜明体现。将利乐包装概念上的优势转化为实实在在的经济效益，其实并不容易。曾经，利乐和其他一些公司饱受环保主义者的攻击，称无菌包装盒缺乏有效的循环回收机制。缅因州甚至还在1989年通过了一项法案，禁止无菌包装纸盒产品的销售。为此，当时利乐的CEO乌诺·凯尔贝（Uno Kjellberg）发起了与竞争对手之间史无前例的合作项目。联合成立的无菌包装委员会（Aseptic Packaging Council，现名纸盒委员会）与环境科学家和工程师合作开发出了适合无菌包装产品的循环回收方案，减少了产品的对环境造成的负面影响。这之后，缅因州不仅在1991年取消了禁止销售纸盒包装产品的法案，而且当时利乐的美国区领军人物丹尼斯·乔森（Dennis Jönsson）还在1996年接受了美国副总统艾伯特·戈尔（Al Gore）的邀请，前往白宫领取了可持续发展总统奖（Presidential Award for Sustainable Development）。

绿色环保的理念，从需求链的全部三个层次为利乐赢得了支持和信赖。正如CEO乔森所言，“零售商是环保意识的倡导者，他们也能直接了解到消费者心中的顾虑。绿色环保的趋势将长期存在。我们若想要成为零售商的首选供应商，就要将绿色环保的理念落实到日常业务的方方面面之中”。

凯恩的有机认证葡萄酒产品，冠以了“黄＋蓝”的品牌（因为黄色加上蓝色就是绿色）。如今，这个品牌的葡萄酒品类包括了阿根廷的马尔白克和特浓情（Torrontes）、智利的长相思（Sauvignon Blanc），以及西班牙的玫瑰（Rosé）。所有品类都受到了品酒师的赞誉。然而，这个品牌的红酒真正的独一无二之处，还在于其环保的特质。凯恩一语道出了利乐包装红酒与传统玻璃瓶装红酒之间的区别：

> 没错，玻璃可以循环利用。但是整个循环过程造价高昂。很少有人真的会对玻璃产品进行再利用。在美国，只有15%的红酒瓶得到了回收，其余的酒瓶全部丢弃到了垃圾填埋池。如今，玻璃瓶与利乐纸盒的回收利用率基本相同。在垃圾填埋池中,30个利乐包装才等同于1个酒瓶占用的空间。两者之间根本没有进行对比的必要。

需求的力量

凯恩还给出了一组更加令人震惊的统计数据："运输玻璃瓶装红酒时，你运输的货品中，一半都是包装材料。而用上利乐包装之后，全部运输货品中，93%是红酒，只有7%是包装材料。"这个比例甚至超越了鸡蛋这个大自然中"最完美的包装"。在鸡蛋中，蛋壳占据了总重量的13%。想想看吧：这种绿色的包装方式竟然超越了大自然的鬼斧神工。

生态友好的特质，在利乐发展情感诉求和消费需求的过程中日趋重要。同时，产品外表美观的重要性也不容忽视。公司推出新款利乐钻无菌包装（Tetra Prisma Aseptic）的主要原因，就是希望增强产品对消费者的视觉吸引力。利乐钻是利乐砖的改良，更高更修长，在两角分别有六面凹进，还可以印刷出"金属"效果。一眼看去，利乐钻的视觉创新很像是一座当代办公建筑，也像是著名建筑师弗兰克·盖里（Frank Gehry）的艺术馆设计。利乐公司中流传着这样一句话："让产品在各类消费情境中都成为理想的选择。”这款夺目的设计为利乐带来了一批新客户，因为包装食品公司也希望能以独特而高档的产品外观，吸引到消费者的青睐。

利乐钻带有名为流畅盖（StreamCap）的旋帽，便于倾倒和随时开合。这样的独特设计使得利乐钻成为了酒类的理想容器。卡南代瓜酒业公司，现更名为赛特拉酒业公司（Centerra Wine Company），于2005年以利乐钻包装推出了红白桑格利亚汽酒的新品种。销售情况相当不错。现在，公司又新近推出了利乐钻包装的葡萄酒系列产品。

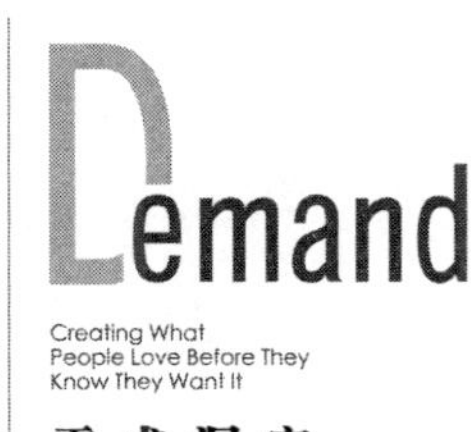

对于利乐来说，现在也许正是向美国市场合力推动盒装酒类产品的最佳时机。在当前的形势下，无菌包装的理念正在为越来越多的人所接受，绿色消费的理念也在逐渐兴起，成为了市场中一股富有号召力的热情元素。同时，经济大萧条带来的影响也提高了人们对价格的敏感度。综合上述几项因素，潜在的巨大需求转型一目了然。而利乐早已蓄势待发，准备迎接新的挑战。

回归人本身

利乐的故事讲述了几个关于需求的很有意思的道理。

首先，利乐的故事向我们形象地展示出了实现需求大突破的高度复杂性。即使看似不起眼的纸盒包装，都需要应对如此错综的挑战。早在20世纪30年代，劳辛就开始思索包装牛奶的新方法。经过几年的研究，他才找到了创造这样一套新系统的思路。又过了10年，他才将思想真正付诸实践。如此漫长而艰辛的发展史让我们明白，**若想将需求创造的好点子转化为现实，就需要在时间、耐心和金钱上做大量的投入**。同时这也再次提醒了我们，着手为一项伟大创新而努力工作的最佳时机，永远是昨天。

其次，在需求与构成基础架构的背景因素之间，有着相互依存的关系。如果没有 DVD 碟片和 DVD 放映机等基础条件的存在，奈飞也不可能创造出方便快捷的邮寄影片业务，更无法满足消费者这方面的需求。同样，如果没有互联网基础设施，就不会有用于跟踪和预订车辆的在线系统，更不会有 Zipcar 按小时计费的随取随行租车业务。

依据相同的思路，如果利乐没有开发出生产轻质、方便、常温包装的设备，就不会出现对这类包装的需求。而同样，如果劳辛当年设计出的包装没能散发出足够的魔力，抓住第一批客户的心，那么如今也不可能有遍及全世界的利乐工厂，更不会有数以十亿计的利乐包装产品。那样的话，劳辛的名字只能淹没在汹涌澎湃的商业发展史中，至多算是个没能给自己的鬼点子找到市场的幻想家而已。今天的我们，也不可能在这里谈论着纸盒装肉汤、果汁或红酒的购买与消费。

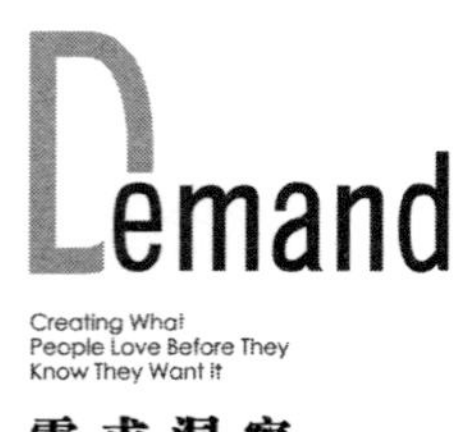

由背景因素构成的基础设施与消费需求之间，是共同成长、相互依存的关系。两者的长期发展，对社会经济的发展趋势和健康状况起着决定性的作用。

最后，最重要的一个道理是，利乐的故事告诉我们，归根结底，需求的整体框架结构，还是依赖于个人消费者。利乐是全世界最优秀的背景因素供应商之一，通过面向乳制品企业和食品加工企业进行销售来获得盈利。但是，如果利乐不能深入理解千家万户对食品包装的偏好，不能掌握人们对食品的方便性、新鲜度、口味和价格的态度，也就无法从面向企业的销售中赚取利润。也许，利乐带给企业客户的最大利益，就是对这些企业客户的客户需求进行探究，以满足现有需求，并随时准备迎接未来即将出现的新需求。

追根溯源，食品需求这座巨大的金字塔，最终还是要回归到一家人围坐在餐桌旁想到的一个最简单的问题："今天晚饭吃什么？"

05

关键4 激发力

让“潜在”需求变为“真正”需求

DEMAND Creating What People Love Before They Know They Want It

- 人们的购买决定在很大程度上受控于惯性、疑虑、懒惰、习惯和冷漠。需求就像用钥匙打火发动汽车一样，在激发力的驱使下，一拧就着。
- 激发力，商业设计中至关重要的一环，它可以让冷淡的骑墙派变得热情，并最终自觉自愿地成为魔力产品的客户。

需求创造大师

奈飞：开创在线电影租赁业的新纪元

Nespresso：舌尖上的探戈与咖啡中的阿玛尼

- 为什么人们称赞你的产品却不购买?
- 如何将骑墙派转化为真正的客户?
- 在激发客户购买时，有哪几种有效的手段?

如何让客户真正兴奋起来

那是 2001 年。在四年前，创业家里德·哈斯廷斯曾因租借的电影光盘到期未还，无奈地交了 40 美元的罚金。三年前，他受到这件麻烦事的启发，成立了奈飞公司，开创了电影租赁业的新纪元。

哈斯廷斯本科就读于鲍登学院数学专业，之后在斯坦福大学计算机科学系取得硕士学位，而后成立了一家名为纯软件（Pure Software）的公司，致力于软件的故障排除工作。纯软件公司后来被一家大公司收购，现在是 IBM 的一个部门。哈斯廷斯是个既熟悉技术，又深谙高科技领域生意经的双料人才。同时，他也是一个细心的消费者，懂得商业中存在人性的一面。成立奈飞，是源于一个简单的基本观点。他认为，这个叫作互联网的新兴事物，很可能会为人们挑选电影提供一种更快捷更方便的方法，就像亚马逊当时为图书销售建起的平台一样。

另一个新生事物——DVD 的诞生，进一步激起了哈斯廷斯的兴趣。DVD 体积轻薄，与又大又沉、极易损坏的录影带相比，更易送达到客户手中。为了验证这个想法，哈斯廷斯买了几张 CD 光盘（DVD 光碟当时还不好买），塞进信封，贴好邮票，写上自己家的地址投递到了附近的邮局。几天之后，CD 光盘寄到了他家。担心是多余的，CD 光盘并没有破碎，而是完好无损，播放顺畅。

后来，哈斯廷斯才了解到，通过邮件寄送 DVD 并不像当初第一次的实验那么简单。但是， 最初的成功给了他信心和热情。他想，也许互联网与 DVD 相结合，可以开创出一种新型零售模式，摒弃烦琐的电影租赁流程，一反百视达、电影画廊（Movie Gallery）、好莱坞影视（Hollywood Video）以及成千上万家庭作坊式影片租赁店的做法。

> 也许，租电影可以变得很轻松，麻烦可以从此消除。不再困惑于不知选哪个影片好（我老婆会喜欢看哪个片子呢？这部电影能给小孩看吗？这个冒险片里面是有“真的”血腥场面呢，还是只是“娱乐式”的武打？）；不再因租不到时下最热门的大片而郁闷；不再需要开车跑两趟租赁商店，一趟把电影租回家，一趟还回去；而且，最关键的是，不用再支付那笔让人肝颤的迟还罚金了。

一不做二不休。哈斯廷斯和团队中的其他几位成员着手打造出了最初的奈飞网站，供人们选择影片。他们在位于加州北部小城斯科特谷的公司总部附近建起了一座仓库，用于寄送 DVD 碟片。他们购买了大量各种风格的影片，开始做起了宣传。

然而，他们的首个产品距离魔力的标准还相差甚远。和现在一样，当年的奈飞有网络电影和邮件递送 DVD 碟片两种服务供人们选择。但是，租金标准却与传统店铺基本一致，每部电影起价 4 美元，甚至也制定了迟还罚金制度，跟哈斯廷斯当初从中获得灵感的麻烦事没什么两样。为了吸引眼球，这家新成立的小公司还想方设法地贩卖其他零售商拿不到的“热门产品”，如近期演唱会的预售票、娱乐海报和其他一些小商品。

客户听说这家公司的经营业务后，基本都没什么反应。此时，奈飞的情况的确比传统的影片租赁店面要好一些，不过也没好到哪去。若想要人们走出以往形成的固定习惯，开始实践一种新型消费方式，需要更大的魔力才能实现。

哈斯廷斯很快就了解到了这个现实。在随后的几个月里，公司进行了多次改革，**如此频繁的探索与尝试，恰恰真实地反映出了需求创造的复杂程度。**

哈斯廷斯改变了奈飞的经营模式。无论你看多少部电影，只收取一份注册费用，同时还取消了迟还罚金，与影片产品无关的零七八碎也全部下架。这些下架产品虽然帮助公司提高了一点知名度，却在无形间伤害到了客户对主流产品的需求。哈斯廷斯投资购买了大量影片，以此解决电影租赁业最棘手的问题——在当地的租赁店里找不到你想看的那部电影。此外，他也对多种定价系统和不同的价格等级进行了尝试。

最重要的是，哈斯廷斯开创了奈飞一直延续至今的传统：除非通过了充分的测试、数字核对、测试、再测试，否则绝不做任何不可逆转的事情。哈斯廷斯特别喜欢通过临床实验的方式来检验新点子新想法，看看哪个思路可行，好处在哪里。正因如此，那些熟悉奈飞的人士会说，这是“一家由计算机科学家经营的娱乐公司”。

几十次重新设计之后，哈斯廷斯终于找到了理想的商业模式，与今天的奈飞已经十分接近，它以富有魔力、好玩好用的产品激起了源源不断的巨大需求。

然而，2001 年时，这条需求的河流尚处在枯水期，充其量不过是条小溪而已。那时，奈飞全国范围内的注册用户还不到 50 万。虽然对于一家新公司来说，能达到这个数字已经是十分值得肯定的成就了，但从整体来看，与美国 1.3 亿电影消费家庭这个数字相比，50 万就太微不足道了。而且，在传统电影租赁公司百视达 51 亿美元的营业额面前，奈飞 7 600 万美元的收入也相形见绌。

哈斯廷斯深信，奈飞的产品更加便捷、更为廉价、几乎不会为客户带来任何麻烦，因此比百视达的产品要好。他那并不算庞大的客户群十分喜欢网站的服务，调查也显示，大量潜在客户都听说过奈飞。但即使这样，增长还是十分缓慢。原因究竟何在？

很多希望创造出需求的人都认为，客户需要的就是一个富有魔力的产品。而事实并非如此。如果与客户深入交流，我们就能明白这个道理：人们的购买决定在很大程度上受控于惯性、疑虑、懒惰、习惯和冷漠。这就是为什么当我们听说了一个十分优秀的新产品，而并不一定会购买；就算真的购买，常常也是在几个月甚至几年之后。虽然魔力能吸引到我们的注意力，但却需要一个具体的、能让人采取切实行动的激发力，才能让我们真正把产品买回家。

对于 2001 年的奈飞来说，解决这个问题尤为紧迫。奈飞团队深知，若想创造并控制在线 DVD 租赁的需求流，他们能利用的时间不多了。全世界，包括成千上万的创业者，都在紧盯着互联网巨大的革命性力量。哈斯廷斯明白，聪明人多得是，他肯定不是唯一一个想到利用互联网实现电影租赁的人。如果他不能及时让奈飞发展壮大，那么注定会有别的什么人杀将出来，把同样的服务做得更好更强，迅速抢占市场。事实上，五花八门的在线电影租赁网站此时已经开始浮出水面，DVD 一夜（DVDovernight）、绿色电影（GreenCine）、DVD 大道（DVDAvenue）、DVD 租借处（Rent DVD Here）、租赁动漫（RentAnime）、净影（Clean Flicks）等都是奈飞当时的竞争对手。

更为严峻的一个问题是，哈斯廷斯认为，最终一定会有一家拥有雄厚财力和丰富经验的大公司看到同样的机遇，凭借其在娱乐业、零售业或网购业极富影响力的品牌大举进军。他做好了充分的心理准备，想着不知道哪一天就会在报纸头条看到这样一则新闻：百视达投资 5 亿美元，入主在线电影租赁业。然后奈飞的小小梦想也就随之灰飞烟灭。或者，就算不是百视达，也会是亚马逊，要不就是沃尔玛、苹果、迪士尼……

哈斯廷斯此时唯一的希望，就是悄悄地、偷偷地、快快地让奈飞成长起来。只有这样，当大鳄们决定在在线电影租赁的商机上下点工夫时，奈飞才能做到占尽先机。**在奈飞看来，缓慢而稳定的成长，根本就无法接受。**

找到打开需求的阀门

为什么没有更多的人注册成为网站用户呢？这个问题一直困扰着哈斯廷斯和他的团队。

那么，湾区究竟有何不同之处？与波士顿、芝加哥和迈阿密相比，奈飞的产品为什么会在这里具有更加强大的魔力？

需求的力量

奈飞的 7 位主要领导人（其中很多人至今还在这家公司工作）利用他们强大的分析能力，通过现有客户数据作为寻找答案的起点。其中一项反常数据激起了他们的兴趣和希望。奈飞在旧金山湾区的渗透率（2.6% 的家庭）是全国所有地区中最高的。如果他们能在美国各地都获得同样的注册率，那么，用户人数将超过 270 万人，是现在的 5 倍。

管理层的每位成员都有自己的一套理论。

有人说，“我们的总部就在湾区。可能我们的员工经常跟人说起奈飞，然后他们的朋友和邻居就会来注册。”（这种说法似乎不太合乎常理。因为当时在奈飞工作的人还太少，不可能产生这么大的影响力。）

有人说，“湾区全是高科技人才。他们懂得如何利用互联网，也愿意在网上购物。”（其他一些地区也有技术型人才大量聚集，但那些地方却没有人对奈飞趋之若鹜。）

有人说，“湾区是个比较富裕的地方。说实话，奈飞是个奢侈品，而不是生活必需品。也许，有钱没处花的人才愿意在电影上消费。”（说的没错。但是，在纽约、波士顿和其他一些美国城市中也有很多有钱人，他们却对奈飞提不起兴趣来。）

有人说，“也许是因为湾区在加州的原因。这里是电影业的故乡！我敢肯定，这个地区有很多的电影爱好者。”（基于这样一个逻辑，洛杉矶应该是奈飞最大的市场才对，可事实上却落后旧金山一大截。）

终于，哈斯廷斯站了出来，终止了这场争论。“别再高谈阔论了。”他宣布，“还是着手做些研究吧。”于是，奈飞展开了一场大规模的调查工作，就美国多个城市的现有客户和普通人群对奈飞的态度进行了详尽的分析，目标是深入了解公司产品在湾区更具魔力的具体原因。调查结果揭幕的那一天，奈飞仿佛看到了一盏明灯。

湾区客户的有效问卷显示，与其他地区相比，这一地区有且只有一个不同之处。这是个重大发现，仅凭这一点，就完全可以解释注册率的差异问题。**湾区几乎所有奈飞用户都反映，收到影片的速度很快，而其他地区的用户却没有这种体验。**

这个启示一下子点醒了奈飞的管理层。**真正的差异竟是如此不易察觉。**原来，当地负责邮寄DVD的配送中心就在湾区里面！所以，对于住在奥克兰、圣拉斐尔和帕罗奥图的客户来说，如果周一早上把看完的电影通过邮寄的方式还回奈飞的话，那么周二就能送达公司仓库。客户预订的下一部电影会在同一天寄出，周三抵达客户家。周转一圈还不到48小时。

相比之下，住在纽黑文、巴尔的摩和西雅图的客户，就要等上四天、五天，甚至六天的时间，才能拿到新电影。在这段时间里，客户会渐渐淡忘奈飞，因为根本无从得知哪天才能收到预订的新电影。

高效便捷的第二天送达服务就是让客户兴奋起来的关键点。人们在把看完的电影投进邮箱的那一刻，就开始期待下一部电影的送达，而且还向他们的朋友、家人和邻居推荐奈飞快速可靠的服务。而五六天周转一次的电影递送服务却得不到客户的认同。

随后发生的事情真实的反映出了哈斯廷斯这位需求创造者的成功潜质。他在意识到令人震惊的事实的那一刻，就决定为此采取行动。

现实多少有些讽刺意味。奈飞的成立，是仰仗了两项重大的技术突破——互联网和DVD镭射碟片，以及由聪明绝顶的程序员团队开发的优秀软件。这家公司可谓是高科技界的典型产物。然而，让公司领导为之震惊而懊恼的是，成功背后的秘密武器，竟然是200年前由本杰明·富兰克林创造、一直由政府员工经营的低技术含量的投递系统——美国邮政局。

2002年1月21日，奈飞的第二家配送中心开张了。这家中心位于加州洛杉矶南部的圣安娜。2月，位于麻省波士顿西部伍斯特的第三家中心紧跟着也开门营业了。随后的几周时间，哈斯廷斯及其团队密切观察了洛杉矶和波士顿的注册情况，发现用户人数稳定攀升，直逼湾区双倍于正常值的注册率。这些地区的奈飞用户发现，他们竟然可以在短短48小时之内收到新电影，于是纷纷转告朋友和邻居，而后朋友和邻居也相继加入奈飞。

这是对于用户数量的上升唯一合理的解释。因为奈飞始终怀着科学探究的态度，刻意不采用本地广告和促销手段，以免影响对效果的判断。

一年之内，又有9家配送中心开业了。2003年，继而新增12家。每个开设新配送中心的地区，注册用户数都会立刻翻番。一个接一个城市仿佛打开了阀门，对奈飞来说，**需求就像打火钥匙发动汽车一样，在激发力的驱使下，一拧就着。**

截至2010年年末，奈飞旗下共有56家配送中心，绝大多数的美国人都可以享受到影片第二天送达的服务。如今，奈飞用户已达2 000万。从这个数字中我们可以看出，哈斯廷斯团队这部创造需求的发动机还有广阔的发展空间，可以加大马力向前冲。

早在2001年以前，哈斯廷斯及其团队就已经创造出了魔力产品，这是新需求创造的首个关键元素。然而，单凭一个魔力产品是远远不够的。2001年那时缺少的，正是需求的激发力。**而这一激发力正是商业设计中至关重要的环节，它可以让冷淡的骑墙派变得热情，并最终心甘情愿地成为这一魔力产品的客户。**

其实，我们早就见证了激发力的效果。还记得密度是如何帮助Zipcar成为家喻户晓的租车公司的吗？图书的即时访问又是如何让Kindle远远超越竞争对手的？正是这些激发力打开了需求的阀门。同样，**递送速度也是奈飞关键的激发力，有了它，才有了不断增长的需求。**

我们每个人都亲身感受过需求激发力的巨大力量。回忆一下你最近购买的一件优质产品。请思考：在你第一次听说这个产品之后，过了多久，你才最终决定拿出钞票或信用卡，把这件产品带回家？

听说过一件产品，与实际购买这件产品之间的差距，就是需求激发力。激发力通过使客户克服旧有的惯性，同时强化产品的魔力来发挥作用。

某些激发力把重点放在了强化魔力产品的具体功能上。例如，提高产品价格、使产品在使用上更为方便、或更加易于订制。另一些激发力旨在引起消费者的情感共鸣：绝妙的广告、推广、促销手段，或是口口相传的营销活动都可以达到这样的效果。

有些激发力通过为消费者提供亲自测试产品性能的机会来提高购买率，例如赠送样品、免费试用或打折会员制等。为产品的魔力带来持续影响的激发力，要比那些一带而过的激发力更为强大。奈飞超快速的影片送达服务就是前者的典型代表。

魔力产品本身十分珍贵而美好，但若没有激发力，就算魔力再强，也未必能吸引到多少需求。这就是为什么我们要努力去寻找一个激发力，甚至是两三个不同的激发力。所有关于需求创造的故事，激发力都是其中最精彩的亮点。

以独树一帜为目标的模仿

话说哈斯廷斯和他的奈飞团队在2001年悟到第二天送达服务的真谛时，已经在这条路上洒下了整整三年的汗水。正是因为之前辛勤工作的积累，这一激发力才能有其发挥力量的机会和平台。正如Zipcar、Kindle和利乐公司的故事一样，奈飞的传奇真实的反映出了创造需求的难度。每一个成功的需求创造团队背后，都隐藏着太多不为人知的高明招数。

哈斯廷斯在成立并发展纯软件公司的过程中，积累了丰富的经验。他喜欢这样说，“我上一个公司做得很平庸，但却从中获得了一笔宝贵的财富。”纯软件从10个人成长到一家拥有640位雇员的公司后，“我发现自己力不从心了。”他失去了自信，甚至主动请求董事会炒他的鱿鱼。1996年卖掉公司后，他从心底里感到一种解脱。之后的一段时间，他沉下心来，总结经验、吸取教训，为下一次创业积聚力量。

哈斯廷斯学到的教训之一，就是要利用外界资源来创造背景因素，而不能一切只靠自己，从无到有地打造自己这款产品所需的背景因素。追求变幻莫测的新需求的过程中，你永远不可能拥有足够的时间、金钱、天赋或情感能量，为自己的产品备齐所有繁冗琐碎的背景因素细节。白费力气重复前人完成的工作，并为此投入宝贵的资源，无异于自掘坟墓。

因此，哈斯廷斯和他的团队没有想着去设计建设自有的递送设施（就像零售商投资房地产，建设成百上千处实体零售店那样），而是专注于思考如何有效地利用已经存在的递送设施。这就是最终引出基本需求激发力的递送系统——美国邮政局。

但是，实践证明，走街串巷的邮递员手提肩扛的递送方式，也存在着诸多难点。里德·哈斯廷斯做了个小实验，将一批CD光盘通过邮寄的方式发了出去，结果显示，只有一家本地邮局，在一种特定情况下，才能安全无损的完成光盘的递送工作。而从怀俄明和阿拉斯加的乡间小栈，到利用技术含量不等的各式大型机器设备分拣着大量信件包裹的城市邮件处理中心，美国各地的邮局在规模和水平上又有着参差不齐的差别。奈飞若想为全国各地的客户提供服务，就要与所有的邮局建立合作关系，同时还要尽量降低邮递过程中对电影碟片造成的损伤。

想象一下，假设你是个热情的电影爱好者，刚刚成为奈飞会员。到底要几份满是灰尘、磨损不堪的碟片，才能让你对奈飞的服务失去信心？一份？两份？估计不会再多了。

吉姆·库克（Jim Cook）是早期加入奈飞团队的成员之一。他回忆说：

为了搞明白邮局内部的运营机制，我在几家大型区域性邮政中心花了几百个小时的时间进行观察，提出了无数的问题。

我发现，邮件是通过几台高速旋转的圆桶进行分拣的。这些“野蛮”的大铁桶每小时的确可以处理4万多份标准尺寸的信件，但脆弱的塑料DVD碟片肯定不能完好无损地通过这样的分拣过程。我的心一下子沉了下来，觉得我们的商业计划不可能成为现实。但随后，我注意到了还有一种专门分拣杂志和其他大件“扁平邮件”的传送带。可我如何才能确保我们的邮件能用上这样的传送带，而不是滚筒式设备进行分拣呢？

于是，奈飞开始设计一款能自动进入扁平邮件分拣系统的特殊独创信封。同时，这款信封还要能保护好 DVD 碟片的安全，防止进入清除装置，并附带上一个已付邮资的回邮信封，便于奈飞库房的员工在拆封时不会划伤或漏掉信封内的碟片。而且，这款信封还要尽量轻便，因为每加一点重量，就意味着公司要为此多付一笔邮资。

信封实验的过程是漫长而曲折的。刚开始的时候，曾分别尝试过纸质、硬纸板和塑料质地的信封设计。（塑料信封很快就被枪毙了，因为无法回收利用。）有些信封设计有泡沫结构，用来包裹并保护 DVD 碟片。（这个点子也被枪毙了，因为太重。）有些设计成密封形式，这就意味着在空运时会充气膨胀。（于是增加了一个小气囊。）有些设计需要用户撕下一张贴纸，才能看到奈飞的回邮地址。（太复杂。）其中一款设计，用户指南包括了多达 8 个要点，76 个字。

针对邮寄信封的设计工作，奈飞重复修改了数十次，才最终得到了完美的成果。设计过程中，总是会有一个接一个新奇的小发现，譬如将里面的回邮地址颠倒过来印刷，就可以让用户使用起来更有效率。最后，他们设计出了一款轻便而坚固的纸质信封，内部配有一个挡板，可以起到保护和牢固碟片的作用；信封上设计有一个透明的小窗口，可以在不打开信封的情况下读取 DVD 上的条形码；甚至还在信封上留有付费广告的空间。**最终胜出的信封，设计简洁、大胆、抓人眼球。最重要的是，这款信封能够装载着碟片穿越千难万险的邮局设备，而损坏率却远远低于 1%。**

就算你不是奈飞的会员，也可能会很熟悉这款信封的外观。那是一种独一无二的亮红色，在很多邮局中，这款信封都要占据每日邮递量的四分之一。奈飞每年的邮寄成本高达 5 亿美元，成为了美国邮政局业务收支预算中很重要的组成部分。

150 种信封设计，听起来也许有些过于细致了。但正是因为奈飞设计团队对每个小细节的执迷，才能去化解用户面临的每一个小麻烦，哪怕是微不足道的一点点改善，也要做到。

需求的力量

将用户打开信封的时间减少 3 秒钟，或将 DVD 碟片在途中受到损伤的概率从 0.08% 降至 0.06%，也许算不上什么了不起的成绩。但将这些数字与上百万的用户基数和上亿份邮递次数相乘，就能看到奈飞会员从中获得的巨大利益。

同时，哈斯廷斯与团队还要应对众多其他方面的细节问题，为奈飞产品赋予真正的魔力。我们发现，这样的执著在伟大的需求创造者身上十分常见。**在需要创新精神的时候，他们发挥出强大的创新力，而在需要模仿的时候，他们也能做到随时照搬。**

经过几个月的实验，这支由直邮执行专家、机械工程师和软件开发人员组成的团队，以独特的高速光学扫描机为基础，创造出了一套优越的配送系统，每天可以分拣并派送出几百万份 DVD 碟片，错误率极低。在加州菲蒙的配送中心参观时，我们和很多有幸亲临奈飞基地的人一样，因巨大的碟片数量和无与伦比的高效率而瞠目结舌。其系统具有空前的规模和复杂性，仅凭这套系统的存在，就足以令试图投放竞争性业务的公司望而却步。

为了避免浪费掉宝贵的经济资源和创造力，哈斯廷斯没有抱着从头开始的心态来设计网站，而是在仔细研究了亚马逊的网站之后，做出了一个相似度在90%以上的模仿版。奈飞直接照搬了亚马逊的导航系统，产品和选项位置，搜索工具，用户评论和专家介绍的内容，甚至连帮助网页快速下载的低分辨率封面小图都不放过。

我们姑且称这种策略为“以独树一帜为目标的模仿”。当然，模仿的手段要运用得恰到好处。新型业务设计的核心是无法通过模仿得来的。在奈飞的例子中，业务核心就是“通过互联网和邮寄途径提供的可靠、方便、廉价的电影租赁”，而独特的网站设计并不在这一定义的范围之内。伟大的需求创造者与很多优秀的艺术家和作家一样，都会去大胆地模仿一些细枝末节，并将自身的独创性集中在重要的大事上来。

为了实现快速而低调的发展，哈斯廷斯充分利用了病毒营销和口口相传的推广方式，而没有一掷千金地砸广告。他也找到了营销方面的合作伙伴，帮助奈飞提高注册会员数量。索尼、东芝、松下三家公司占据了美国DVD播放机市场的85%。哈斯廷斯与这三家公司达成协议，为每台售出的DVD播放机附赠一个免费的奈飞试用账号。

正常的情况下，制造商都不愿达成这类协议。“但当时，”库克解释说，“这些DVD播放机制造商很害怕会重蹈Betamax镭射影碟机的失败命运。”于是，制造商们欣然接纳奈飞的提议，在用户购买机器时，提供10部免费的租赁电影。利用同一体系中其他组织的营销力量，创造出符合自身的背景因素生态系统，不仅极大地扩展了奈飞的客户基础，而且还解放出了宝贵的资源，以便应对其他方面的挑战。

为了解决一个接一个电影租赁过程中的麻烦，奈飞不断地对产品进行改善。而伟大的需求创造者总会不断的自我反省这样一个问题；为了帮客户将所有的背景因素联系在一起，我们还能做些什么？从提高产品价值的角度出发，奈飞不仅提供影片的租赁，而且还设计了个性化的服务排列，包括电影选择、电影预览、评论家的观点、新影片的提前预订等。

然而，为奈飞产品带来最强大提升力的，还要算是 Cinematch 推荐引擎。在这方面，哈斯廷斯再次借鉴了全世界领先在线零售商亚马逊的经验。在基于算法的产品推荐的理念上，亚马逊堪称先锋。基于用户以往的评分行为（平均每位奈飞会员都给超过 200 部电影评过分），Cinematch 能预测出用户对某一部具体电影的评分情况。这套系统十分受欢迎，60% 的奈飞用户都会在 Cinematch 每天给出的上亿份推荐的基础之上挑选电影。

推荐引擎加上个性化的排列系统，目标直指传统电影租赁业中一个十分令人头痛的麻烦——周五晚上在租赁店的各条走廊徘徊良久，却始终选不出自己想看的电影。在 Cinematch 个性化推荐的帮助下，只要创造出了自己的奈飞排列，就会有一份随时可供调用的电影列表，其中有 10 部、20 部甚至更多按你偏好专门定制的电影，供你选择。只要下了订单，这部电影就会立刻踏上前往你家邮箱的旅程。

随着时间一天天过去，哈斯廷斯和他的团队也在不断地优化和改进他们的产品，不断从错误中吸取教训，总结经验，并不断寻找机会，以求进一步改善客户面临的麻烦地图。

譬如，奈飞曾经聘用过一些员工，专门从事 DVD 碟片的质量排查工作。DVD 被会员寄回之后，这些员工会在视频显示器上进行高速回放，以查找磨损和其他可能降低观赏质量的问题。后来，公司发现，有一种电子扫描设备，可以自动完成这项工作，同时保证更高的准确性。于是，之前的那套视频显示器系统便被淘汰了。

随着周遭境遇的不断变化，可以需要对产品进行改进，才能满足人们不断提升的期望值。面对这样的事实，哈斯廷斯和他的团队有着与生俱来的深刻理解。他们展开思路，详加分析，用高强度的方式去研究瞬息万变的客户形态。每天，奈飞都要进行平均约200次调查和用户访谈，包括在线、电话、电子邮件和现场调查员的登门入户研究等等。奈飞的员工承担起了“媒体人类学家”的角色，他们会与用户坐在一起共同观看电影和电视节目，并随时观察用户的行为。他们何时、如何按下暂停键？他们将遥控器放在哪里？他们何时、为何结束观看？随后，奈飞遍及全国的办公室会定期举行客户焦点小组的活动。活动过程中，不仅营销专员需要参加，而且为了解决活动中研究得出的客户问题，负责编写软件代码的工程师也要参加。还有各种例行的客户调查，譬如向会员发送电子邮件，询问最近一部影片是在几天之内收到的（奈飞每天都要发送数十万封这样的邮件）。当出现事关紧急的问题时，奈飞能在24小时之内完成调查工作，并立刻拿到关于会员状态的反馈意见。

奈飞的员工总是会将哈斯廷斯的工程师背景与公司对细节的极度关注联系在一起。“纯软件公司的产品，就是寻找其他软件bug的软件。”其中一位员工这样告诉我们，“这就是哈斯廷斯的总体出发点——在别人觉得挺好的地方挑毛病。”正是这样的思维方式，让公司在面对DVD碟片磨损和标注错误等问题时，能将错误率压低到1%以下，然后继续下压到0.1%，继而下降到0.01%……每一次这样的下调，都意味着又解决掉了一些客户面临的麻烦。

竞争鏖战，不断给激发力续航

在哈斯廷斯和团队埋头苦干，业务蒸蒸日上之时，竞争对手们又在做什么呢？

答案是，什么也没做。这样的答案或许有些令人震惊。几个月过去了。眨眼间，几年就这样过去了。奈飞不断成长，一开始进展缓慢，但在发现了邮递速度的激发力之后，便呈现出越来越迅猛的成长势头。百视达没有反应。沃尔玛、苹果、各大电影制片公司，以及其他大型媒体公司都没有反应。奈飞发现的新需求，在最具威胁的竞争对手看来，却仿佛视而不见。

奈飞成立后整整4年的时间里，百视达等业内大型企业中，没有一家采取了任何回应措施。直到2003年，沃尔玛才终于设立了基于网络的自有电影租赁服务，奈飞的股价因此应声下跌。关于这家世界上最大的公司，随便一条新闻就能让竞争对手不寒而栗。谁成想，到了2005年，沃尔玛竟主动退出了电影租赁业，将自己毫不起眼的注册用户群转让给了奈飞。

同一年，也就是奈飞成立58个月之后，百视达大举进军，加入了这场鏖战。相比之下，百视达邮递服务价格更低，影片数量也更多（25 000 ： 20 000）。奈飞股价再次大幅下跌。

但是，奈飞采取了快速果断的回应策略，仿佛早就在等待着这一天的到来。公司迅速降低了产品价格，与百视达持平，同时还快速增加了影片储备。到了2005年年底，奈飞的影片数量已经比百视达多得多，并一直将这一优势维持到今天。同时，公司加快了改进推荐引擎的步伐。

百视达也不会坐以待毙。在线业务的开发和推广工作上，百视达一掷千金，投入了 5 亿美元。一开始，百视达将两类业务完全分开，彼此独立。这一策略看起来多少有些奇怪，因为公司并没有利用上自己最大的潜在优势——规模巨大的实体连锁店。但是，到了 2007 年年初，百视达一改以往的策略，宣布推出一个名为“全接入”（Total Access）的新项目，将在线服务与实体店面联系在了一起。百视达的邮递服务客户，现在可以将看完的光盘还回任意一家百视达店面，更换一张免费电影，同时还能接着通过邮递的方式收到下一部在线订阅的电影。

> 这项服务很有吸引力，也是百视达多年来头一次推出的新型魔力产品。2007 年第二季度，是奈飞历史上唯一出现注册用户量下降现象的时期。原因就是人们投向了百视达的怀抱。曾经一度，哈斯廷斯最恐惧的噩梦，也就是百视达的崛起，仿佛真的成为了现实。

但是，“全接入”服务给百视达造成了两个大难题。一个难题是，很多特许经营的连锁店主都不愿参与到这个项目中来。另一个难题是，“全接入”服务包含了太多的免费赠送影片，每多一个注册用户，就意味着多亏一份钱。

哈斯廷斯和团队一起对百视达的数据进行了研究，很快便意识到，百视达的旗开得胜不过是昙花一现，没有持续下去的动力。于是，奈飞决定继续按原计划发展，不断提升自身的产品质量，并默默期待着百视达早一些走上穷途末路。

没过几个月，这场鏖战的输赢便成定局。

到了 2007 年中期，百视达决定彻底改变“全接入”服务的规划，来应对财务压力和特许经销商的抱怨。公司提高了租影价格，大幅减少了免费更换影片的数量，并将门店归还影片从免费改成了收费。新版的“全接入”服务为用户提供的选择颇为别扭，从一个月 8.99 美元，一次租一盘，纯邮寄式服务，到一个月 17.99 美元，一次租 3 盘，每月在门店换 5 盘的邮寄与店面两用服务；两类价格之间还有其他几种选择。很多用户都被新版服务搞得一头雾水，丝毫没有因为服务改版而产生任何热情或动力。消费评论网站 Gizmodo 对百视达服务的变更进行了分析，并总结道，“我们要感谢百视达，因为有了你，我们只能推荐奈飞的服务了。”

需求的力量

在尘埃落定之后，我们再去审视在线电影租赁业，可以发现，奈飞领先百视达的态势不降反增。奈飞再一次获得了注册用户数的回升。截至 2008 年年底，奈飞的市值（通过流通股的总值计算）已是百视达的 10 倍。到了 2010 年，百视达宣布破产。2011 年，百视达的商业资产被拍卖。

永远站在第一批找到答案者的行列中

运转顺畅的奈飞如今已拥有杰出的商业设计，一款超魔力产品，还有超过 2 000 万名注册会员。而且，会员们还都在迫不及待地向朋友讲述奈飞的故事。但是，哈斯廷斯和他的团队，早已将关注点转移到了下一个问题上。

DVD 技术就像之前的家用录像系统（VHS）一样，生存期有限。下一代观影方式，重点落在电影下载和网络视频上。随着时间的发展，奈飞依靠美国邮政系统建立起来的高效率邮递系统，将会慢慢过时。而随着游戏规则的改变，奈飞的身手是否足够敏捷，以先于用户一步、先于竞争对手两步的姿态，继续跑在潮流的最前方？如今，这个问题的答案正在慢慢浮出水面。

早在 2008 年，奈飞就开始悄悄为流媒体革命做准备。到了 2009 年中期，奈飞提供的流媒体，已经通过个人电脑、Xbox360、索尼 PlayStation3 游戏机、三星和 LG 蓝光影碟机，以及像 TiVo 和 Roku（奈飞的分属公司）这样的视频专用设备，直通 300 万户家庭。2010 年，更多的设备又加入到了奈飞流媒体播放的行列中来，包括任天堂 Wii、苹果 iPhone、iPod touch、iPad，还有苹果 TV。到了 2010 年年底，奈飞已经涵盖了 200 种设备，为 1 000 万名注册会员提供服务。

哈斯廷斯和他的团队并没有准备放弃 DVD 和邮递服务，而是计划用几年的时间，逐渐完成这一过渡。“奈飞计划分三步走。”公司发言人史蒂夫·斯瓦西（Steve Swasey）如是说：

第一步，就是单纯以邮递的方式将 DVD 碟片送达用户手中。在 2010 年，我们走出了第二步，将邮递 DVD 与传输到家庭电视和计算机上的流媒体服务相结合。到了第三步，就会只有流媒体一种方式，不再使用 DVD 碟片。而第三步到来的速度比我们想象得还要快。事实上，我们已经于 2010 年 9 月，在加拿大投放了完全不用 DVD 碟片的纯流媒体服务！

在未来的几年中，我们还将继续为美国的奈飞会员邮递 DVD 碟片。但是，随着奈飞逐渐的国际化，2011 年，我们计划将在其他国际市场投放纯流媒体服务。

这一过渡究竟需要多少时间才能完成，我们不好预测。但从目前的迹象看来，其发展速度比很多专家的估计还要快。（2010 年 11 月，公司在美国市场推出了纯流媒体会员套餐。）无论何时完成这一转型，奈飞都严阵以待。

流媒体需要一种全新的商业模式。在版权法的“首次销售”规定之下，任何购买 DVD 的人，都可以几乎毫无限制地进行 DVD 的销售和租赁。同样的道理，你也可以销售一本旧书，而不用向作者或出版商支付版税。但是，流媒体的销售行为，则需要与视频的所有者或创造者签订合同，达成长期的收入共享协议。

这样的变化会不会扰乱奈飞精致的商业模式中财务布局呢？不见得。随着DVD邮递量的逐渐减少，奈飞每年5亿美元的邮寄费用中，就可以挪出一部分，用来支持新的流媒体业务发展。斯瓦西说，“只要我们能削减掉一半的实体配送成本，我们就有了额外的2.5亿美元，可以支付给电影制片公司。这笔钱足够让我们成为制片公司最大的客户之一。”

哈斯廷斯和他的团队想在了前面，早就与各大电影工作室、电视台、制片公司等内容提供商培养起了多年的稳定关系。哈斯廷斯笑容中带着点坏坏的味道，他这样说道，“我们的策略，就是要给他们送去大笔钞票。”现在，从迪士尼频道、NBC、华纳兄弟、米高梅（MGM）、哥伦比亚广播公司（CBS），到福克斯、狮门影业（Lionsgate）、新线影业（New Line Cinema）和Epix频道，哈斯廷斯已经与很多影视公司达成了合作协议，集合数万部影视作品，随时供用户在线观看。

在流媒体的新世界中，也存在着新的竞争对手。譬如靠广告支持的流媒体网站Hulu和YouTube，提供按次付费点播服务的苹果和亚马逊，还有像康卡斯特（Comcast）这样的有线电视公司提供的按次付费点播服务等。而奈飞则代表着另一类截然不同的商业模式——订阅式流媒体。目前，流媒体业内的所有类型的商业模式都处于蓬勃发展的阶段，哈斯廷斯也认为，随着流媒体进入越来越多的美国家庭，这样的发展趋势还将继续下去。

这是一盘多方参与的棋局，而奈飞在即将开始的竞技中，尚处于领先位置。

- 用户身处的新型麻烦地图将呈现出何种态势？
- 关键的需求激发力又会是什么？会是宽带接入和流媒体的普及吗？如果的确是这样的话，那么奈飞就领先了竞争对手一大步，因为其产品可以通过几乎所有主要电子设备制造商的几百款产品进行播放。
- 会是高定价的独家影视作品吗？会是某种能极大提高收视体验的技术飞跃（譬如家用 3D 设备）吗？会是娱乐与社交的混合产物，让遍及世界各地的人们共同分享心仪影视明星的现场活动吗？

今天的我们，不会知道这些问题的答案，甚至连哈斯廷斯也只能猜测。但我们现在至少可以断定，他将会站在第一批找到答案的先锋行列之中。

如何将潜在需求转化为真正需求

任何两个需求创造故事都不可能相同。奈飞是一个典型的以弱胜强的故事：**创业家哈斯廷斯和他迅速崛起的团队，在行业领导巨头的眼皮底下，创造出了巨大的新型需求源泉。**

现在，让我们看向望远镜的另一端，看看一个成功的大型企业，面对一个并不适应其现有商业模式的新型需求创造思想，如何呵护着其微小的火苗并将其培养壮大的故事。这个故事有着截然不同的挑战和难点，但却有着更多令人称奇的转折。

故事始于 20 世纪 70 年代早期，位于瑞士日内瓦的巴特尔研究学会（Battelle Research Institute）的科学家开发出了一种新型单杯浓缩咖啡酿造系统的基础设计。1974 年，对这一设计进行商业化推广的授权被总部位于瑞典的雀巢公司买走。雀巢公司是全世界最大的消费包装产品经销商。之后，雀巢为此连续投资了 10

多年，指派由工程师艾瑞克·法弗雷（Eric Favre）领导的团队对这一设计进行进一步的技术开发。

到了20世纪80年代中期，这个被称为Nespresso的新型系统已开发完备。通过预湿、曝气和提取三个步骤，Nespresso咖啡酿造机通过最优化的压力和温度从咖啡豆中扩展、融化并汲取美味，从而生产出比任何其他系统更加方便清洁的美味咖啡。传统的浓缩咖啡机沉重、易坏，而且需要专业咖啡师进行操作。相比之下，Nespresso机型紧凑、质量可靠、操作简单，其独特的技术受到30份专利的保护。

> Nespresso系统为咖啡爱好者提供了诸多好处。一次一杯的酿造能力使得浓缩咖啡成为了轻松而个人化的享受。Nespresso也开发出了一系列的不同风味选择,每一种风味都由不同颜色且闪闪发光的铝质胶囊而区分。这样，女主人和她的晚餐宾客就可以享用好几种不同的咖啡了：
>
> 一人用芮斯崔朵（Ristretto），由来自拉丁美洲的纯阿拉比卡咖啡豆带来的精致口味，混合少许罗布斯特的粗犷口感；一人用卡布姬娜（Capriccio），一种令人满足的丝滑浓缩咖啡；一人用沃鲁托（Volluto），拉丁美洲咖啡豆的浓郁香醇为这一混合口味咖啡带来一种独特的优雅、细腻的芳香。对多种多样的个人客户需求予以响应，可以创造强大的需求乘数——将产品塑造成顾客眼中的完美之物，市场需求就会呈现爆炸性增长。
>
> 由于有了这些特点，即使是最挑剔的浓缩咖啡迷也认为Nespresso系统非常了不起，对它称赞不已，诸如“我头一次看到如此丰富的浓缩咖啡口味……他们每次都能做出美味的浓缩咖啡……这是制作专业级咖啡非常方便快捷的方式。”

在这里，雀巢公司貌似抓住了一个巨大的需求创造机遇：用新技术让全世界最流行的饮料制作起来如此方便，这样的创新极有可能会受到无数消费者的欢迎。然而，在Nespresso刚刚推出市场的几年中，需求总是停滞不前。这项业务好几次都险些夭折。

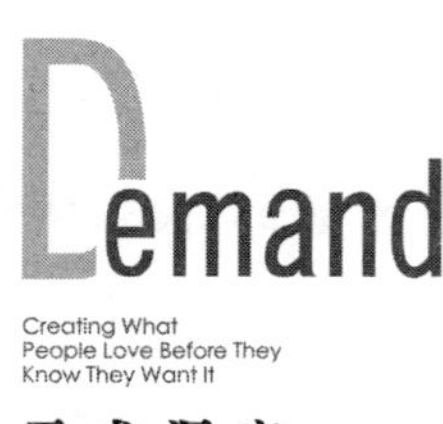

为什么需求总是停滞不前？问题究竟出在哪里？就在缺乏激发力上，更确切地说，是缺乏一系列的激发力，缺乏能够克服消费者惰性并将潜在需求转化为真正需求的激发力。后来，对这些激发力的追求，就成为了Nespresso传奇的主要发展线索。

品牌是把双刃剑

理解Nespresso发展历程的关键之一，就是要明白，在一个规模庞大的成功组织中建立全新业务所面临的特殊挑战。

当Nespresso的机会出现之时，雀巢公司已经成为全世界最优秀的公司之一，年销售额上百亿美元，有遍布80个国家的几十万名员工。正如一名观察家所言，雀巢"年复一年像瑞士钟表一样精准"地产出效益。对于这家巨大的公司来说，将Nespresso进行商业化运作的机遇，就是进入烘烤研磨（R&G）咖啡领域的一扇门。在这一领域，雀巢一直落后，仅处于第四名的位置。此外，雀巢通过其雀巢咖啡品牌，已经占领了速溶咖啡市场。由于R&G咖啡占据全世界咖啡业务的整整70%。雀巢公司的领导者一直在思考，如何才能在为这个充满盈利机会的市场中为更多的客户提供服务。而Nespresso，似乎就是这一问题的答案。

但是，实际情况有些复杂。将一个品牌建立在一部机器而不是包装食品的基础之上，这与雀巢领导层很多人士的直觉反应相悖。因为雀巢公司在家用电器行业完全没有经验，所以，在投放一款与现有商业模式并不完全匹配的产品上，雀巢公司的规模及其令人艳羡的销售记录，就成了双刃剑。公司严格的管理系统和保守风格，更适合保护和扩张现有业务，而不适合在全新的市场中进行实验。

雀巢公司当时的CEO赫尔穆特·毛赫（Helmut Maucher）深知在大型公司推行需求创新的难度。毛赫拥有超越传统的思维方式，很早就觉察到了瓶装水的巨大潜力，并在瓶装水流行趋势初起之时，就推动公司收购了巴黎水（Perrier）和维特尔（Vittel）等品牌。他意识到，**在成熟市场中创造出新的需求来源，正是雀巢公司面临的关键竞争挑战。在这个问题上，雀巢的规模、历史和文化，既是资源，也是阻碍。**

在雀巢包装系列产品的基础上增加瓶装水这样的新产品，可以很轻松地融入到公司传统的业务经营范围之中。但是Nespresso酿造技术却超越了这个范围。因此，在1986年，在Nespresso系统研发成熟，准备推向市场之时，毛赫做了一些安排，将这一新业务与雀巢公司的其他部门隔绝开来。

他为此专门成立了一家由雀巢全资拥有的独立子公司，将其保护起来，避免母公司的质疑和盈利压力。之后，他将这家子公司安置于公司总部马路对面的写字楼中，这一安排本身就发出了掷地有声的信号。负责Nespresso管理的卡米罗·帕嘉诺（Camillo Pagano）这样解释道：

> 业务的实体被挪出了总公司，这样就可以建立可信度，也不用与公司的各类规则进行抗争。在组织中，任何形式的创新都会立刻遭遇抵抗力量。像这样的小型卫星机构，可以帮助人们认识到如何用不同的方式进行业务开发。这样的附属机构提供了培训和测试人才的机会。员工在这些机构中犯错还不至于付出过于沉重的代价。

将实体安置妥当之后，这支由 8 人组成的 Nespresso 团队，在帕嘉诺和工程师法弗雷（Favre）的领导下，开始进行咖啡豆技术的商业化革新。我们可以想象他们当时的心情：脱离雀巢传统市场的束缚，以先锋的姿态闯入一个全新的行业，每个人心中都混杂着激动喜悦与紧张焦虑。

不幸的是，实验项目的结果并不尽如人意。团队实验性地将 Nespresso 咖啡机推向咖啡厅、餐厅和办公服务场所，因为这些地方对浓缩咖啡的需求量是最大的。但是，咖啡机的两大优势——紧凑小巧的结构和使用的方便性，对这些市场来说意义不大。绝大多数办公区域和餐厅厨房里，放置咖啡机的面积都绰绰有余，而且，很多咖啡师都将这种快捷方便的浓缩咖啡机视作抢饭碗的威胁。到了 1987 年，生产的咖啡机只有一半能销售出去。

当大多数大型公司面对这样的结果时，他们的直接反应一定是将这个新兴业务关闭或变卖。一家成功的包装食品公司，为什么要为一款没有通过市场检验的厨房电器是否有潜力而分神呢？可以想见，很多雀巢公司的内部人士一定早就提出了这样的问题，有些人很可能还会因为 Nespresso 享受到的特殊待遇而记恨于心。

但是，帕嘉诺坚持认为，应该再给这项新技术一次机会。他说服毛赫，再次采取了一个不寻常的举动——他于 1988 年，将盖拉德（Jean-Paul Gaillard）招至麾下，接手了 Nespresso 的管理。

雀巢公司很少从外部聘请高层管理人员。但盖拉德之前的工作，是在菲利普·莫里斯烟草王国中成功开发了一个服装品牌万宝路经典（Marlboro Classics）。帕嘉诺感觉，Nespresso 也是同样的模式—— 一家大型传统公司中“前无古人”的业务。

盖拉德不仅仅是个外部人士，他也有着外部人士直接坦率的心态。他性急、善谈，甚至有些自负，与雀巢公司在一般情况下选择雇佣的那类缄默、在政治上和人际关系上都很保守、以团队为重的雇员相比，他正好属于相反类型。同时，他还十分苛刻、顽固、任性，对于他人设计的结构和系统完全没有耐心。帕嘉诺回忆道："我们需要找到一个与雀巢管理人员行为方式不同的人。"盖拉德非常满足这条要求。

上任不久，盖拉德就确定，Nespresso 的未来存在于家庭市场之中。他向雀巢的董事会报告说，懂得品味高端咖啡、富有而讲究的主妇，定会垂爱于一套精致的家庭酿造系统。这一新定位，就需要将原本基于餐厅和办公室的中等价位战略，迅速转向高端的奢侈消费市场。而这一市场，对于雀巢来说，却又是一块从未涉足过的全新领域。

可惜，对盖拉德来说，支持他这一战略的证据却并不充分。调查数据和市场实验显示，对家用浓缩咖啡机的潜在需求十分平淡，而单一咖啡胶囊的价格如果高过 25 瑞士分（16 美分），就会将需求扼杀。然而，盖拉德的目标定价是 40 瑞士分。雀巢进行了一项测试，为 5 家高端家用电器商店提供 100 台 Nespresso 咖啡机，请商店进行大规模促销。而结果却令人十分失望：只卖出去了不到 30 台机器。

但是，盖拉德毫无退意。他花了大量的时间敲打雀巢的领导层，不断给他们讲述着大胆的预测，讲述着 Nespresso 即将引发的巨大新需求，尽管有时并不一定能得到支持。向董事会做报告时，盖拉德将市场测试数据最好的一面充分地展示了出来，遇到令人气馁的数据时则一笔带过，并且竭尽全力地强调其中的几个亮点。之后他一边内心暗自祈祷，一边指出，传真机和移动电话在早期的市场测试中，也收到了类似的失望结果。

如果雀巢的董事会成员认为Nespresso不过是与公司包装食品业务完全不相干的干扰因素，也完全可以理解。但CEO毛赫却力挺不按常规行事的盖拉德。于是，董事会成员按捺住了内心的质疑，同意支持盖拉德继续进行Nespresso的实验性推广。

盖拉德的确又得到了一次机会，去证实Nespresso的需求确实存在，正等待着他去开发。但是，对于成功的压力也是越来越沉重。

挑战传统的解决方案

Nespresso在咖啡厅、餐厅和办公室市场屡屡失意后，盖拉德和他的团队转战家庭市场。与其说这一战略源自精心设计，倒不如说是别无他选。很快，他们就意识到了其他人学到的教训——**仅凭一款创新产品，并不足以激发出大规模需求。**

这款新型咖啡机面对家庭市场的销售起步很慢，并由此导致了一系列的负面影响。绝大多数家用电器商店都不愿采购他们不熟悉的机器，即使愿意销售，也不愿库存大量各种口味的咖啡胶囊。咖啡胶囊的销售速度十分缓慢，最终，市场上供应的胶囊也变得不再新鲜。客户开始产生不满意的情绪，这进一步削弱了Nespresso的需求。如此的恶性循环几乎将Nespresso扼杀在摇篮里。

很多大公司中，抱负远大的经理人都会面临这样的危机。在对全新需求进行创造性实验与雀巢公司的保守文化之间，存在着固有的矛盾。而到此刻为止，盖拉德都非常有效地处理了这一问题。但是，如果他无法找到激发Nespresso咖啡机销售额的需求激发力，并在咖啡胶囊口味变质之前将其销售出去，那么之前的所有努力都将付之东流。

盖拉德已别无他法。他向雀巢提出了一个非正统的解决方案——向消费者进行直销。他满怀希望地说道：

> 我们让客户通过电话订购咖啡胶囊，再用邮寄的方式送货，这将是多么方便，几天之内就能在家门口收到咖啡！我们可以将这项服务命名为 Nespresso 俱乐部，客户只要购买了 Nespresso 咖啡机，就自动成为会员。

直销可以确保 Nespresso 咖啡胶囊的新鲜程度，但其本身也存在着巨大的问题。比如，负责销售、或试图销售 Nespresso 咖啡机的独立零售商不希望 Nespresso 绕开他们，因为他们担心客户会因为无法在同一家商店中购买到咖啡胶囊而放弃购买机器的想法。

更严重的是，雀巢公司在全部的发展历程中，从未直接向消费者销售过任何产品。可以想象，向一家长期取得巨大成功的大型公司推荐一种全新的商业模式，必定会引发反对意见。在这样的情况下，面对盖拉德的提案，大多数公司的管理人员都会惊慌失措："他不能在商店里像别人那样销售他的咖啡，于是就想开个俱乐部？"

但是，在盖拉德的百般劝诱和 CEO 毛赫的不断努力下，雀巢的董事会批准了直销方案。对于 Nespresso 及其拥护者来说，这是个命悬一线的时刻。如果输了这场赌注，就意味着给 Nespresso 判了死刑。

盖拉德深吸一口气，宣布 Nespresso 俱乐部正式开张营业。第一天，有 3 个人登记为会员。第二天，又多了 12 位会员。第三天，无人问津。就算是极度自信的盖拉德，也在这个时候开始有所迟疑了。

但是，随着时间慢慢发展，几周过去了，几个月过去了，会员人数开始提升。几十人，上百人，后来又达到了几千人的水平。

需求的力量

每位新会员都是Nespresso咖啡胶囊的稳定客户，每年都要订购300～400美元的产品。1990年，在Nespresso问世两年之后，俱乐部在瑞士、法国、日本和美国拥有了2 700名会员。到了1992年，Nespresso在德国、比利时、荷兰和卢森堡成立了分店。1996年，分店的触角又绵延到了西班牙、奥地利和英国。截至1996年年底，Nespresso俱乐部在全世界拥有了22万名会员。一年之后，会员人数增长到30万人，为雀巢带来了1.4亿美元的收入。

这足以让Nespresso活下去了。而且事实证明，直销模式还有一石三鸟的功效，从中受益的，有Nespresso的客户、Nespresso的管理层，还有Nespresso的账面表现。

从客户角度来看，直销模式确保了新鲜的咖啡胶囊供应和持续稳定的高服务标准。Nespresso俱乐部在48小时之内将咖啡和配件产品送达客户家中，并通过电话（后来通过网络）提供24小时信息与咨询服务。如此优质的服务，使得Nespresso客户不仅十分享受这部咖啡机及其酿造的咖啡饮品，而且还会向熟人进行推荐，由此进一步刺激了下一轮销售。这与奈飞的发展如初一辙，奈飞的新配送中心每一次缩短递送时间，就会在当地的会员中激起热情的口口相传。

在随后的几年中，Nespresso俱乐部提供的客户服务种类稳定增长。会员开始收到特别的限定版咖啡供应，半年一期的《*Nespresso*》杂志——一份装帧精美的“咖啡体验指导”，在15个国家用8种语言发行，从中还能了解到一系列精致的咖啡配件：瓷器和银质咖啡杯，咖啡碟、碗，牛奶起泡剂和加热器，清洗及除锈工具，碎冰机等。在咖啡机出故障时，公司为客户提供免费的咖啡机提取和租赁。如果记录显示客户咖啡机中的过滤器已经到了该清洗的时候，还会为客户邮寄出一套清洁工具。

需求的力量

Nespresso 仿佛在偶然之间，创造出了第一个强大的需求激发力。由于有了 Nespresso 俱乐部，客户间的口口相传成为了 Nespresso 强有力的需求创造工具。在一项针对法国 Nespresso 客户的调查中，71% 的客户选择了“我喜爱这款产品！”，是竞争对手的两倍。60% 的客户称，一月至少有一次会在交谈中赞扬 Nespresso 咖啡机。

与此同时，俱乐部为 Nespresso 管理层提供了直接接触客户、获取营销信息的机会，并能获得宝贵的客户数据流，供营销人员使用，以便进一步加强公司的需求创造工作。哪些客户购买最多的咖啡、配件、甜品和其他产品？他们的消费规律和模式如何随时间的发展而变化？他们有着怎样季节性地购买习惯？什么样的特供产品能引起他们的兴趣？通过反复咀嚼 Nespresso 俱乐部提供的数据流，雀巢的营销人员就这些问题给出答案。俱乐部也为 Nespresso 利润率的提升做出了巨大贡献。因为采取了直销的形式，免除了本来要付给零售商的利润，而高出的利润直接反映在了 Nespresso 的账面上。

也许，Nespresso 做到了最为重要的一件事，就是通过直销模式，在拥有 500 年历史的古老咖啡行业中掀起了一轮革命浪潮。就像苹果公司的 iPod 是进入 iTunes“音乐世界”的大门，亚马逊的 Kindle 是进入亚马逊在线书店“阅读世界”的大门，一部 Nespresso 咖啡机也成为了进入俱乐部会员专享的“咖啡世界”的大门。正如《金融时报》专栏作家约翰·盖普尔（John Gapper）所言：“在

Nespresso 上市之前，我从来没觉得自己会需要这样一款产品。而现在，我拥有了这款产品，而且完全离不开它了。”

找到精准的利基市场

到了 20 世纪 90 年代中期，在这项新型咖啡酿造技术发明后 20 多年，需求终于开始增长。之后，Nespresso 发现了第二个更加强大的需求激发力。

1994 年时，为了拓展新市场，Nespresso 设计了一款专门用于飞机头等舱厨房的咖啡机。后来通过实践证明，这是一次有着催化剂般效果的举动。并不是因为航空公司的这个市场有多少销售价值，而是因为这次举动帮助 Nespresso 团队认识到，品味咖啡，对其潜在客户的巨大影响力。

瑞士航空（Swissair）是首家提供 Nespresso 咖啡的航空公司。其他航空公司陆续跟随，Nespresso 咖啡机的销售量也出现了平稳上升。之间的关联显而易见。航空公司的头等舱旅客，通常都是富有、久经世故、经常旅行的人，他们正是 Nespresso 咖啡机锁定的完美客户群。很快，头等舱就不再是唯一一处可以品尝到 Nespresso 咖啡的地点。公司开始向法国、比利时和其他欧洲国家的高端餐厅销售咖啡机。公司还挑选了意见领袖，包括一些政治家和记者，向他们免费赠送咖啡机，这样，他们就能在办公室里为他们的 VIP 客人奉上 Nespresso 咖啡。如此以来，Nespresso 的销售额开始进一步提升。

给予客户机会，让他们自行尝试 Nespresso，这成为了这款产品最为强大的需求激发力，而在这一问题上，盖拉德和他的团队遇到了困难。在接下来的几年中，通过不同的形式，在不同的地点，这样的尝试机会逐渐吸引了上千名到上百万名咖啡爱好者，让他们成为了 Nespresso 客户。

在 1997 年 8 月，坏脾气的盖拉德离开了 Nespresso。一开始他去了雀巢的另一个部门，后来就彻底脱离了雀巢。他在雀巢的工作由生在荷兰的亨克·瓦克曼（Henk Kwakman）接手。瓦克曼的整个职业生涯都是在雀巢度过的。虽然与盖拉德的刚愎自用和莽撞相比，瓦克曼属于雀巢模式培养出来的典型的“严谨有序”型管理者，他却并没有削弱盖拉德开创的任何一项创新工作，而是继续对这些创新进行了推进。

赋予无限的情感能量

但是，与盖拉德不同，瓦克曼强调客户调研的价值，并将其作为制定需求创造战略的基础。上任后几个月之内，他就开展了一项研究，进一步探寻浓缩咖啡在客户心目中的意义。目标是让 Nespresso 成为咖啡爱好者自然而然的选择，并找出实现这一目标的具体步骤。这样，之前稳定却缓慢的增长就可以实现极大的提速。

在 5 个欧洲国家针对咖啡消费者的调查让 Nespresso 获得了非常重要的认识。首先，浓缩咖啡在消费者心目中有着非常强烈的情感意味。情感始于味觉的体验，理想情况下，应该是短暂而强烈的味觉冲击——用瓦克曼的话说，就是“舌尖上的探戈”。但是，情感并没有就此终结。热爱浓缩咖啡的人，还会将其与一系列非实体的事物相关联：以精致餐厅中的愉悦餐食为代表的美好生活，以及高端品位、时尚、鉴赏力和“意大利风格”。从本质上来看，浓缩咖啡是一款颇为性感的饮品，跟以每天早上一成不变的普通咖啡为代表的实用主义相比，仿佛有着一世之隔。

需求洞察

瓦克曼和他的团队开始意识到，这么多年来做了如此之多的技术工作，就是为了将这部 Nespresso 咖啡机做到完美，他们却在即将攀至顶峰之时停了下来，忘记了最后、最关键的一步——将产品情感化，抓住浓缩咖啡爱好者无法言说的期待和渴望，并将其表达出来。

研究团队继续深入挖掘。参与调查的人中，15% 说他们已经购买了浓缩咖啡机，但是其中的绝大多数都对现有的机器颇为失望。很多人购买了传统的“前 Nespresso 时代”浓缩咖啡机，而由于水压不够、咖啡上奶油质感的泡沫不丰富、咖啡本身气味不够浓郁、口味选择太少等原因，这些机器做出来的咖啡都不理想。在家中购买了浓缩咖啡机的人中，有一半已经停止使用。

最后，研究人员发现，浓缩咖啡爱好者中，只有 1% 的人听说过 Nespresso。在购买了 Nespresso 咖啡机的人中，绝大部分都很喜欢这款产品，但他们的评论之辞略显平淡。而这正反映出了这部咖啡机在消费者心目中的形象，虽然还不错，但却缺乏真正的魔力。其相对较为高昂的价格，也进一步打击了消费者的热情。很多人还提到了一个虽然很小、但却令人不快的麻烦：在咖啡酿造完成之后，移除胶囊的过程中，总会有咖啡滴到橱柜台面或地板上。

总之，调查的结果颇有些令人气馁，若想取得巨大的需求突破，Nespresso 还有很长的路要走。但是，瓦克曼却十分欣慰，甚至是有关咖啡滴溅的抱怨也丝毫没有影响他的心情。**“当你发现一个问题时，你就发现了一项新业务。”**他这样言简意赅地总结，而这正是全世界所有伟大的麻烦解决专家共同拥有的处世哲学。

基于对咖啡爱好者内心想法的观察与了解，瓦克曼和他的团队决定对 Nespresso 进行重新设计。这一过程却花费了将近两年的时间。

解决咖啡滴溅问题，是所有挑战中最简单的一个。酿造之后，自动将空胶囊排放到一个新增加的隔间里，问题就解决了。更加富有挑战的，是与电器制造商紧密合作，将咖啡机从一款传统的四方型黑盒子，转变成为有型有款、外观性感的设备——用瓦克曼的话说，就是“咖啡中的阿玛尼”。经过几个月的实验，他们设计出了一系列模型，从流线型的装饰艺术风格到金属拉丝不锈钢表层和亮色面板组成的超现代风格。借用《纽约》杂志（*New York*）的文字，“拥有像赛车一样流畅外观的机器，其设计初衷，就是为了诱惑钟爱电子设备的人群，并为老旧传统的厨房带来现代气息。”

为了进一步强化产品的魔力，瓦克曼和他的团队与设计师合作，为这一萌芽期的品牌创造出了一款更加优雅的新标识。“我是耐克的铁杆粉丝，”瓦克曼回忆道，“我非常喜爱他们将标志放在棒球帽、T恤、裤子和鞋子上面的方式，不用一遍又一遍地重复说出‘耐克’这个词，就可以起到不断强化耐克形象的作用。”新风格的N字标识，仿佛一双高跟鞋，一只落在另一只的上面。很快，新标识就出现在了咖啡机、咖啡包装，甚至杯子和勺子上。正如同香奈尔手提包上双C的标识，或是奔驰轿车上的品牌标志一样。

这些设计上的创新，是加强产品吸引力的一步重要举措。Nespresso从此便找到了曾经缺失的情感能量。

同时，瓦克曼希望让这款机器进入更大的市场，这就意味着要大幅削减价格。他与Nespresso的制造合作伙伴谈成了一笔交易，并承担了因零售价格降低而产生的一部分财务风险。事实上，瓦克曼就是在用雀巢的钱下赌注，认定这部时髦的新机器一定会畅销，从而带来产量的快速提升和制造成本的大幅下降。最终，从199美元的平民化机型到售价2 000美元、与家庭供水系统相连的多功能咖啡机，新产品系列的价格有了更多的选择。

现在，绝大多数的咖啡爱好者都能买得起 Nespresso 咖啡机了。市场很快就对此做出了反应，需求不断增长。

但是，瓦克曼的工作才刚刚开始。“在我们的重点市场上，消费者对我们品牌的认知程度还是很低。”他抱怨道，“口口相传是个缓慢的过程。我们需要找到其他办法，让 Nespresso 的理念家喻户晓。”

> 一个合理的解决办法，就是做广告。但是，Nespresso 在杂志中的广告并没有对需求产生显著的影响。瓦克曼和他的团队在重新思考广告策略时，将关注点转移到了试用上。广告是否可以用某种方式模拟出试用 Nespresso 咖啡机的机会，从而激发出消费者的购买行为，而不仅仅是对品牌的认知？

解决方案是从印刷广告转移到电视广告上。电视广告的成本的确很高，但这种媒介可以生动形象地展示出 Nespresso 咖啡机的美观、简洁、速度和优雅，而不仅仅是对其加以描述。电视广告的影响十分可观。当第一部广告在 2000 年圣诞季播放之后，需求迅速翻了几番。

用电视广告演示这种间接形式，也再一次证实了，“试用”这种方法本身就是巨大的需求激发力。

试用的魔力

对于试用的力量，瓦克曼的理解还在继续深入。他们精心策划了各种不同的方法，让咖啡机可以出现在潜在客户眼前。

他们吸引到了更多的航空公司，将 Nespresso 提供给头等舱乘客。到了 2000

年，20 家不同航空公司的 1 100 架飞机都在使用这部机器。每年，350 万名旅客有机会品尝到 Nespresso 浓郁的香气和味道。

但是，比品尝空姐制作的浓缩咖啡更好的是，让客户自己亲自尝试这部机器。Nespresso 开始与零售商展开密集合作，鼓励他们除了将这部外形美观的咖啡机展示出来之外，还要做一些其他的事情。到了 2000 年，公司向遍及欧洲和美国的零售商提供了大量的培训，教会他们如何对这部设备进行演示。Nespresso 通过向客户提问来确定目标零售商店："如果你想要购买一部浓缩咖啡机，你会去哪里购买？"得到答案之后，他们就会将这家商店列入经销商范围之内。很快，几百家零售商都开始展示这部 Nespresso 咖啡机，并向客户提供试用机会，充分表现出使用这部设备的有趣和便捷。

瓦克曼和他的团队还发现了一个十分关键的新元素，可以让试用的激发力更加有效。其实真的很简单。很多零售商都向客户演示 Nespresso 咖啡机的用法。还有一些零售商在此基础上，又向前迈进了一步：他们向客户提供 Nespresso 咖啡机酿造出来的咖啡。结果令人震惊。**针对零售商的调查显示，向客户同时提供咖啡机试用和咖啡品尝的商店，其销售额是仅展示咖啡机商店的 6 倍。**

品尝 Nespresso 咖啡，尝试使用咖啡机，这对需求的推进非常关键。这一点看起来也许再明显不过了，但却是我们事后的分析和看法。想一想，在 2007 年到 2010 年间，成百上千万人在没见过 Kindle 的情况下，购买了这部设备。在 2010 年上半年，零售店里买不到 Kindle。

对于未来的需求创造者来说，找出将骑墙派转化为客户的需求激发力，并不是通过先验逻辑的推理，也不是通过其他商业行为中的证据和迹象，而是在不断尝试的过程中，去亲眼见证事实。

有些产品并不需要试用，而另一些像 Nespresso 这样的产品，却依赖于试用。**给客户一个爱上这部机器的机会，很多人就真的会爱上它。**但是，如果没有试用，那么“什么都不会发生”。在需求的世界中，这是最令人畏惧的字眼。

试用带来的 6 倍需求激发力，打开了 Nespresso 需求的闸门。雀巢的管理人员向伊夫黎雪（Yves Rocher）等高端化妆品制造商学习，主动接触大型百货商店，并提出：“将您宝贵店面中的 20 平米给我们使用，我们将开辟一处 Nespresso 店中店。我们会派经过培训的促销员在这里提供咖啡机的演示，并提供咖啡让顾客品尝。我们自己找人，自己销售，将收入中的一部分返还给您。”

巴黎著名的老佛爷百货（Galeries Lafayette）是第一家接纳 Nespresso 的百货商店。店中 Nespresso 咖啡机的销售情况从每年 50 台增长到了 700 台。很快，欧洲的每一家大型零售连锁店都提出申请，要在店内安排自己的 Nespresso 商店。

这样的成功，直接转化成为更加非常规更加大胆的需求创造策略，并在全世界最具风格的 200 座城市中主要的商业街上展示了出来。Nespresso 零售连锁店就这样问世了。对于保守的雀巢公司来说，这又是一项史无前例的举措。

又一次，雀巢的董事会在心存疑虑的情况下接受了这一挑战。2001 年，第一家 Nespresso 精品店以实验的形式在巴黎市中心开业了。销售额大大超越原先的期望值，而瓦克曼也在复制这一理念的过程中一路绿灯。Nespresso 精品店由著名建筑师设计，运用了闪亮光滑的木材、金属和玻璃板做装饰。如今已有 200 余家，遍布在全世界最富有魅力的城市中最繁华的大街上，从苏黎世、米兰、伦敦，到东京、里约热内卢、纽约。Nespresso 精品店中的专业人员会为顾客提供购买咖啡机的建议，推荐不同的咖啡口味，还会提供与咖啡搭配的零食和点心。Nespresso 精品店，就是为人们测试机器、品尝产品而设的最具吸引力的落脚点。

在忙碌的清晨时分，巴黎香榭大道上 Nespresso 商店的顾客会排队到街角，就像窗明几净的苹果商店在热销新产品上市之时的情形一样。

需求的力量

在精品店推出之后，Nespresso 销售额出现了明显上升。2001 年时，精品店占全年销售增长的 28%，第二年占 34%，第三年 37%，第四年 42%。同一时期，苹果公司首先开设了 200 多家苹果商店，在销售上也不约而同地实现了突破。

如今，Nespresso 有条不紊地扩张着精品店网络。80% 的 Nespresso 员工都在从事与消费者直接接触的工作，也为公司提供着宝贵的客户反馈意见，帮助公司在不断变化的需求环境中持续保持领先。

现在很多旁观者都将 Nespresso 的成功归因到目前的广告项目上。公司聘请了温文尔雅的演员乔治·克鲁尼做广告，还高调赞助了“美洲杯”帆船赛和戛纳电影节。但是，2006 年投放的由克鲁尼主演的广告，并不是 Nespresso 销售增长的主要驱动力。**广告的确帮助人们认识了 Nespresso 的品牌，但真正吸引到客户的，还是遍布机舱、百货商店再到独立精品店中供人们试用的咖啡机。**

很多公司都面临一个难题，那就是如何将骑墙派转化成为客户。Nespresso 也不例外。在接受调查的客户中，有 57% 称，从听说 Nespresso 到最终购买咖啡机之间，存在一年或更长的时间。**如果没有那些强有力的需求激发力，真正的需求也许永远不会发生。**今天，差不多一半的 Nespresso 销售是由口口相传推动的，另外一半则来自于电器商店或 Nespresso 精品店的免费试用。

就像 Zipcar 的平均密度、奈飞的派送速度一样，试用成为了 Nespresso 需求上涨的关键激发力。

不同的激发力之间并不是彼此相斥的，通常还存在相互强化的作用。尤其是口口相传。这是最为有效的激发力，但也是最难创造起来的一种。有幸的是，魔力产品都拥有打动人心的故事，能激发其客户之间的谈论，增加产品魔力的激发力，同样可以刺激口口相传，促进销售，从而制造出积极的自我强化的良性循环。

Nespresso 就是这一动态现象的例证。如今，Nespresso 的新客户中，50% 来自于熟人推荐。还有什么比与朋友和家人分享一杯美味咖啡更自然呢？品尝过咖啡后，人们便会产生对这部优质咖啡机的好奇，之后，就很可能是又一笔销售。

瓦克曼用他低调的做事方式证明，比起那个以破除旧习而著名的盖拉德来，他更具创造力和勇气。他发现了为产品注入情感元素的重要性，并投入时间和精力，改善了 Nespresso 咖啡机的外型，使其在方便易用的同时，带上了品位和性感的特征。他带头成立了广告与设计项目，进一步强化了这部设备的魅力形象。最重要的是，通过开办 Nespresso 店中店，他充分利用了试用的力量，说服公司对独立式 Nespresso 精品店进行投资。这是一场风险巨大的赌博，Nespresso 的竞争对手中无人敢于尝试。而事实证明，雀巢是这场赌博的大赢家。

Nespresso 的故事告诉我们，发现需求激发力，就能将潜在需求转化为现实。但是，需求必然存在多面性，而 Nespresso 持续取得成功的一个重要因素，就是自身不断丰富的背景因素内容，这些因素综合在一起，才使得客户体验变得难以忘怀。

探索与发现，永不止步

我们已经讨论到了其中的很多元素：酿造系统背后的技术独创性：Nespresso俱乐部员工提供的高质量服务；对零售促销员进行培训，让产品试用变得有趣而触手可及等等。但是还有另外一点，反映出了雀巢在长期发展中形成的一项优秀传承，**这是致力于为 Nespresso 产品建设世界级的专属供应链。**

瓦克曼将很多功劳都归于雀巢的一位管理人员鲁博特·盖瑟尔（Rupert Gasser）。瓦克曼称他为“老咖啡人”，一位对 Nespresso 项目给予长期支持的内部人士。2000 年时，Nespresso 进入了高速成长期，盖瑟尔决定，是时候让 Nespresso 脱离母公司咖啡供应链了。他对瓦克曼说，“如果你想要开办一家艺术画廊，你终究还是要学习一点关于艺术的知识。如果你要开办咖啡精品店，那么你就要学习一点关于咖啡的知识。”

在盖瑟尔的鼓励和雀巢大笔投资的支持下，Nespresso 开始建设自己的供应基础设施。公司招聘了一些咖啡专家，对产品质量进行监管，并将他们的知识传授给 Nespresso 的营销人员和服务人员。2002 年，一家专门生产 Nespresso 咖啡胶囊的工厂在瑞士奥尔布（Orbe）开始运营。今天，Nespresso 已拥有一支实地的专家队伍。这些专家遍访巴西、哥伦比亚和西非的咖啡种植园，与经纪人和农场主见面，选择咖啡园，挑选咖啡作物。虽然 Nespresso 的需求一直在持续增长，但所有这些行动的目标，都是为了持续保证产品的超高标准。

Nespresso 的员工，谁也不愿意看到有一天，客户满怀期望的购买他们的产品，却再也感受不到那浓烈的“舌尖上的探戈”。因此，他们从未间断地对背景因素中的基础设施进行投资，确保这样的事情永远不会发生。

2002 年，瓦克曼调到了雀巢的另一个部门。接替他掌管 Nespresso 的舵手进一步将业务发展向前推进。到了2007年，Nespresso的CEO理查德·吉拉多（Richard Girardot）已经在探讨将精品店扩张到500家。

当我们问道吉拉多，Nespresso如何跟踪客户的变化时，他沉思了一刻。“我们的头等要事就是倾听。”他解释道，“我们有1 000万的客户。他们一直在与我们沟通，告诉我们，他们喜欢什么，不喜欢什么，并且不断向我们提供新思路。你要记住，我们的客户是我们最重要的销售人员。因为他们是真心在乎这款产品。”他指向手中的iPhone，说道：

> 今天，我刚刚收到客户的3封来信。这就是我们需要关注的事情。绝大多数问题的答案就在这里。我们只要认真倾听。
>
> 一直以来，从客户那边反馈过来的一个重要信息，就是他们对产品质量的钟爱。这就是为什么我的团队和我本人用了大量时间遍访全世界，寻找最好的咖啡农场，而且现在如此，将来也要如此。我们与四万位农场主建立了合作关系，但我们还一直在寻找新的农场，如果需要，还会向农场主提供帮助，帮他们完成农场建设。Nespresso的魔力，就来自于绝对最佳的咖啡来源。我们和客户一样，对质量抱有狂热的钟爱之情。

需求的力量

如今，Nespresso已成为雀巢成长最为迅速的品牌，从2005年到2010年，年平均增长率超过了30%（期间还经历了经济危机）。2009年，Nespresso的增长占据了母公司总体增长的五分之一（不包括收购品牌）。Nespresso拥有一千万俱乐部会员，是欧洲市场中单杯咖啡机的领导者。2010年4月，公司骄傲地宣布，其销售额在意大利这个“浓缩咖啡的摇篮“已经超过了Lavazza。Nespresso的年收入将近30亿美元，虽然与星巴克的100亿美元还有一定距离，但是Nespresso实际售出的咖啡杯数却比这家总部位于西雅图的咖啡连锁店要多。

现在，Nespresso 在几个领域都面临挑战。其中之一是打赢法律之战，确保一手创造的需求流不会分散。虽然 Nespresso 的设计拥有保护其专属性的专利，但是至少有两家公司都试图销售可以装入 Nespresso 咖啡机的咖啡胶囊。其中一家是 Ethical Coffee 公司，这家创业公司的领导，正是盖拉德本人。

最终结论事关紧要。Nespresso 胶囊的价格相对较低，目前单个胶囊的价格在 55 ~ 62 美分之间。但是，如果将单价与每日喝咖啡的 1 000 万 Nespresso 用户基数相乘，就会得到一个非常可观的收入流，非常值得公司为此一搏，加以保护。

Nespresso 已经准备好迎接挑战，它意识到，几十年的经验积累，以及在痛苦中磨练而成的需求激发力，为其自身提供了一系列独特的优势。“如果竞争对手想要进入这个市场，”吉拉多表示，“我会祝他们好运。不是我自命不凡，而是 Nespresso 团队 20 多年来做出的成绩，不是那么容易模仿的。”他笑着补充道，“我们的应对措施，就是不予回应。”

一直存在于 Nespresso 身边的第二个挑战，就是将成果推广到欧洲以外。更确切地说，就是在目前北美市场渺小的立足点之外扩展新的市场。虽然其他竞争对手，包括克里格（Keurig，绿山咖啡旗下）、夫拉维亚（Flavia，火星糖果王国旗下），以及意大利的 Lavazza 和意利（Illy），都先于 Nespresso 进入了美国市场，但任何一家都没有 Nespresso 如此高端的形象，也没有能与之相媲美的魔力产品。

然而，对于 Nespresso 来说，它面临的一个更大的挑战也许就是市场本身。与欧洲人不同，大多数美国人并不沉迷于浓缩咖啡，至少现在还没有。根据美国国家咖啡联合会（National Coffee Association）的数据，虽然全美 68% 的成年人每周至少饮用一次咖啡，但饮用浓缩咖啡的比例只有 8%。尽管如此，美国市场一直在快速变化，而 Nespresso 很可能成为驱动并驾驭美国未来浓缩咖啡消费量增长的力量。在过去 5 年间，Nespresso 在美国的销售额从 1 500 万美元增长到了 1.5 亿美元。

Nespresso 的发展史令人惊叹。这是一个对无人涉足的领域进行探索的故事。从某种角度来看，创造需求，不外乎就是对不可知世界的尊重、发现与重塑。Nespresso 已经多次重复了这样的工作，并将在未来继续下去。

正如瓦克曼所言："如果你在市场中以先锋的姿态推出某种产品，没有先例、没有道路可寻，在这样的情况下，关键就在于尝试。谁也不知道会发生什么。因此，你尝试的越多，发现的就越多，学习的就越快，前进的就越远。"

我们从中可以深切地体会到，虽然 Nespresso 取得了巨大的成功，但其对探索与发现的追求将永不止步。

06

关键5 45° 精进曲线

缓慢的改进就等于平庸

DEMAND

Creating What People Love Before They Know They Want It

- 以强大的 45° 角向上攀升，甩开无耻的模仿竞争者，只有快速迭代才能将创造需求的赢家与落败者区分开来的关键。
- 只有每个人都成为需求的协同创造者，才能实现真正陡峭的提升力。

需求创造大师

“为美国而教”：重塑教育，变革社会的力量

Pret A Manger 三明治：这辈子最棒的午餐

- 面对不断变化的客户，如何不断满足并超越他们心中不断提升的期望值?
- 产品在首次发布后，究竟该以怎样的速度和频率不断改进?

以强大的45° 角向上攀升

小说家，社会评论家，《美丽新世界》的作者赫胥黎有一句名言：“万事俱备并不保证成功。”在需求的世界中，我们常常见证这个道理在现实中不断重现。

对于需求创造者来说，构建起一款魔力产品是最基本的，但却并不足够，还需要了解客户的麻烦地图，找出在各种线索之间建立联系的方法，以减少麻烦，或将其完全消除。与客户构建起情感联络是非常关键的，但也不足够，还需要确定所有的背景因素都到位，这样才能确保避免“不完整产品的魔咒”。甚至以上这些做到了也还是不够，**如果你希望战胜消费者固有的惰性，并将潜在的需求能量转化为真正的需求，那么就还需要找到最强有力的激发力，并有效地对其进行部署。**

更重要的是，伟大的需求创造者都有一种直觉，他们明白，即使创造出了强大而源源不断的需求，也依然是不够的。除非你已下定决心，对产品做密集而持续的改进，面对不断变化的客户，不断满足并超越他们心中不断提升的期望值。

奥林匹克运动员年复一年的不懈训练，就为了在他们创下的纪录之上再刷新那 0.1 秒的时间，偶尔还会发明出一些新技巧，为他们所从事的体育运动带来革命性的影响，并将成绩提升到一个惊人的新水平。同样，需求创造者也是一直处在训练的状态之中，不断寻找新方法，以求变得更快更好。

产品在首次发布之后不断改进速度和频率，这个变化轨迹就可以被看成是精进曲线。精进曲线越陡峭，客户就能从中受益更多。有些产品的提升轨迹是以平坦的 5° 角向前发展的，而另一些产品则是以强大的 45° 角向上攀升。斜率越大，现有客户就会越满意，也越容易吸引到新客户。同时，还能向未来的竞争对手发出令其却步的信号：如果你想要在我们创造的需求中分一杯羹，那么仅仅生产出一款可以与我们的产品相媲美的产品是不够的，因为当你到达这一高度之时，我们已经沿着山脉向上攀升了一段路程了。

精进曲线的思维方式，常常能将需求创造领域的赢家和落败者区分开来。不久之前，Facebook 还是社交网站中的第二名，领跑者的位置还属于 MySpace。但是，新闻集团在 2005 年收购 MySpace 之后，未能在创新领域进行足够的投资，而此时，Facebook 正迎头赶上，全力冲击老大的宝座。到了 2009 年，Facebook 就已取代了 MySpace 第一的位置。如今，人们已很难想象，当年的 MySpace 竟然还与 Facebook 有过竞争。

从不懈息

哈斯廷斯为了构建陡峭的精进曲线，发起了近年来最有意思、也是最著名的一项科学挑战：设置价值 100 万美元的奈飞奖。只要能将公司的 Cinematch 电影推荐系统的准确率提升 10 个百分点，就可以拿到这笔奖金。

> 这场独一无二的比赛始于 2006 年 10 月份，吸引了超过 35 000 名来自 180 个国家的参赛者。这些参赛者背景各异，从大学、智囊团和公司研究实验室的专家团队，到像心理学家加文·波特（Gavin Potter）这样的独立思想家。波特把自己从行为经济学中总结出的见解作为基础，并与读高三的女儿艾米莉结成团队。女儿协助他完成数学的部分。波特的探索方法看起来像堂吉诃德一样不切实际，但在一段时间内，他的参赛作品甚至攀升到了总排名的第 6 位。

这场科学竞赛如同体育赛事一般生机勃勃，选手均是来自世界各地的科学家。最终，奈飞奖于 2009 年 9 月颁给了 BellKor's Pragmatic Chaos，这是一支由数学家、工程师和计算机科学家组成的 7 人团队。

在电影选择方法上做出 10% 的改进，听起来也许算不得什么。但是，提供明智而一发即中的电影推荐，成为了对客户极有价值的一项麻烦消除工具，这也成为奈飞具有如此强大魔力的关键因素。

大赛产出了一批关于电影爱好者品位和偏好的新见解。例如，某些具体电影的用户评分会随着时间的推延而出现特定的变化。人们通常会在刚刚观赏完罗宾·威廉姆斯（Robin Williams）主演的伤感电影《心灵点滴》（*Patch Adams*）之后，立刻给出很高的评分；而在经过一段时间的回味之后，却又会给出一个相比之下明显低出许多的评分。而对于复杂的心理惊悚片《记忆碎片》（*Memento*）来说，却有着截然相反的评分规律。人们在看完这部影片后的几天到几周时间内，随着复杂纠结的谜团慢慢解开，会打出越来越高的分数。

另一个发现是，绝大多数电影得到的评价，都会依据不同的分类方法出现某种逻辑关系，如流派、类型、时期和演员等。如果你喜欢上了一部约翰·韦恩（John Wayne）的西部片，那么很可能也会喜欢上第二部。但是，有几部电影却反其道而行之，比如古怪离奇的电影《我爱哈克比》（*I Love Huckabbees*）和《大人物拿破仑》（*Napoleon Dynamite*）。两部电影都得到了许多大相径庭的评价，不是赞赏有加就是深恶痛绝。而对两部电影的评价与评价者之间并不存在逻辑关系。譬如，喜欢哈克比的与喜欢拿破仑的并无关联，并且与任何其他电影的好恶都无关系。

获奖的 BellKor 团队还有一个发现，那就是奈飞用户对电影的评分，从某种程度来看，与他们评分时的心情有关。也许听起来理所当然，但是这一发现产生了微妙而有用的具体影响。当奈飞用户在网站上写下他看过的某部影片的负面评论，如果之后继续在网站上为其他电影打分，那么后续的分数很可能会较往常偏低。这种暂时的偏见被奈飞团队发现，而且学会了如何进行预测，并在系统中进行纠正。

奈飞有很好的理由去继续提升并完善电影选择的学问。每次奈飞用户收到一条误导性的推荐，他们都会觉得失望，甚至可能会因此而愤怒或觉得被侮辱。奈飞认为，10 % 的改进，其价值对于客户保留来说，远远超出 100 万美元。事实上，奈飞报告说，客户满意度和保留率已经开始攀升。

哈斯廷斯之所以拥有卓越的需求创造者素质，从奈飞奖的开设就可见一斑。他辛勤努力多年而创造出了一款魔力产品，却从未在领先于市场之时有丝毫懈怠。他和他的团队一直在不断努力，不断尝试各种方法，以求从各种维度提升客户体验。其陡峭的精进曲线角度，使得奈飞能一直维持着自身的魔力，并不断激发无数消费者彼此之间对于该款产品的对话。

麻烦地图还是机会地图?

令人称奇的是，在长期被统计数据、财务问题和政治分歧所困扰的公共教育领域，当绝大多数美国人、很多专家都认为几乎不可能在这一领域实现任何改进之时，却出现了一道值得瞩目的、坡度陡峭的精进曲线。

凭借250万美元的创业基金和一份普林斯顿大学的毕业论文，公共教育的世界中空降了一位22岁的女子——温迪·科普（Wendy Kopp）。她提出了一个十分重要的看法：**美国教育需要一种方法，来提升其平坦乏力的精进曲线。**她的工具是“为美国而教”(Teaching for America，TFA)，这个由她成立并领导的非营利组织。如今，该组织已成为教育改革运动的领跑者。在对未来美国教育非常关键的多个维度，TFA都在迅速提升自己的影响力，可以说，其精进曲线非常陡峭。

科普的故事始于1988年。当时，她正在普林斯顿读大四，从很多希望提升美国教育系统的心存志向的教师身上，看到了一幅麻烦地图：

那时，我还在毫无线索地想着给自己找个工作。我想，也许教书是个选择。于是我来到了学生就业服务办公室。他们介绍我去教师预备办公室，这个办公室每年能帮助10～20位普林斯顿大学的学生拿到教师资格证。当时，我已经来不及加入进去了，但是办公室让我去查一个文件柜，里面满是各校区的工作申请和资质需求说明。这些文件简直就是一团乱麻，是一堆相互之间不配套的、五颜六色的、充满复杂术语的材料。

绝大多数年轻人看到这样的情境，都会翻个白眼，然后将“教书”从他们未来的职业发展选择中删除。但科普却像哈斯廷斯、彭博和其他需求创造者一样，她心里明白，**一幅麻烦地图也正是一幅机会指示图**。她也明白，在很多美国顶尖大学的高材生真正想要的事业和他们被传统渠道归入的工作之间，存在着巨大的鸿沟。同样，处在“危险”之中的公共学校学生所接收的教育，与他们真正需要的教育之间，也存在着巨大的鸿沟。

在反复思考这些供需不相称的案例时，科普想出了一个点子。为什么不以美国维和部队的模式做参考，创造一支教师队伍呢？这样，她就可以绕开官僚的雇用障碍，招聘到那些愿意从事两年教育工作的大学毕业生。他们可以从富有经验的老教师那里得到集中式的、手把手的培训，然后在位于穷困乡下或城市社区中的学校得到工作机会。这些学校都非常需要年轻人才的输入，也需要每年对他们给予反馈、指导和协助，以帮助学生取得意义非凡的成绩。

科普认为，很多和她一样的同龄人，都在寻找有价值的职业选择，他们同样也会觉得这种机会非常有吸引力。因为通过这份工作，他们有机会为世界创造出真正的不同。而如果她的教师队伍能够激发并满足年轻大学生对教师职业的需求，那么，为什么这些年轻教师不能激发出美国最不受重视的学校中，学生对高质量教育的新需求呢？

科普有许多工作要做。她从各大公司专注于教育事业的款项中筹集了种子资金，雇用了一支 5 人团队，都是像她一样刚刚从大学毕业的学生，也拥有强烈的社会意识。团队在全国各地奔波，和各个大学建立联系。一年之内，他们就招聘到了 TFA 的第一批教师，总数有 500 人。经过一个暑期的强化培训，他们申请了由 TFA 指定的、需要引入新人才的学校的教师职位。他们从 1990 年秋季开始，在全国各地开始了教学工作。“为美国而教”就这样正式运转了起来。

这样的开端的确令人振奋。这也是第一个确凿的证据，证实了美国年轻的大学毕业生中，的确存在想要步入教书生涯的潜在需求，这也恰恰支持了科普最初的想法。但是，这仅仅是一个开始，甚至在 TFA 成立之前，科普就已经开始尝试精进曲线的思维方式了。她曾这样写道：“仅凭一个富有纪念意义的启动，就可以传达出我们这些努力的紧迫性和遍及全国范围的重要性。”

到了 1999 年，科普的教师招聘团队已有 10 人。到了 2010 年，组织已拥有 142 名招聘专员，他们轮流与遍及全国 350 个大学中的兼职学生代表合作。如今，TFA 招聘专员在著名大学校园中的出现频率，已经能与大型咨询公司和投资银行的招聘专员相提并论。他们也是州立大学、历史上以黑人居多的大学，以及很多其他大专院校的常客。他们与那些熟识学校中最优秀学生的教职员工、职业咨询顾问和院系主任有着紧密的联系。很少有哪位学生会领导人、黑人或拉丁裔社团领导人，或是兄弟会主席是他们不认识的。

你可能以为，TFA 之所以能吸引到申请人，是因为他们对城市教育工作的困难程度进行了轻描淡写的回避，没让申请人充分了解教育工作中冗长的工作时间、稀缺的资源、枯燥的环境，和令人气馁的“前进两步、后退一步”式教学方法。但是，事实却恰恰相反。TFA 招聘总监伊利莎·克莱普（Elissa Clapp）这样说道：

我们提供的工作机会非常富有挑战性，我们一直在努力让人们了解这一点。我们需要能不畏障碍向前推进的人，愿意花时间孜孜不倦的努力，以求在教室中看到奇迹的人。事实上，我们这里有个说法："我们的工作没有任何神奇之处，因为神奇来自于辛勤的努力。"因此，我们会将目前的队伍成员和刚刚吸收到的本校毕业生带到招聘现场，让他们向那些打算申请的学生讲述他们真实的故事。那些认为真正艰难的挑战富有吸引力的人，才是我们希望招聘的类型。

无数人都渴望迎接这样富有意义的挑战。如今，教师队伍的候选名单上，已有成千上万全美最聪明的大学高材生的名字。2011 年，有 48 000 名毕业生申请了 TFA 的 5 000 个教师职位空缺，比 2010 年时的历史记录申请人数又多出了 2 000 人。这些令人惊讶的数字，正是源于 TFA 积极的招聘方法。

需求的力量

平均 6 位申请人中，有 5 位都是在接触 TFA 之后才开始考虑教师这个职业。在几乎 40 所大专院校中，TFA 是大四毕业生的最大雇主。2010 年，常春藤盟校中有 20% 的学生申请过 TFA 的职位，其中哈佛大学有 13% 的毕业生递交了申请。在历史上曾经是黑人大学的斯贝尔曼学院（Spelman College）申请比率达 20%。

从不依赖于假设、直觉与"常识"

回首 1996 年，在 TFA 成立 6 年之后，科普曾"傲慢"地宣称，她希望 TFA 教师资格能有朝一日如同罗德奖学金（Rhodes Fellowship）一样炙手可热。如今，梦想成为了现实。一度除了科普之外无人相信真实存在的需求，已形成了燎原之势。

也许，科普之所以对她自己说服年轻人接受教书的挑战如此有信心，是因为她本身就非常热爱教育事业。科普曾经说过，“我很高兴，自己从事了如此充满激情的事业。因为20年来，我从未花过一点力气，去思考我真正想要做的事是什么。”正如大多数需求创造者一样，科普非常聪明。但更重要的是，她有一颗坚强的心，而且，她把这颗心灵完全投入到实现自己的梦想之中。她确立了TFA需要提升的三大维度：

- 申请人的素质水平；
- 授课效果；
- 美国人对教育的态度。

第一个维度是申请人的素质水平。随着TFA绝对申请人数的上升，申请人的水平也处于提升态势。2010年，教师军团成员的GPA（平均学分绩点）在3.6（总分4.0），达到了TFA历史最高点。TFA招聘范围的逐渐扩大。摆在眼前的事实证明了“年轻而聪明的美国人就是不愿意教书”的说法是错误的。

第二大维度更为重要，即授课效果的水平提升。科普年轻的教师军团为课堂和学生成绩带来的稳健提升。仅仅为全美各地存在问题的学校输入心怀理想的高材生并不足够。这些高材生需要取得成果——提升学生的平时成绩和考试分数，并加强学生在阅读、数学、科学和历史方面的水平。

为了实现这些目标，科普构建了一套系统，不断积累在课堂中真正起作用的关于教育方法的一些信息、见解和知识。众所周知，教育有着很高的重要性，但一直以来，却被当成为某种“艺术”，不可言喻、无法用语言来描述。如今，这种认识正在逐渐发生改变。TFA军团的成员在完成为期5周的高强度暑期学习之后，才能步入教室。在两年的教师生涯中，这些毕业生会全程接受培训，获得支持。

结果十分令人感慨。TFA 教师接受了美国教育有史以来最为全面的调查。从 2002 年至今，虽然调查研究结果不断变化，但近期的调查显示，TFA 军团成员比其他新任教师的工作更有成效，而在数学、科学、阅读等关键学科上，TFA 成员的教学水平可以与资深教师相媲美，虽然他们并没有诸如教师资格证、硕士学历等传统的资质，也没有上过任何教育类课程。

更加令人感慨的是，科普及其领导团队年复一年、持续不断地推动组织及其成员突飞猛进地向上攀升。记者阿曼达·雷普利（Amanda Ripley）跟踪了 TFA 史无前例的教师成效研究：

> 多年以来，TFA 一直在自身假设的基础上，测试其原创理论，不断精炼其招聘与培训项目。随着时间的发展，组织已建成一个非比寻常的实验室：在 2009—2010 年，几乎有 50 万美国孩子正在接受着 TFA 教师的教育。同时，组织还对考试成绩数据进行跟踪，其中 85% 到 90% 的学生分数都与每位老师挂钩。几乎所有这些学生都家境贫寒，是非洲裔或拉丁美洲裔。TFA 也保留着一份关于其 7 300 名教师的巨大数据库，规模相当于华盛顿教师系统的两倍。

我们将奈飞称为“由一位计算机科学家运营的娱乐公司”，而科普可不是什么计算机科学家。她本科的专业是公共和国际事务，但她同样将以数字为重的文化注入到了“为美国而教”组织之中。TFA 人才储备战略总监阿曼达·克拉福特（Amanda Craft）告诉我们，“TFA 在很大程度上接受数据的支配。每年，我们会在现实中对各种方法进行验证，并据此来修改我们的模型和流程。这样的改动一直在进行。”

将这样的思维模式应用于TFA关于教师和课堂的巨大信息数据库，从孟斐斯到新墨西哥，从费城到夏洛特，从洛杉矶东部到双子城，便成就了首个大规模客观定义优秀教师资质的项目。TFA的研究人员通过观察教师课程、对教师进行调查和访谈，教师和支持团队之间的“回顾会议”，以及旨在识别最有效的教学技巧而对学生学习数据进行的研究，来对课堂中的一举一动进行分析。

TFA的分析人员已识别出高成效教师们共有的具体行为特征。TFA学习总监史蒂芬·法尔（Steven Farr）在其著作《领袖之教》（*Teaching as Leadership*）中对这6种特征进行了描述和分析。现在，TFA教师预备、支持与开发部门的专家，正在将这些特征落实到具体的教学策略和战术里面，以便纳入到新成员的暑期培训之中。同时，这些方法也在现实课堂互动的视频中，通过红字标识展示出来，帮助TFA成员看到哪些方法能够生效，与他们自身的教学方法做对比，从而进行显著而具体的改进。**不用通过试错的办法，而是直接从最佳实践之中进行学习。**

这些发现揭示出了许多道理。正如法尔所言：“当我们看到最有成效教师的一言一行之时，我们明白，很明显，这些都是可以复制的。并不是什么魔法。我们可以对这些好方法进行描述。这就意味着，很多优秀的教师可以因此变得更加优秀。我们只不过发现了最有成效的教师与普通教师之间教学方法上的区别而已。”

同时，TFA也利用其研究成果来开发更加实用的系统，以便找到具有潜质的教师。譬如，宾夕法尼亚大学心理学教授安吉拉·李·达克沃斯（Angela Lee Duckworth）对390位TFA成员的工作进行了研究。通过一份选择题测试问卷的结果，她发现，在“坚持不懈”这个标准上得分很高的申请人，在实际工作中，其教学成果会比其他申请人高出31%。更加令人惊叹的是，在“生活知足度”上得分很高的人，工作成果要比他们的同事更加优秀，平均提高 43%。达克沃斯的研究显示，这类教师会在教室中表现出更多的热情、激情和能量，而学生们也能感受到这些正面影响。现在，TFA 会在对新申请人进行评审的时候，有意识地对"坚持不懈"精神和其他一些个性特征进行测试，而这些数据，不过是 TFA 独特的甄选模型中 30 多项数据中的几项。

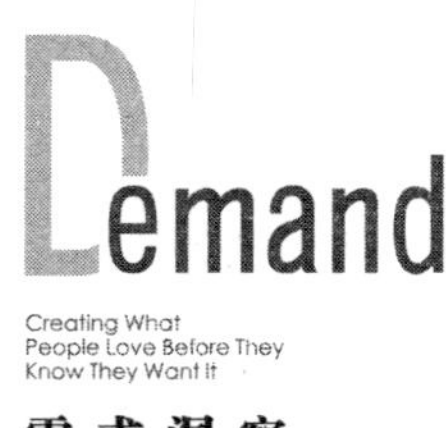

谁能想到，"生活知足度"竟然是优秀教师的一项决定性特征？然而这正是我们针对的要点：需求创造者并不依赖于假设、直觉或"常识"，他们会深入挖掘证据，跟着证据指引的方向前行。而这条路走下去，通常会发现需求正隐藏在那些始料未及的地方。

开发出衡量并提升教学成效的客观标准与技巧，是一个巨大而复杂的挑战。但是 TFA 的努力已经看到了曙光，学生成绩的标准已经开始提升。内部研究显示，在 TFA 成员教导之下，学生成绩每年都在提高，这说明，不断提升的教师甄选标准和培训方法正在产生实实在在的效果。这样不断向上的提升与进步，恰恰代表着数千名儿童在数学和阅读等学科上的进步，也代表着这些学生能更好地应对高等教育和 21 世纪职业需求的挑战。

从"我无所谓"变为"我真的想要"

然而，TFA 教师的真实故事以及他们所感动过的生命，要比冷冰冰的统计数据更加令人感慨。耶鲁大学的毕业生金润娥（Yoona Kim）已经开始了她执教的第 3 个年头。她现在在纽约西裔哈林区进行特殊学生的教学工作。一直以来，人们对这类孩子的期望就不高。但是，在润娥的班里，情况却大为不同。她这样说道："我认为，'为美国而教'很了不起的一点就在于，这个组织在一直强调作为一名教育工作者要持续提升工作成效。这就需要不断对学习数据进行评估和思考，努力了解你下一步需要教授的内容和方法。”TFA 凭借精进曲线思维，成为了一家独一无二的高成效组织，而像润娥这样的成员也学会了这样的思维方式。

TFA 创造出来的工具，对润娥和她的学生发展自身的精进曲线也起到了帮助作用：

> 在数学和阅读课程中，我做了一份 excel 表格，将我所教年级的每一个纽约州成绩标准都列了出来。成绩标准与很多因素相关，从非常关键的因素到重要性稍低的因素都有。如果某位学生没有表现出对某一标准的掌握，比如 80 分或者以上，那么表格中的这一栏就把 70 到 79 分的学生标黄，69 分及以下的学生会被标红。很快就可以将关联某一标准的表格展开，然后说，“大多数都是黄色或红色的。我要针对这一标准重新再教一遍。孩子们为什么在这个标准上成绩不好呢？也许我没能有效地进行教学工作，也许孩子们需要更多的重复性教学。也许，我要在课堂中加入控制手段，互动 SMART 板，或是思考一下纠正方法。”通过标准的利用，可以对全体学生的数据进行分析，从中你就会注意到一些规律，帮助你将不同的教学方法进行区别对待。这是 TFA 为成员提供的一个很好的思考工具。

润娥还从她的 TFA 导师和同事那里学到了很多简单却有效的方法，帮助学生投入到学习的挑战和乐趣之中。她以制定高标准作为开始：“标准的高度让学生们认为自己无法达到。但是你知道，实际上是可以达到的。你怎么知道的呢？因为你将每一步进度都筹划妥当，然后将你的计划展示给学生，让他们知道，目标是可以实现的。”

到润娥的课堂中旁听一会儿，你就会立刻明白，她是如何在每一天的教学工作中贯彻这些原则的。无论是帮助某位学生完成写作作业，还是为初级班学生介绍一个新的数学概念，润娥会一直不停地与学生在个人层面进行互动。她会快速扫视整个教室，寻找迷惑、不确定、走神、激动或理解的眼神。她以所教授的17位学生微妙的非语言反馈为基础，不断地调整课程速度、风格和结构。因此，她能感觉到，讲述的某个例子需要进一步讨论，以及在某些时候需要讲个小笑话，给出提醒、激励和友好的劝诱，才能让全班同学将精力集中在学习上。

在TFA研究人员发现的高效能教室的6项特征中，做出这类巧妙适应行为的能力也是其中之一。这些教师明白，课堂中的优秀表现，不是仅仅遵从详细完备的教案就能实现的。法尔这样解释道："教师在课堂中的优秀表现，是指在实际讲课过程中，对教学计划进行明智的调整。因为教师在备课的过程中，不可能对课堂中的实际情况做完全而彻底的准备。"

润娥认为，这样的课堂调整，对整体教学成效来说非常重要。她说："我认为，我教学工作中95%的努力，都是为了适应单个学生的需求。"在一个学年的教学过程中，她能了解到哪位学生可以通过文字最有效地吸收信息，哪位学生偏好图像和画面，而哪位学生又喜欢亲手实践的活动。她会慢慢了解到每位学生的家庭情况，并利用掌握的信息，帮助确定如何更好地与某个孩子交流。这些技巧，是许多天才教师与生俱来的本领。而TFA则帮助其成员更快、更自觉、更有效地学习并掌握这些技巧。

随着学生在技能、知识和自信上的提高，润娥会在学生发展过程中，对一些小成绩给予奖励。她的"80俱乐部"以周为单位，为拿到80分以上的学生提出表扬。进入80俱乐部的学生的名字会贴在教室墙上，每个周五班里还会举办一个小的庆祝仪式，为俱乐部的学生颁发奖状。润娥的学生还在电子杂志上发表他们的文章，并创造了他们自己的诗歌博客。这样的方式，让学生们体会到了看到自己的名字出现在刊物上的成就感，并享受着同龄人倾听欣赏自己创意作品的喜悦。

从这些活动开始，学习的浪潮便一发不可收拾。润娥说道："教书，就是将学生、他们的家庭或监护人都纳入到学习过程中来。一旦实现了这个目标，就会出现意想不到的效果。"

润娥在 TFA 的同事帕克·莱德朗梅德（Parker Rider-Longmaid）在宾夕法尼亚州教授 7 年级和 8 年级数学和科学的课程。他将这样的教学体验描述为"情感消耗"。虽然如此，他还是对不断提升自己的教学成效和课堂体验非常执著。他参加了 TFA 组织的每月一次的交流会。交流会的主要目的，就是让教师们分享教学技巧，相互借鉴彼此的教学方法。而且，他还经常与同事交换课堂笔记和教案。"我做了一份很棒的数学教案。他们也有一份很棒的科学教案。我们互相交换，这样就为彼此省下了许多时间。"

为了给他的 8 年级课堂找一个激励工具，莱德朗梅德写信给 80 所不同的大专院校，请求学校给他一面可以悬挂的校旗。12 所学校做出了回应。他将这些校旗挂在教室中，旁边还贴着学校的图画。本来，对于莱德朗梅德的学生来说，大学是个遥不可及的梦想。而这样一来，这个梦想就变得非常有形而具体。

"之后，我们利用本市最好的高中入学考试备考模式，作为准备大学入学考试的演习。"莱德朗梅德回忆说。在这个过程中，越来越多的学生开始对大学产生了不同的看法。

请思考一下 TFA 对客户思维模式的影响。家长们最初的观点是："我从学校里没学到什么，我的孩子也一样学不到什么。反正他们也上不了大学，那么上哪所中学又有什么影响呢？”很多学生对学习的热情也受到了群体压力和较低社会期望的打击，也会有着类似的想法。

但是，在润娥和莱德朗梅德这样的教师的课堂中上过几周课之后，学生和家长的态度出现了某些变化。学生开始说，“老师在乎我，跟我说话，去看我比赛，也与我的家长谈话。”家长开始说，“这不是普通的课堂体验。我在网上看到了孩子的文章，听到了他阅读诗歌的播客。我看到了孩子在计算机技能上的提高。我知道，这些都对他的将来很有用。”

不知不觉，学生和家长就跨越了一道看不见的界限——对学习的期望发生了改变。慢慢地变成了“也许我能去上大学”，而后又进一步发展成为了“我要去上大学”。一旦说出了这样的话，对“真正起作用的教育”的需求在越来越多的学生中就开始变得具体化。特别对于其中有些学生来说，这样的需求非常强烈。

从“我无所谓”转变为“我真的想要”，就是需求发生的一刻。这和消费者从“我无所谓”转变到“我想要一辆 Zipcar”“我想要奈飞”等产品一样，都是具体而有型的需求。

如今，这样的小小奇迹，每天都在全美各地的课堂中发生几百次、上千次。我们还要将这样的奇迹数量扩张到上百万，因为创造需求的密码已经被解开了。现在需要做的，就是扩大规模。

TFA 通过创造一套系统，帮助学校发现高水平教师，并利用经实践证实的方法对其加以培训，以便更好地给孩子们以激励和启迪。在这样的促进之下，

TFA 正在为第三大维度、同时也是最富挑战的维度——改变美国人对教育的态度而努力。

谁也没有教育工作者自身对美国的教育现状更加气馁。有些人放弃了问题孩子，转而去竞争在威望较高的市郊学校的工作。另一些人因平庸的学校体制无法为他们提供应有的支持而感到无助，而决定放弃追求，以事不关己的心态等着退休。还有一些人因为长期生活在法尔所谓的“低期望值烟雾”中，而变得碌碌无为：

> 有时，我们会在与人交往的过程中，呼吸到这样的烟雾。比如，TFA 教师克利斯多·布莱克（Crystal Brakke）一次在沃尔玛购物时，被一位陌生人叫住。陌生人说道，她很替布莱克女士感到惋惜，因为布莱克不得不与“那所学校的那些孩子”打交道。还有一次，一位满腹牢骚的学校管理人员抱怨，二年级教师阿莲娜·孟夫斯（Alaina Moonves）坚持要为有特殊需要的孩子用“手指绘画和木偶”的方法上课。

TFA 的研究为教师、校长和学校管理人员带来了希望。他们终于可以不再呼吸低期望值的烟雾，开始为所有的孩子建立有效的教学项目，不仅仅在 TFA 直接服务的学校，而是遍及全美国。

TFA 很多帮助教师提高教学成效的工具，都可以从公开材料和网络资源中找到。很多事实证明，全美各地越来越多的教师也开始利用这些工具来提高他们自身的教学技能。据法尔说，各地的很多学校都来请求 TFA 的帮助，来设计自身的教师招聘、评估和培训项目。盖茨基金会（Bill & Melinda Gates Foundation）已将学校改革定为其工作重点。基金会的研究人员很支持 TFA 的研究项目，并将其成果推广到了整个教育界。而且，美国教育部的“力争上游”（Race to the Top）教育行动，也为利用招聘、培训和保留优秀教师的高效工具的学校提供额外资金支持。对 TFA 寻找和开发优秀教师的方法进行借鉴，是对传统学校水平的一种微妙的衡量。换句话说，就是测试。对这种方法抱有信心的教育工作者，被实际产生的改变所震惊。非营利的“新教师项目”总裁蒂莫西·达利（Timothy Daly）将其称作“教师成效改革的大爆炸……这非常壮观”。

TFA 也面临负面批评的声音。有些人认为，TFA 的模式不过起到了创可贴的作用，为几千个班级提供优秀的年轻教师，却未能应对教育的系统性问题，比如资金的短缺。这样的问题困扰了美国学校系统很多年。还有一些人说，TFA 标准的两年制教师生涯，培养出来不过是一些业余的教育爱好者，而不是孩子们真正需要的、可以为教书而奉献一生的专业教育工作者。而从 TFA 的教育方法对美国教育界不断扩大的影响来看，批评者们能得到一个答案。不是每一间课堂都能分配一位 TFA 成员，也不应该这样做。然而，随着时间的发展，TFA 针对教师成效的强大研究成果，将成为每一位教师的工具。

更加重要的是，科普和她的支持者也强调了 TFA 退役成员在社会各个领域发挥出的影响力。譬如，很多人完成 TFA 两年的教育生涯之后，会到各州和各地政府工作，有些人正在引领着教育改革运动。事实上，法尔说道，**科普的一个主要观点就是，TFA 不应被视为“教师制造厂”，而应被视为“领导制造厂”**。TFA 正在为社会中的各行各业培养的年轻的人才，其中也包括教育业。这些人才正在掀起席卷整个美国社会的教育需求变革。

虽然在线电影租赁和教育改革可能没什么共通之处，但是关于奈飞和 TFA 的故事却在很多方面不谋而合：

奈飞和 TFA 都是由富有洞察力的领导创造出来的。两位领导者看到了蛰伏于麻烦地图中的潜在需求。这些潜在需求被无数人所忽视。这些人即使察觉到现实中存在的麻烦，也是以忍耐的态度去接受。

同时，这两家组织以前所未有的研究工作为基础，不断创造着陡峭的精进曲线。借助着这些研究，组织就能够年复一年的以更加精准的方式和更有成效的方法去满足客户的需求。

以这些强大的需求创造工具为武器，科普和 TFA 怀着远大的目标，立志为全美国带来变革。他们的目标，是消除这个国家的教育不平等，不再让半数的公民因得不到充分的教育而过着没有成效、没有意义的生活。虽然还有很长的路要走，但至今为止所取得的成绩还是有目共睹的。正如她在 2010 年 4 月的一次访谈中所说的那样：

> 在进入这个行当 20 年来，我看到了我们取得了杰出的成绩。20 年以前，即使给低收入社区的学生一个学习机会，能取得好成绩的学生也是屈指可数。而如今，低收入社区好学生的例子比比皆是，老师和学校都取得了优异的成果。现在，许多社区中，从学生的发展角度来看，越来越多的学校都不仅仅能实现累积式的发展，而且能做到彻底的革新。于是，相关的话题也发生了变化。如今，问题已经不是我们是能否将承受着社会经济压力的学生安置在学校的操场上，而是我们能否在整个系统层面实现这一目标。

TFA 是这场全国性变革的领跑者，而一切都始于一位年仅 22 岁大学毕业生的梦想。这样的事实充分说明，**被长期压抑的需求一旦得到释放，就会产生变革整个社会的力量。**

熵，商业发展中最持久的危险

需求创造从来都不是一次成型的事，也不可能因成功的产品发布就告终。真正的需求创造工作，是一个日复一日的过程，在成百上千个你想都想不到的地方，以一种冗长而繁复的方式徐徐展开。

我们将目光转向位于纽约金融区百老汇街（Broad Street）60号的Pret A Manger三明治店，总经理特莱希·金杰尔（Tracy Gingell）就扮演着令人赞叹的需求创造者角色。

当2009年金杰尔接手这份工作时，他很快便发现了这家店创造需求的主要障碍。不是周边众多餐厅饭店带来的竞争，不是找不到充足的新鲜番茄、生菜和酪梨，所以无法做出酥脆美味的三明治，不是因为他为店里最受欢迎的三明治订购的有机鸡肉价格太高，更不是因为时下的经济危机迫使许多Pret回头客不得不为了省钱而开始叫外卖。**金杰尔最大的敌人并不是上述任何一个因素，而在一个“熵”字上。**

他头一次想明白这件事，是在他爬上梯子检查水晶吊灯的时候。这盏水晶灯是店中最吸引人目光的装饰品。然而，水晶灯上布满了灰尘。

如果你去过Pret餐厅，你就会知道，这个品牌的连锁店都是一尘不染的。人们总是用“闪闪发光”“灿烂夺目”等词汇来形容Pret。金杰尔也承认，如果从顾客的眼光来看，他的百老汇街店同样也是窗明几净。但是，当他靠近这盏水晶灯时，才发现水晶珠上蒙着一层薄薄的灰尘，还有几个灯泡坏掉了没有换。

作为 Pret A Manger 的老员工，金杰尔感到有些惊恐，同时也因此充满了动力。一不做二不休，他挽起袖管开始工作。“我用了两个小时的时间，将所有的水晶珠摘了下来，擦拭干净。一次摘 4 个。我用又大又亮的新灯泡替换了所有的旧灯泡。完工之后，水晶灯看起来棒极了。我非常欣慰！”

后来发现，蒙尘的水晶灯不过是一个严重问题最明显的症状而已。通过与店员谈话，金杰尔慢慢了解到了事情的全貌。在之前的一年，由于经济情况恶化，销售下跌，前任店长削减了员工的工作时间，由此导致 Pret 在卫生方面的高标准有所下降。员工的士气受损，而 Pret 餐厅著名的微笑服务质量也变得不再稳定。于是，销售额进一步下跌。

恶性循环的雪球总是从很小开始成型，但会越滚越大。经历一段时间之后，就很难恢复到原先的状态。百老汇街 60 号的这家店，正在被“熵”所压垮。熵，就是任何无法持续从外部获取能量的系统，表现出来的是能量逐渐耗散和秩序丧失的自然趋势。

金杰尔给他老板打了个电话。“这段时间我没法赚钱。”他解释道，“我必须要整顿一下这家店。我要依据 Pret 的原则——正确的人、卓越的服务、美味的食品饮料，来进行整顿工作。之后，这家店才能发展，才能盈利。”

在之后的 6 个月中，金杰尔执行了他的计划。他招聘了新员工，其中包括一些他在其他 Pret 分店中亲自培训过的人。他组织了全店大扫除和清理行动。有几周时间，他故意在店中安排了过多的员工，在一尘不染的钢质展示架上摆满了超多的新鲜诱人的食品。他的想法，就是通过直接注入能量的方式，直击“熵”的侵袭，打开需求的源泉。

他的计划奏效了。几个月的时间，百老汇街60号就旧貌换新颜，店中满是色香味俱全的三明治、汤、甜品和其他美味，还有一群总是面带微笑的员工，用高效和充满魅力的服务迎接着稳定的客流。据一位遍访纽约各家Pret的人说，这一家是“全城最棒的”，而金杰尔则是“Pret的精英人物”。而金杰尔的团队也一直持续将餐厅以陡峭的坡度推向更高的目标。金杰尔说道：

> 我们有3名员工，每天用整整两个小时的时间，专门整理食品的展示。我们希望这些食品在任何时间都以最具吸引力的形象展现出来。酪梨必须在沙拉中摆放出某一特定角度。这样做是出于美学考虑，但也是为了将沙拉中的每一样原料都展示给顾客，这样你就能明明白白的看到自己购买了什么东西。我们在后厨有个垃圾筐，如果厨师觉得哪样食材不美观，就会弃之不用。①

熵，是商业发展中持久存在的危险，而在快餐行业则更为严重。成千上万家快餐店，遍布在城市各个角落，要用快速和廉价的方式为人们提供数以百万计的餐食，同时还要持续保持质量、口味、营养和服务的高标准。

通过制定严格的标准化流程，创造巨大的中央管理供应链（工业化的工厂“制造”着食物，从牛肉和鸡肉到苹果和番茄），执行最为精细的分工，以便技术与培训能够经历最少的员工即可在不同岗位之间以最快的方式进行轮换，快餐行业的大鳄们将“熵”拒之门外。这样的标准十分严格，却门槛不高。

Pret并没有采取这样的商业模式。像其他快餐公司一样，Pret也希望能实现

---

① 2011年春，我们在纽约会见金杰尔之后的几个月，他被调派到了芝加哥，管理那里的一家Pret餐厅。——作者注

成长，最终能为世界各地的人们提供新鲜、健康、美味的三明治。然而，Pret 即便是在成长扩张阶段也致力于创造出陡峭的发展精进曲线。而这一点，令其竞争对手无以匹敌。

做成这件事所需要的动力和精力，无论怎么强调都不过分。而其来源，很大程度上要归因于朱利安·梅特卡夫（Julian Metcalfe）——当今最具活力、最为活跃的商界领导者之一。当金杰尔爬上百老汇街 60 号的梯子，决心将吊灯上的每一个水晶珠都摘下来擦拭干净时，正是在与朱利安·梅特卡夫的精神遥相呼应。

在麻烦中挖掘机会

目光回到 1986 年。那时，梅特卡夫并不是餐厅老板、厨子，也不是什么商人，而是一名 23 岁的艺术院校毕业生，还是一名特许调查员，同时涉足了几个行业，却没有找到自己感兴趣的方向。他很有主见、态度鲜明、要求苛刻，对其他人忽视或被迫忍耐麻烦的原因甚是痴迷。其中，令他最为不快的一件事，就是伦敦繁华市中心地区低劣的午餐质量。所有的选择都不怎么样。你可以在铺着白桌布、价格昂贵的餐厅预定一个座位，然后花上几个小时和大把银子，吃上一顿质量完全无法预知的饭，还要忍耐服务生的傲慢甚至是敌意。或者，你也可以在某家三明治店门口排长队，在非常有限的几种倒人胃口的食品中做出选择。生菜是蔫掉的，鸡蛋不知放了多久，肉类又干又柴，番茄也毫无滋味。店员拉长着脸，身上还穿着已经发臭的围裙。

“人们为什么要忍受这些呢？”梅特卡夫想道。

这便是需求创造过程中经典的“灵机乍现”。梅特卡夫看到了那些让绝大多数人耸耸肩膀被迫接受的麻烦，并从中发掘出了机会。就像他本人说的那样：“我们设计出了 Pret……思路不是从做餐饮从业者的角度出发，而是逐项检查那些令顾客不快的事物，并将其消除。”

> 梅特卡夫找到了他在伦敦市中心的理工学院认识的朋友辛克莱·比切姆（Sinclair Beecham）。在开业后的头 12 个月里，他们损失了 8 万英镑。之后的几年是“痛苦的”，不断的试错让他们身心俱疲。梅特卡夫在他们位于维多利亚大街的第一家店里，花了大量的时间在厨房烹制鸡肉、烘焙面包、调制酱料，尝试不同品种的番茄、酪梨、茄子，想要找到在质感、口味和色彩上搭配最完美的三明治和沙拉。他就是一位在午餐实验室中不停做实验的疯狂科学家。

到了 1990 年，梅特卡夫和比切姆终于做成了一份被顾客所认可的菜单，维多利亚大街的小店首次开始盈利。之后，他们开了第二家店，用第一家店赚来的钱换来了设备、装潢、员工和食品材料。第二家店在 15 个月内就回了本。此时，Pret A Manger 已经蓄势待发。如今研究一下 Pret，不难找出为这家店赋予独一无二气质的一系列魔力元素。从店面的外观开始。**任何两家 Pret 餐厅都有着不同的外观，但所有店面都拥有某种特定的复杂美学特征。**一位纽约人这样形容道：

> 这家店里有一种特殊的氛围，仿佛布鲁克林帕克坡街边的咖啡馆一样。这样的氛围中，有着工业化的别致装潢：不锈钢展示架（Pret 人称为‘长台’）流露出冷峻的清洁感，房顶上粗犷的管道暴露在外，房顶的透射灯装有紫色的灯泡再搭配上小桌和独立座椅的暖木色调，以及饱满的深棕色皮质沙发座。整个空间内投射出一种温暖的光线。

此外，员工给顾客宾至如归的感觉。顾客们总是能注意到，Pret 员工全部是年轻、有魅力、聪明、友好的人。他们的一举一动展现出对 Pret 这份工作的喜爱。事实上，他们的确喜欢这里。如此一来，他们提供的服务，不仅令人愉悦，而且非常高效。

有一天，我们的朋友詹姆斯头一次去 Pret 餐厅用餐，他想要在一连串会议之前赶快吃个三明治充饥。将鸡肉酪梨三明治卖给詹姆斯的服务生，好像有点担心他没有点饮料。在詹姆斯吃完三明治之后，服务生来到桌前，将用过的包装纸清走，然后问道："还要喝点什么吗，比如一杯水？"

詹姆斯一边给我们讲着这个故事，一边摇着头。"他本来不需要那样做的！"他啧啧称赞。从此，詹姆斯便记住了这家店。每次需要吃顿快餐时，他一定会来到 Pret，享受这里的美味和真诚笑容。

当然，最重要的还是食物本身。Pret 的食物，与你从其他快餐厅、熟食铺或餐车上买到的食品有着巨大的区别。

首先，这里的食物很新鲜，是真的新鲜。每一个三明治都现做现卖。当天没有卖掉的三明治全部捐助给像纽约的城市收获（City Harvest）这样的慈善组织，用来提供给穷人。仅 2009 年一年，Pret 就捐赠了超过 12 万磅的食物。你只要吃上一两口就能感觉到其不同之处：蛋黄酱纯滑细腻、生菜鲜爽脆嫩、鸡肉和火腿紧实弹牙、番茄鲜美多汁。同时，当天出售的原则也避免了添加剂和防腐剂的使用，Pret 想尽各种办法，远离这些人工制剂。公司的口号是"Pret 食品是真实的"。与很多快餐厅供应的经高度处理过的冷冻再加热食品，以及快餐车销售的新鲜度令人生疑的现成食品相比，Pret 食品的质量有着明显的不同。

其次，食品原料的质量也很高。我们来看看 Pret 后厨的一些有意思的小故事，这些故事在喜欢 Pret 的回头客间一直传颂着。酪梨储存待熟期间，工人要定期亲手进行翻转，确保整个果实均匀成熟。酪梨在室温下运输，每天早上在 Pret 的后厨由厨师切成薄片。Pret 每天都能收到订购的最新鲜采摘的罗勒叶，一次在一个三明治中放入一片。小吃柜中的燕麦和水果，由员工用 4 英尺长的大勺进行搅拌。每一杯 Pret 提供的浓缩咖啡都是双份的（每杯咖啡中都用上 14 克的咖啡豆）。诸如此类的故事还有许多许多。

此外，Pret 菜单中的餐食花样繁多。三明治包括香草鸡肉和酪梨；鸡蛋沙拉、菠菜和帕尔玛干酪；慢烤牛肉配蓝奶酪；烟熏火腿和鸡蛋；还有夏季香草与鹰嘴豆泥。菜单中还有鸡肉胡椒卷、三文鱼配糙米饭沙拉、金枪鱼尼斯沙拉、细长的布里干酪与番茄法式长棍面包。然后就是各种汤品：胡萝卜姜汤、意大利婚礼汤、摩洛哥扁豆汤等。每一份汤都搭配一个由 7 种谷物混合烘焙的新出炉面包。从顾客角度考虑，无论是公务繁忙的白领，还是逛街的购物者，如果想要吃上一顿快速、经济、美味的午餐，Pret 都是最佳的选择。菜单中没有一样东西会让普通的英国人和美国人感到“古怪”或倒胃口，而是带有一种精致的都市风格。正是这种风格，让 Pret 从众多午餐选择中脱颖而出。

为了保持菜单的新奇感，Pret 在不断尝试新菜品的基础上，定期对食品种类进行轮换。每当一款新的三明治或汤品出现在展示架上时，旁边都会立有一个显眼的标签，上面写着“我通过了层层选拔”。而当顾客要求（每一家连锁店会在每天的员工会议中讨论）Pret 重新提供某种菜品时，该菜品旁边的标签上就会写着“我又回来啦！”

梅特卡夫说道：“我将 Pret 比喻为一款精美的瑞士手表机芯。如果表中所有的 10 000 个齿轮都运转起来，那么手表就会正常工作……但是只要有少数几个齿轮不动，整个手表就会出故障。真的是这样。”而当所有的齿轮——独具风格的装潢、有魅力和高效率的员工、明智的营销手段，以及最为重要的新鲜、美味的食品都正常运转起来时，Pret 的魔力就会令人很难抗拒。

从来都没有一次成型的产品

构建一款魔力产品，从来都不是一次成型的工作。如果你想要吸引到持续的需求，就要从产品上市的那一天开始，不断完善你的精进曲线。

由于竞争对手众多，进入壁垒很低，快餐行业尤其迫切地需要 45° 精进曲线。在快餐行业，你每时每刻都面临着竞争。梅特卡夫曾这样说过：“顾客当然会四处光顾。如果他们每天都来 Pret，那么每周要在这里花上 20～30 英镑。如果顾客想要去找找别的餐厅，一点儿也不奇怪。”

为了应对这样的情况，Pret 正在从三个不同维度实现快速提升。其一是稳定提高食品质量、口味和整体吸引力，同时保持实惠的价格。其二是维持并提高已经是高标准的客户服务。其三是增加门店数量，这样 Pret 就能成为全世界越来越多人们的方便选择。

头两项挑战——维持并提高食品质量与服务，已在 Pret 创始人梅特卡夫的掌控之中。现在，他担任公司的“创意总监”。对于天生拥有精进曲线思维方式的人来说，这个职位再合适不过。“我从不会满足。”梅特卡夫说道，“所有的事物永远都可以再做出一点点改进。我真的不喜欢赞颂我的这份工作。我总是看到工作中的问题，而不是其中的快乐。”

梅特卡夫对提升工作质量痴迷不已，这种痴迷甚至令他自己也颇为烦恼。正如他所说（这些话是无意之中说出来的）：“这就是平庸与伟大的区别，非常难以琢磨。我们的一些三明治真的超级棒，十分美味。我花了很多年很多年的时间，才和供应商建立好关系，拿到味道最好的奶酪，在蛋黄酱中放入最佳的香料组合。你不能出去随便买瓶超市调料夹在面包里，就以为大功告成了。三明治看起来简单，其实里面学问深着呢。”

需求的力量

Pret 一直在持续对食品进行改进，就连最受欢迎、最成功的菜品也是一样。Pret 的酸黄瓜菜单经历了 15 次修改，巧克力布朗尼蛋糕更新了 36 次，胡萝卜蛋糕改了 50 次。事实上，餐饮业名人萨丽·克拉克（Sally Clarke）——英式烹饪的“贵妇人”，据说曾与梅特卡夫合作了 9 个月，就为了将一款甜点改进到完美。

梅特卡夫还在其他方面不断努力，一直推进 Pret 食品质量的提升。最初激励他进入快餐行业是因为一个关于午餐的麻烦，因为他对不健康的低质量快餐深恶痛绝。这些午餐充满了盐分、糖分、化学添加剂，而食材也是来自于充满生态灾难的工业化农场。如今，随着越来越多消费者的绿色理念日益增强，Pret 也面临着很大的压力，要让其健康标准再上一层楼。

2009 年 6 月，在梅特卡夫看完关于过度捕鱼的纪录片《渔业危机》（*The End of the Line*）之后，他立即停止在 Pret 三明治和寿司中使用濒危鱼类黑鲔鱼。同样，2010 年，在看到顾客对某些三明治中饱和脂肪的投诉之后，Pret 就开始在每一家店内公开菜品的基础营养信息，包括卡路里含量和脂肪成分，还在网上提供额外的具体细节。大多数餐饮连锁店只会在法律强制的情况下这样做。

每个人都成为需求的协同创造者

和其他伟大的需求创造者一样，Pret 也拥有倾听顾客心声的气魄。每一家 Pret 门店中，你都能看到一个装满卡片的盒子。里面有着这样的文字：

> 我是塔米尔，这家 Pret 门店的总经理。
>
> 我和我的团队在每天早上都召开例会。
>
> 我们会讨论您给出的评论和建议，无论是好的坏的，悦耳的还是难听的。
>
> 如果我们能自己处理这些建议，我们就会着手去做。
>
> 如果我们做不到，就会将卡片转给梅特卡夫办公室。我知道他一定会尽力去做。
>
> 如果您有一分钟时间，请立刻与我或我的团队成员谈话。

关于“梅特卡夫办公室”的说法是绝对充满诚意的。梅特卡夫的电话号码就在每一份食品包装上。他说，他每天都能接到几个顾客电话。但只有几个，因为大多数人都当这个电话号码是开玩笑。

每天早上开门营业前，Pret 店长都会和全体员工一同查看最新的客户评论。遇到有助于提高店面、食品和服务水平的好建议，就会立刻接纳实施。举例来说，在纽约的门店中，产品组合一直在根据顾客的反馈意见和要求进行调整。比如，第七大道店位于时装区的中心，所以店中备有很多蔬菜卷和恺撒沙拉；而华尔街的店铺则准备了很多鸡肉培根等美味的肉类三明治，因为这里的顾客更喜欢这些。根据顾客要求，一位经理建议在店中提供为婴儿换纸尿裤的设施。如今，这样的设施已经遍及连锁店中的每一家。

由于梅特卡夫执著和痴迷于不断提升团队标准，Pret 一直在竞争之中遥遥领先。以下是一位评论家对Pret和英国的Eat连锁店进行的对比。Eat通过一些表面类似的店面，力图与Pret形成竞争：

两家店之间的主要差距，就在于最最普通的服务。Eat好像什么东西都缺一点；大多数好东西在下午两点就销售一空。他们会贴出一张傻乎乎的告示，上面写着："哎呀，我们明天会多做一些"，但是他们永远都做不到。而且，Eat门口永远都排着看不到头的长队，这与Pret的快速服务无法相提并论。就算是在午餐的高峰时段，Pret的货架上也总是满当当的。有一次，我因为金枪鱼三明治卖光了而有些失望，没想到店长竟然想办法给我做了一份。Eat本身的愿望是好的，在墙上贴着有趣的标志，店员的语气也活泼可爱，但是与Pret的店员相比，却似乎缺少了一点培训，缺少了一点友好的态度，也缺少了一点动力。

如此以顾客为中心的文化，是要自上而下进行贯彻的。在Pret，梅特卡夫将这一原则贯彻到了极致。

2009年8月，梅特卡夫收到了一位名叫保罗·麦克拉顿（Paul McCrudden）的顾客带着玩笑性质的信件。这位顾客抱怨说他在Pret排队等候"浪费"了许多时间，要求退款。梅特卡夫没有将这封信随便放入文件管理柜，也没有扔到一旁置之不理，而是亲自进行了回复：

尊敬的麦克拉顿先生，

非常感谢您列出了在我们店里所花时间的账单。我理解，您的时间非常宝贵。对您没能在我们竞争对手的店里花掉更多的时间，我表示衷心的歉意。

当然，您是绝对正确的。您在我们店里所花的时间，将非常有助于我们公司的盈利能力。

我希望借此机会，感谢您为您的午餐账单打出的慷慨折扣。

我认为，这张账单中有一处错误，您忘记加上在我店支付的22英镑。毫无疑问，这也是一处不便。我已经将这笔费用加入了我们欠您的钱里，我还加上了另外一笔钱，将名义利率考虑在内。

我希望您能接受我们快速的付款。我已要求我们的财务部门今天开出一张支票，因为我找不到让您继续等候的原因。

很抱歉，不得不以支票的形式向您支付。我知道，您为了将此支票存入银行需要花费的时间和精力。

因此，我额外在总额上再增加1英镑，以补偿您走到邮筒所付出的努力。

很抱歉，我们让您经历了如此之多的不便。感谢您花时间阅读这封信件。

祝好！

创立人　朱利安·梅特卡夫

信封中，还有一张62英镑的支票。

这个故事带来的正面影响力，至今依然萦绕在我们周围。用Google搜索“麦克拉顿”和“Pret”，就能看到很多相关链接。这样的影响力价值远远超过62英镑。尤其是在对比之下，这种影响力更为明显。

麦克拉顿在给Pret发信要求退款的同时，还给其他一些公司发出了类似的信件。而有些公司的回复却带来了负面影响。销售水果和坚果的连锁店Cranberry的董事总经理在收到麦克拉顿的信之后，反而给他发了一张价值18.75英镑的付款通知单，理由是他花了“12分钟的宝贵时间”阅读麦克拉顿的信。

需求的力量

梅特卡夫给麦克拉顿的回复令人印象深刻。而更加令人难以忘记的，是他决心将自身对质量的痴迷转移到 Pret 每一位与顾客直接打交道的一线员工身上。如此的决心在商界甚是罕见，只有在真正的需求创造者身上才能看到。他们知道，除非整个组织——包括每一位 Zipcar 的本地经理，每一位“为美国而教”的课堂教师，每一位 Pret A Manger 的收银员，如果每一个人都是公司成长中充满激情的参与者，都是需求创造中的合作者，才有可能实现真正陡峭的精进曲线。

Pret 的 CEO 克莱夫·斯黎（Clive Schlee）是一位经验丰富的管理者。2003 年梅特卡夫将他挖到 Pret 之前，他曾在香港为跨国公司怡和集团（Jardine Matheson）工作过 17 年，曾协助发展集团旗下的快餐品牌必胜客、时时乐、塔可钟（Taco Bell）。斯黎精心设计了管理、组织和培训系统，对梅特卡夫的执著和痴迷进行了复制，并将其移植到全世界各地的门店之中。

整个流程始于一套独特的人员管理系统。Pret 没有跟风快餐行业的普遍做法——聘用绝大多数前来应聘的年轻人，然后被迫接受那无法避免的快速人员周转率。相比之下，Pret 在甄选、培训和奖励初级员工时，投入了大量的资源。Pret 要求候选新人在一家 Pret 店中有偿工作一天，之后，其他同事为这位新人投票，以此来决定是否聘用。

你什么时候听说过一家公司在招人的时候利用民主选举，而不是专制决策？Pret 就是这样一家公司。斯黎的侄子曾申请过 Pret 的工作，却被店员投票否决了。每当斯黎谈到此事，就会非常骄傲。还有一次，董事会成员职位的一位候选人被要求在 Pret 店中工作一天。而那些负责制作三明治的同事发现，这个人有着令人难以忍受的傲慢和懒惰习性。于是，此人立刻从候选人名单中剔除了。

像魏格曼一样，Pret 创造出了一种罕见的公司文化——以关系为中心、以信任为基础的社会规范，与市场规范有着同等的重要性。

为了保持第一线员工与管理办公室之间的联络，每位 Pret 经理人每年都要在店中工作 4 天。一线员工也有权力依据自身的判断力来解决问题。例如，遇到不开心的顾客时，不需要经理的批准，就可以为顾客免单。Pret 为员工提供非常慷慨的奖励。英国一线员工的底薪是每小时 7 英镑，比行业平均工资高 1 英镑。得到顾客赞扬的员工会收到一枚从 Tiffany 特别定制的纯银星章。每周的奖金以一位神秘顾客的评分为参考。所有员工都能获得很多种类的奖励。例如，以季度销售额为指标评比的“最佳门店”经理，能得到 20 000 到 30 000 美元的现金奖励。Pret 这样总结公司的人事政策：“我们聘用快乐的人，教他们制作三明治。”从顾客的反响来看，这套简单的系统起到了非常好的效果。

Pret 精进曲线的第三个维度——令全世界的人们都能方便的买到其产品，需要对门店网络进行扩展。一位在伦敦的朋友告诉我们：“无论何时我想要去 Pret，都能在附近找到一家。”而在世界上的其他城市，这样的想法都不适用，至少现在还不适用。但是，在快速扩张的同时，还能维持食品和服务质量的进一步提升，这即便是对于最优秀的组织来说，都是一个不小的挑战。Pret 也不例外。

Pret 在英国旗开得胜之后，它带着胜利的喜悦于 2000 年进入了美国市场。

很快又在日本、香港和新加坡开设了门店，继而制定了进军荷兰和欧洲大陆其他城市的计划。乍看来，Pret 10 年之内确立国际地位的计划正在有条不紊地执行。但不久之后，有些齿轮却被卡住了。在日本，Pret 加盟店的发展过于迅速。产品质量受到了影响，很快，日本的 Pret 门店就以关门告终。2002 年，参差不齐的国际业绩致使公司损失了 2 000 万美元。

2003 年，梅特卡夫和新任 CEO 斯黎宣布，从此之后，Pret 为了维持对其最宝贵资产——魔力产品和陡峭精进曲线的控制，决定不再采取加盟制。梅特卡夫说道："我们本可以通过加盟的方式快速扩张到世界各地。但我宁愿少做一些，做得更好一些。"店长金杰尔兴致勃勃地给我们讲述了 Pret"耐心造就完美"的扩张模式。他说道：

> 一旦开始实施加盟制，又怎么能知道店长采购的是 5 美元一箱的普通鸡肉还是 35 美元一箱的有机鸡肉呢？谁也看不出区别来。这就是为什么我们不做加盟。我们只有一家供应商。只要订购鸡肉，就能拿到农场饲养的有机鸡肉。

如今，Pret 的扩张依然谨慎。截至 2010 年，Pret 在全球拥有 250 多家门店。全英国有 213 家，纽约有 26 家，华盛顿有 2 家，芝加哥有 1 家，中国香港有 8 家。为了确保扩张的门店能满足顾客的需求，Pret 在选择未来的店址时则积极寻求公众的反馈意见。公司网站上的一条信息这样写道，"如果你认为在下列城市或街道中应该在那里开店，请与我们联系。"

这样的策略已经在发生效果。

需求的力量

2010年，Pret的全球营业额预计将达到3.2亿美元。也许更加有意义的是，每家门店的年收入在120万美元。这个数字比Pret最直接的竞争对手Eat高出50%，也把其他诸如Greggs等竞争对手远远抛在了后面。2009年，Pret的同店销售增长达11%，据称是食品行业中最高的。梅特卡夫在20多年前发现的需求，如今依然十分强劲。

然而，不断提高质量的压力也是一样的强烈。Pret面临的潜在竞争对手数量众多，每年都会有几家新店进入市场。顾客偏好也在不断的变化，驱使梅特卡夫和他的团队一直不断地创新出令人兴奋的新菜品，以求在留住忠实老客户的同时吸引新客户。全球经济的停滞迫使Pret想尽办法降低价格，英国的门店已经在提供一款售价1.99英镑的火腿三明治。每在一个新城市开起一家新店，就需要Pret对当地的口味和习惯进行创意分析和适应。

当然，"熵"的威胁永远挥之不去。如果公司不能将成千上万的员工都发展成为需求的协同创造者，那么缓慢而难以察觉的质量下滑，有可能会成为致命的内伤，将自己扼杀。

所有这一切加总起来，构成了一个巨大的精进曲线挑战。对于Pret及其爱好者来说，多亏有了梅特卡夫睿智而执著的大脑昼夜不停地工作，而其精神和力量又通过成千上万名金杰尔这样的人而发扬光大，Pret才有了今天的成绩。未来的几年，我们将拭目以待，看Pret是否能跑在众多竞争对手的前面，在为全世界人们提供午餐的这场角逐中，遥遥领先。

07

关键6 去平均化

一次增加一类顾客

DEMAND Creating What People Love Before They Know They Want It

- 要设计出一款能满足所有客户的产品，永远都是浪费时间和金钱。
- 用准确的眼光，抛弃“平均客户的迷思”，破解令他们心动的关键，了解他们的购买欲望、方式和心理价格，那么，明天的客户必然存在于某个地方，随时等待被发现。

需求创造大师

美国交响乐团：强杀伤力听众待遇
西雅图歌剧院：一次改变一类客户
波特广场书店：永无结束的对话
英法海底隧道 & 欧洲之星：“世界第八大奇迹”

- 为什么伟大的需求创造大师们都对客户差异如此迷恋?
- 需求的去平均化是不是只是那些为大量客户提供服务的大型公司需要考虑的事情？怎样既节约成本，又能提供差异化服务?
- 如何摆脱客户流失的魔咒与永无止境、令人头疼的营销负担?

抛弃“平均客户的迷思”

未来的需求创造者需要面对的最为隐蔽，同时也是最为重要的挑战之一，就是“平均客户的迷思”。

我们来看美国一家知名交响乐团的营销经理所承担的工作。这份工作一点也不轻松：他要想出能源源不断吸引客户的办法。面对这么多争夺客户时间、精力和金钱的娱乐形式，如何让客户心甘情愿地花高价购买音乐会门票，一路驱车赶往市中心，只为了来听场古典音乐演出？

很长时间以来，这个挑战都令人望而却步。但如今，**我们发现，打开古典音乐未来需求闸门的秘密，在于抛弃平均客户的迷思，转而认清我们这个世界的现实。**在这个世界中，人以及人的需求，永远是纷繁多样的。

很多交响乐团营销人员一直以来都坚信，说服潜在的新客户尝试一下交响乐，就是打开需求增长的关键。“让人们走进门来！”是每一位交响乐团营销人员天天挂在嘴边的名言。他们假设，一旦人们抱着尝试的心态走进交响音乐厅，真正地欣赏一次音乐会，那么音乐本身的美感就会将他们再次吸引回来。

这个理论存在着一个致命的问题：与事实不符。每年，成千上万的古典音乐新手被他人劝说着第一次走进古典音乐会的大门。音乐厅美轮美奂，演奏技艺精湛，音乐令人陶醉。然而，这些初次走进古典音乐大门的人，却很少会再来。如果有人劝说他们再次去欣赏古典音乐，他们就会用漠然地耸肩，甚至直接用不友好作为回应。

结果，为了换来今后的预算，保证乐团正常运转，交响乐团营销人员就不得不每年重新去寻找上千名从未尝试过古典音乐会、又有可能被说服前来的新客户。

“试用”这个激发力，也许在 Nespresso 那里能发挥魔法般的作用。但是对于交响乐来说，却完全不是这么回事。

问题就出在“客户流失”上。只要出现了明显的客户流失，需求就会稍纵即逝，既不稳定也不可靠。交响乐团要为演奏家们支付相对较高的薪水，通常位于市中心的音乐厅所需的场地维护工作也需要大笔资金。因此，交响乐团就需要拥有强健、稳定的需求，才有可能生存下来。当流失率持续走高之时，需求创造的过程便如竹篮打水一场空。

交响乐团无法说服一次性观众转变为长期支持者，这令人颇为不解。那些美国优秀交响乐团中的著名艺术家们，难道无法用其才艺给观众带来愉悦和快乐吗？似乎不应该。还是古典音乐本身对于现代听众来说太过“高雅”和“老派”？那就太令人绝望了。如果真的是这样，那么交响乐团似乎无法避免最终销声匿迹的命运。

其实问题出在“平均客户的迷思”（Myth Of Average Customers）。设计出一款用来吸引所有客户的产品，永远都是浪费时间与金钱。这样做，只能导致功能过剩（提供很多人不需要的功能）、功能缺乏（忽略人们实际需要的功能）以及纯粹的错误（依据猜测和近似性来选择功能，而不以现实为基础）。

需求创造者则会坚持将目光集中在需求的差异上，不断探究客户之间的区别，以及客户针对这些区别做出回应的方式。之后，需求创造者就能将客户看做一个个独立的个体，而不是“平均客户”，按照他们真实的感觉、体会和需求，将客户群体细分为许多不同的子群体。这个“去平均化”的过程非常复杂，难度很大，但其间也存在着巨大的机会。伟大的需求创造者之所以对客户差异如此迷恋，就是因为与传统的“平均客户”思维相比，差异的存在给了他们机会去为更多的人提供更为精准、利润更高的服务。

强杀伤力听众待遇

2007年，9家交响乐团联合在一起，聘请了一支研究团队，对交响乐团营销工作中存在的挑战进行分析。这一“观众发展行动”（戏称为“流失研究”）的结果于2008年中期在丹佛的一次全美交响乐团音乐专业人会议中公布。

研究证实，客户流失正是这9家交响乐团所面临的主要问题。平均来看，交响乐客户群体每年会有55%发生变化。这是一个代价高昂的大问题。在第一次听音乐会的客户人群中，流失率则更为严重，达到了不可想象的91%。“让客户走进大门”理论的实用性有待商榷。

然而，当研究人员超越冷冰冰的数字，开始关注客户差异，就看到了一个可能的解决办法。他们发现，交响乐听众分为几类差异十分明显的群体，其中包括：

- “核心听众”：音乐厅的注册会员，年年都听很多场音乐会；
- “尝试听众”：第一次来音乐厅的人，只出席过一次演出；
- “不表态听众”：某一年来过两三次音乐厅的人；
- “特殊场合出席者”：每年只来一两次音乐厅的人，但年年都来；
- “茶点式听众”：多年来坚持购买小型音乐会注册会员的人；
- “高潜质听众”：出席很多音乐会，但却尚未注册为会员的人。

以上6种不同类型的客户，对门票的贡献也有着鲜明的差距。例如在波士顿，“核心听众”只占客户总数的26%，却购买了所有门票的56%。而“尝试听众”是全体客户的37%，却仅仅购买了11%的门票。9家交响乐团的统计数据显示出惊人的相似性。

需求的力量

核心客户代表着“今天”需求的关键。虽然他们只是听众总数的1/4，却带来了交响乐团收入的一半以上，也令古典音乐能继续存在于美国社会之中。收入分析显示，通过购买门票和捐助两种方式，一个核心客户家庭在5年之间为一家交响乐团平均贡献4 896美元。

因此，满足核心客户的需求至关重要。幸运的是，优秀的交响乐团完全有能力做到这一点。注册数据证实，某人一旦成为当地交响乐团的常客，就很可能会一连数十年，年年延续他的会员资格。

但是，“明天”的需求怎么办？美国的交响乐团，如何才能摆脱客户流失的魔咒和那永无止境、令人头痛的营销负担？

答案就藏在其中一类客户身上：“尝试听众”。这类听众流量相对较大（每年购买超过三分之一的门票），而流失率却是令人扼腕的91%。与5年之间为交响乐团收入贡献将近5 000美元的“核心听众”家庭相比，典型的“尝试听众”家庭，5年间只拿出少得可怜的199美元用来听古典音乐会。

因此，**问题不是泛泛而谈“降低流失率”或“保持更多的客户”，而是非常具体地将“尝试听众”转变为“稳定客户”**——将他们从古典音乐的一次性尝试者转化为“茶点式听众”或“高潜质听众”，并最终转化为拥有宝贵价值的“核心听众”。

但是，这样的想法应该如何落实到行动之中呢？为了找到这个问题的答案，研究团队必须要搞明白“尝试听众”真正在乎的是什么。只有这样，才有可能创造出一款对他们来说富有魔力的产品，而不仅仅是为了应对迷雾般的“平均听众”。

研究人员将工作推展到了第二阶段。他们准备为不同的客户类型创造出各种关于交响音乐体验的不同麻烦地图，特别是最为重要的“尝试听众”。**识别并消除那些令“尝试听众”失去兴趣、不想再次光临的绊脚石，很可能就是打开未来需求的关键。**

研究人员利用的技巧是要素分析（factor analysis）。在交响乐团营销工作人员的帮助下，他们运用头脑风暴的方法，初步列出了古典音乐体验中的78种不同特质，囊括了从音乐厅的建筑风格、酒吧的服务，到音乐会的特邀指挥和互联网购票信息的方便程度这些所有因素。这些特质，是他们所有能想到的可能会对“尝试听众”产生影响的事物，无论好坏。

之后，利用在线调查和其他考察客户行为的测试方法，研究人员将这份特质列表浓缩成为 16 项。这 16 项内容对听众子群体、特别是“尝试听众”的麻烦地图，能产生最大的影响。

结论非常精彩，同时也带着反直觉的特征。原来，诸如本地交响乐团的声望和演奏水平这样的因素，对于吸引“尝试听众”再次光临来说，并不是十分重要。同样，音乐厅的建筑风格、欣赏当代音乐的机会以及点心的种类等，也没有当初想象的那么重要。

那么，真正起到决定性作用的，到底是什么呢？在所有重要因素中排名第一的，是停车位。在家和音乐厅之间往返自如而不用受寻找停车位的困扰，如此简单的因素，就是研究人员所谓的“再访驱动力”，即最为强大的影响力，也是针对尝试听众的最关键的需求激发力。

很少有交响音乐厅会关注到停车位的问题。“注册会员们从未有过关于停车位的抱怨，我们又怎么能想到这个呢？”一位交响乐团管理人员这样对我们说道。但是，**注册会员的沉默是具有迷惑性的。**核心听众中的长期会员早就自己找到了解决交通问题的办法，将停车的问题从他们的麻烦地图中自行去除掉了。但是对于“尝试听众”来说，停车却是一个巨大的麻烦，大到足以让成千上万的人拒绝成为交响乐团的注册会员。

对于很多交响乐团来说，解决掉这个麻烦十分简单，只要和附近的停车场谈个优惠价，再在邮寄门票上标明具体的开车路线即可。然而，这看似简单的步骤却是具有强大能量的需求激发力。

研究还找出了其他几项激发力，其中有些也同样简单。例如，当指挥花上几分钟时间对音乐进行一些个性化的评论时，如选曲背后的历史、作曲家的生平等，就会提高“尝试听众”的投入程度，加深他们对演出的体会。回头想一想,其原因非常显而易见：大多数美国人对古典音乐并不熟悉，需要为他们所欣赏的音乐赋予意义，深化理解。但是，若想从最初长达78条内容的列表中选出这一点，却不是件容易做到的事。同样，能轻松快速的更换门票，也可以大大提升“尝试听众”的满意度。对于这类听众来说，传统的“不退款、不换票”原则，本身就是个大麻烦，令人产生放弃的想法。

最后，研究团队还尝试寻找：到底什么类型的跟进营销能最大程度吸引到典型的“尝试听众”成为回头客？浪漫的乐曲和20世纪音乐哪个更具魔力？与音乐家见面问候的机会是否会对听众有吸引力？独奏音乐家和乐器演奏家，哪个更受欢迎？

对于这些问题，交响乐团总监和营销经理很可能会想当然的给出答案，而事实上，很多人在过去的几十年间就是这样做的。研究团队从头开始，实施了上百次小规模实验，开发并测试了一系列“强杀伤力听众待遇”，专为特定交响乐团本地“尝试听众”的品位和偏好而设计。举例来说，在波士顿，研究团队为尝试听众推荐了单场音乐会的门票。这场音乐会在周六晚间举行，选定了一位著名作曲家脍炙人口的曲目并搭配一些不太为人所知的曲目。同时，门票还可以“免费带一位朋友”，获得“酒吧免费饮品”，以及免费门票更换。

所有这些产品元素的提升——精心设计的音乐会曲目、朋友的免费门票、方便的停车位等，叠加在一起，就形成了专为“尝试听众”准备的没有麻烦的音乐体验。

有时，我们会假设，以产品个性化的方法来应对需求差异一定会付出非常昂贵的代价。不管怎样，在萨维尔街（Savile Row）定做一套西装要比百货商场货架上的成品西装贵得多。而交响乐团的研究却与我们的假设相悖。同时，很多创造出了大量需求的组织也通过实践证实，的确可以找到节约成本的方法来对产品进行差异化设计，同时还能保证产品价格的实惠。

上述结论向全美的交响乐团管理人员公开之后，立即激发了一场关于古典音乐营销无声的改革。一家接一家的交响乐团开始接纳这些结论，并就其自身应对需求差异的方法进行测试。实际工作的初步成效令人震惊，给音乐界带来了希望。

需求的力量

波士顿交响乐团对专为尝试听众设计的“强杀伤力听众待遇”进行了实际测试，并将结果与传统的门票待遇进行了比较。“强杀伤力听众待遇”吸引到了额外34%的购票者，相当于一个季度能多卖出5 100张门票。纽约爱乐乐团发现，强杀伤力听众待遇吸引到的购票人数是普通待遇的5倍。辛辛那提交响乐团针对《夏季流行》音乐会的尝试听众进行了测试。向其中的一半提供传统的注册会员待遇，向另一半提供特别订制的单场音乐会待遇。后一半听众加入注册会员的数量是前一半听众的20倍。

如今，越来越多的交响乐团开始实施以差异化为基础的营销项目，取得了巨大的成功。

彭萨科拉交响乐团近期在一年之内流失了100位注册会员，也是其注册会员总数的七分之一。在采纳了差异化营销的方法之后，又收获了300位新会员，整个2008—2009演出季门票销售一空。斯托克顿（加州）交响乐团喜获300名新会员，单季度门票销售比以往多出了 4 000 张。圣安东尼奥交响乐团于 2003 年宣告破产，而采纳了新的营销手段之后，其“古典”系列音乐会的门票销售比上年增长了 27%。在人们记忆中最为低迷的经济萧条期，能取得如此的全面需求提升，的确值得关注。

有些交响乐团营销人员发现，流失研究结果恰恰是对他们自己头脑中直觉的进一步证实。例如，波士顿交响乐团（BSO）的金姆·诺特米（Kim Noltemy）很早就认识到了需求差异的重要性。她开发出了一套特别的营销项目，专门针对需求最为薄弱的客户群体——年龄在 40 岁以下的人。而这些人，也将成为交响音乐未来生存与发展的关键力量。

为了刺激年轻人对古典音乐的需求，诺特米和 BSO 设计出了专门应对年轻人独特需求的产品。从学生和家长的角度出发，长期以来，波士顿的《假期流行》与《春季流行》音乐会都设计并添加了对家庭友好的元素，座位安排成圆桌型，还提供食品服务，这样顽皮的孩子们就能在演出过程中吃点东西。诺特米带头增加了特殊的儿童日场音乐会，其中有特别为孩子们订制的菜单，乐曲的安排也更为流畅，以适应小孩子较短的注意力周期。伯克郡堂格尔伍德音乐中心（Tanglewood Music Center）为了吸引十几岁的年轻人，利用一位慷慨捐助者的支持，向 18 岁以下的孩子提供日场音乐会的免费门票。只需 10 美元，高中学生就能观赏音乐会的彩排，其中一位演奏家还会进行一段音乐知识介绍。你也许还记得，这是尝试听众认为最有魔力的产品特征之一。大学生每个季度只要购买 25 美元的大学卡，就能出席自选的数十场音乐会（每晚有 200 到 400 名大学生到场）。另外，BSO 还有一项受捐助资金支持的项目，为年龄在 40 岁以下的客户提供 20 美元一张的折扣票。诺特米说道：

我们将大学生和30多岁的年轻人安排在音乐厅中最好的位置，最靠前的位置。年龄稍长一些的注册会员很喜欢看到年轻人也来听音乐，希望看到他们喜爱的乐曲能吸引到新一代的爱好者。

这一点很有意思：**人们很希望看到他们喜欢的产品在更年轻、更庞大的受众群体中流行开来。这是需求具备的一种社会元素，常常被人忽视，却颇为强大。**

由于有了上述这样的行动项目，BSO每年的听众人数占到了整个大都市地区人口总数的12%。这样的渗透率比美国任何一家大型交响乐团都要高。举例来说，旧金山的交响乐团渗透率是6%，而纽约则只有3%。在诺特米的努力之下，BSO的注册会员家庭数从原先的16 000家增长到了45 000多家。更重要的是，注册会员的平均年龄从58岁下降到了48岁。BSO用实际行动打破了困扰许多其他交响乐团的自然趋势，证实了特殊订制的听众待遇能在年轻人群中激起古典音乐的崭新需求。

流失研究的结论，并不意味着美国交响乐团面临的挑战从此宣告终结。劝服嘻哈一代尝试古典音乐，依然是一场艰苦卓绝的战役。但是，需求差异性的理念为我们带来了希望。如果领导者们能用准确的眼光，看到客户群体间的差异，破解令他们心动的关键，了解他们的购买欲望、方式和心理价格，那么明天的客户必然存在于某个地方，随时等待被发现。

一次改变一类听众

通过响应需求差异的方式来发展未来古典音乐客户，西雅图歌剧院（Seattle

Opera）取得了最令人瞩目的成绩。这家实力雄厚的公司与更多大城市中历史更悠久、规模更庞大的竞争对手相比，一点也不逊色。正如歌剧院的个人捐款副总监瑞贝卡·乔戈（Rebecca Chawgo）所言："像西雅图这样规模的城市，本不可能拥有像西雅图歌剧院这样的歌剧公司。"

西雅图有着自己的秘密武器：一位曾经的高中教师拥有感动心灵的天赋，开发出了一套特别项目。佩里·洛伦佐（Perry Lorenzo）的故事告诉我们，**个人热情能够转化为一股巨大的感染力，一次改变一类客户，最终能让整座城市为之发生改变。**

斯贝特·詹金斯（Speight Jenkins）是西雅图歌剧院的总经理。他第一次遇到洛伦佐是在20世纪80年代末。当时，歌剧院还没有形成如今的气候。洛伦佐在位于西雅图市郊布莱恩（Burien）的天主教学校肯尼迪高中教人文学科，同时还做辩论团的指导。他邀请詹金斯做学校年度歌剧比赛的评委。比赛中，学生们自己动手进行道具和服装的创作。詹金斯被学生演出的质量和深度所震撼。洛伦佐对詹金斯的赞美之词表现出谦虚的态度，但事实不容否认，他的确是一位独具天赋的教师和沟通者。

詹金斯聘请洛伦佐到歌剧院来管理新开设的教育部。洛伦佐在这里开创了一番事业，一直工作了17年，直到他2009年12月因肺癌而不幸英年早逝。

洛伦佐心中的榜样是纽约爱乐乐团著名音乐大师莱纳德·伯恩斯坦（Leonard Bernstein）。他创办的年轻人音乐会（Young People's Concerts），从1958年到1973年在CBS电视台播放。节目利用新颖的舞台艺术、鲜明的音乐案例，以及魅力型演奏家的个人热情，将整整一代美国人带入了古典音乐的神奇世界。伯恩斯坦利用天赋和自身略带孩子气的气质，找到了让年轻人爱上伟大音乐的秘诀，这跟许多年后交响乐团“流失项目”对尝试听众所做的事几乎是如出一辙。伯恩斯坦节目的 DVD 一上市，洛伦佐就将整套买了回来，悉心研究，还在教育团队的同事间传阅。

在伯恩斯坦的启发之下，洛伦佐专门针对高中生设计出了一系列全新的音乐产品，旨在让歌剧对学生更有吸引力。洛伦佐的座右铭是：“准备、体验、回应。”而这样的座右铭也落实到了实际工作之中。他准备了详细的材料，在带领学生去歌剧院参观学习之前，利用这些材料让学生们做好知识上的准备。

比如，他通过对故事的历史背景进行解释，讲述拿破仑时代的意大利城邦体系，来帮助社会学科教师的学生准备《托斯卡》（*Tosca*）的演出，还帮助英文教师准备文学知识材料，对比威尔第（Verdi）的《法斯塔夫》（*Falstaff*）与莎士比亚笔下人物的异同。之后，他还与各科教师合作，帮助学生们为观赏过的歌剧写作观后感（英文课），素描出歌剧留下的印象（艺术课），或根据歌剧中展现的冲突所造成的社会影响准备一份报告（历史课）。西雅图歌剧院现在的很多注册会员，以及公司的内部员工，都还记得在 16 岁的时候来歌剧院观赏彩排，被洛伦佐的讲述深深打动，而从此爱上了歌剧。

更加令人关注的是，洛伦佐为更年轻的客户群体——小学生所创造的产品“歌剧来到学校”。由歌唱家、音乐家和其他表演家组成的艺术教育团队来到一所学校，在那里用整整一周的时间，与 60 名 5 年级学生在一起，排练一部长达一小时的特别改编的歌剧。剧目可能是由洛伦佐和托尼·柯里（Tony Curry）在莫扎特经典歌剧基础上创作的改编版本《魔笛：英雄的追寻》；由洛伦佐的学生乔纳森·狄恩（Jonathan Dean）（现在是西雅图歌剧院公共项目与媒体总监）在瓦格纳的《尼贝龙根的指环》（*Ring of the Nibelung*）基础上改编的《偷金》（*Theft of the Gold*）；以及狄恩创作的续集《塞尔弗莱德与火戒》（*Siegfried and the Ring of Fire*）。在专业指导下，小音乐家们认真地学习着曲谱，还有一部分学生组成合唱团和舞蹈队，余下的孩子们则负责灯光、道具和服装。

对于学生来说，有机会欣赏一部歌剧是一次很好的经历。而花一周的时间沉浸在真正的歌剧表演之中，则是一次难得的机会。我们所说的是“真正”的歌剧，而不是《三只小猪》等童话的音乐版本。有过切身体会的五年级学生，会对此终生难忘。

一周结束之时，歌剧院还会组织全校师生、学生家长、朋友和邻里来观看歌剧演出。洛伦佐和其他伟大的需求创造者一样，认识到要用差异化的眼光看待需求，常常需要拓宽“客户”的定义。“歌剧来到学校”项目，超越了现有的购票者范畴，将整个社区转化成为了音乐爱好者。在之后，其中有很多人也加入了购买歌剧门票的行列。

现在西雅图歌剧院的教育部计划出版其歌剧改编版的整套乐谱和剧本，以及如何向孩子介绍歌剧的具体指导方法。为了培养遍及全美的未来歌剧听众，这一贡献是非常新颖、非常有效的。想象一下，如果全国15家最优秀的歌剧公司能联合在一起，出谋划策、分享资源，为重要的客户类型（在这里就是中小学生）开发出协作式需求创造项目，那么，孩子们的努力会转化为对这种艺术形式的热爱。同样，类似的模式也可以在全美最优秀的25家交响乐团、10家芭蕾舞团和15家现代舞团中展开。

洛伦佐还针对成年人中的具体客户类型，开发出了一系列强大的需求创造项目。在每个新作品登上舞台之前，他的教育团队都会组织各种形式的社区活动，将新歌剧介绍给艺术爱好者、大学生和读书爱好者。举例来说，2010 年 1 月，西雅图歌剧院上演了一出重新编排的《游吟诗人》（*Il Trovatore*）。在首映式的前几周，歌剧院在各个场所开办了免费的介绍讲座。从弗赖伊艺术博物馆到西雅图大学，还有几处居民区的公共图书馆。每天当地主要的古典音乐广播台都会播出几次歌剧介绍。詹金斯也在西雅图著名的艾略特湾图书公司亲自做歌剧介绍。如果生活在西雅图，在如此密集的多媒体轰炸之下，几乎没有人不知道《游吟诗人》即将上演的消息。

另一类重要的客户类型，就是二三十岁的年轻人。也许你还记得，这就是诺特米在波士顿交响乐团主攻的目标群体之一。对于这一人群来说，古典音乐的社会元素是其最富魔力的特征。就算是对歌剧一知半解的 20 多岁的年轻人，也喜欢和朋友一起外出享受一个歌剧之夜，在这个过程中，很多人便渐渐爱上了这种艺术形式。

为了应对这类客户的需求，西雅图歌剧院开发了一套强大的社交工具。从播客、Facebook、Twitter 和 Youtube 视频（每天有上千人浏览），到拥有 700 多名会员的社交组织“喝彩俱乐部”（Bravo Club），全部由二三十岁的年轻人组成。这些工具能帮助人们自然而然的接纳歌剧体验。当西雅图歌剧院上演比才（Bizet）的《采珠者》（The Pearl Fishers）时，一位会员在他自己的酒吧里举办了一场以“珍珠和渔网”为主题的庆祝活动。其他的俱乐部活动，包括在西雅图著名的太空针塔餐厅举办的善款集资活动和郊区品酒二日游。这些活动是对西雅图歌剧院产品的有效提升，而且不用投入太多资金。活动吸引了成百上千的年轻人，其中的一些将会成为未来歌剧院热情的核心听众。

詹金斯在《歌剧新闻报》从事过多年音乐记者、评论家和编辑的工作，他于1983年成为了西雅图歌剧院的总经理。和许多伟大的需求创造者一样，詹金斯为这个亟待重整的行业注入了外来的新鲜感知力，就像交易员彭博革新了媒体行业，在线商务从业者贝索斯开发出了突破性的电子设备，教育专家科普改变了美国的学校现状，曾经的调查员梅特卡夫掀起了世界范围的午餐变革潮流。同样，詹金斯帮助西雅图歌剧院朝着对听众友好的方向转型。例如，1984年，歌剧院成为了全世界首批利用屏幕提示技术的歌剧公司，帮助听众更加轻松地了解歌词和对话。詹金斯对歌剧的热情，也让他成为了一名不知疲倦的音乐销售者。据说，他每次坐飞机，他自己总能说服至少一位乘客去尝试歌剧这种艺术形式。

在詹金斯的领导下，西雅图歌剧院取得了令人瞩目的需求增长成果，收入提高了整整9倍（从1983年的300万美元一跃而至2010年的2 800万美元）。通过利用洛伦佐高明的产品差异化策略，西雅图歌剧院构建起了美国最富活力的歌剧听众群体，而詹金斯也不遗余力地与客户群体中几千名各行各业的人们保持着联系。每次西雅图歌剧院的演出结束之后，詹金斯都会亲自出场，回答观众的问题。他每天的辛勤工作都以这样的问答环节作为收尾。詹金斯说道："我不会错过观众的问题。无论如何，这都是我从观众那里获得反馈意见和新想法的最佳机会。"由于他的歌剧院将西雅图变革成为了全美国最热爱歌剧的城市之一，詹金斯也被提名为美国歌剧行业"最富权威"的25人之一，同时也被推举为塑造西雅图精神的150名"最具影响力"个人。

我们因关于"歌剧来到学校"项目的种种故事而深感振奋，也问到了西雅图歌剧院"年轻艺术家项目"的一位成员，请她讲一讲该项目对她接触过的家庭带来的影响。这位年轻的女高音向我们讲述了在一次5年级学生演出结束之后，一位学生的父母对她讲过的话。

> “我们不知道你们具体做了什么工作。”母亲说道，“但是你们对我女儿的影响非常大。有一天她从学校回到家里，竟然唱着歌！她以前从来没唱过歌，从来没有！”
>
> “我问她，‘今天在学校过的怎么样？’以前她只会耸耸肩膀然后说，‘就那样。’但这次不是。她滔滔不绝地给我们讲《塞尔弗莱德与火戒》的故事，告诉我们组成管弦乐团的孩子们如何练习，她和合唱团的小伙伴们怎样学习曲谱。她一直兴致勃勃地说了许多，充满了活力。我简直不敢相信！”
>
> “我不知道你们具体做了什么工作，”母亲又重复了一遍，“但是你们改变了我女儿的人生。在她身上发生了一个小小奇迹。”

随后，这位年轻的女高音对歌剧院的工作进行了生动而详细的解释。她将“歌剧来到学校”项目视作一次在孩子之间传播音乐热情的机会。这样的机会，西雅图歌剧院永远不会错过。

这些故事告诉我们，未来的 20 年，西雅图歌剧院将拥有更多繁荣发展的机会。不仅是销售门票，更重要的是通过音乐改变人生。他们通过实际行动向我们展示，**对差异化的真实理解，能帮助一家组织培育出今天以及今后若干代人的需求。**

四两拨千斤的力量

你也许会认为，需求差异化是那些为大量客户提供服务的大型公司需要考虑的事情。而事实上，就算是有些家庭式的小作坊，之所以能在大型竞争对手的猛攻之下繁荣发展，也多是因为利用了差异化的力量，创造出了与客户在个人层面的情感联系。在马萨诸塞州剑桥就有三家小店，可谓是利用差异化原理发展业务的典型案例。

鲜池市场（Fresh Pond Market）于1922年由亚美尼亚移民尼士·希莫尼恩（Nish Semonian）创立。80年之后的今天，经过了整整三代人的时间，这家店依然生意兴隆。虽然距离小店几分钟车程的地方就有一家大型食品商店，规模更大，更加便利，而且商品价格更为低廉。

来到鲜池市场，总能让人觉得似曾相识。这里温暖、开放、亲和、井然有序，却又并非清洁得如无菌病房一般。店内总是一派繁忙景象，但不会拥挤不堪。装农产品的大筐看起来很有历史感，但里面的水果和蔬菜却永远新鲜美观。罐头食品的种类不像超级市场那样丰富，但其中包括一些不太常见的精美产品，足够引起你的兴趣。酒类区域提供平时不太容易找到的阿根廷、葡萄牙和新西兰红酒，十分值得一试。店内的整体氛围给人一种强烈的感觉：这里的食品带有人情味。店主把握着这样的人情味，满足着顾客个人层面的不同需求。实际上，鲜池市场已经成为了一家专门为客户个性化订制商品和服务的商店。

马克·纳杰里安（Marc Najarian）是鲜池市场创始人的外孙。他给我们讲述了店中的一两件轶事：

> 在这里，我们将顾客视为我们大家庭的一员。我们认识他们，我们给他们提供帮助。例如，如果顾客想要一款产品，在其他地方找不到，我就会说："让我们来想想办法。"威尔逊夫人的先生喜欢吃杏仁奶油。我们找到了这种产品，帮他带了回来。我们经常做这样的事情。
>
> 顾客也十分喜欢我们的肉品部。不单是因为产品质量好，而且顾客在

那里还能买到他们想要的精确份量的肉类。肉品部的生意火爆对整体销售是很大的促进。如果顾客进到店里来买牛排或其他肉类，那么就肯定还会买其他东西。

大型连锁超市的经理也许会一次性地为某位顾客特别订购某一款产品，一瓶杏仁奶油、一块份量精确的牛排。但是，大超市不太可能会像纳杰里安那样，一直持续订购该款产品。大型超市的规模和复杂性不允许用这样的方式做生意。鲜池市场也许的确没有像驻步购物连锁店那样的优势，但是却可以在顾客的个人层面创造出产品差异，而这种优势，被纳杰里安发挥到了极致。

我们也向纳杰里安询问了关于品类繁多的酒品部的情况。普通的街头食品店并没有如此之多的酒类销售。他这样回答：

啊，酒品部的背后有个很有意思的小故事。我的外祖父其实并不想在店中销售酒精饮料。但是，住在附近的法官库纳汉一再要求，他最终同意销售红酒和雪莉酒。当时，酒品部不过是角落里的一个小货架。

我在20世纪60年代时开始认真思考酒品销售的问题，花了一些时间进行计划，并组建了这个部门。现在，我们的酒品部得到了顾客的认可和喜爱。酒品部的规模并不是十分庞大，但货架上的各种酒类是经过我们千挑万选的。由于我总是与顾客交谈，所以知道怎样适时对酒品进行调整——应该尝试哪些新品种，哪个国家和地区的红酒最受欢迎等。酒品部与肉品部一样，将顾客吸引进来，他们还会在这里购买其他商品。因此，酒品部也为整体业务做出了很大贡献。

每位食品零售商都会定期更换产品组合。鲜池市场则通过直接响应顾客要求的方式来进行商品调整：红酒、新近推出的花草茶、农产品部的自然熟番茄、收银台旁边的高端巧克力（只有留心寻找才能找到）。

唯一没有改变的，是小店与每位顾客之间的关系和交流，而这正是让人们成为回头客的关键所在。无论是不断更换的产品，还是一成不变的关系，两者都反映出了鲜池市场以个人顾客为基础的服务理念。凭借这种理念，小店成为了社区中不可或缺的组成部分。

永无结束的对话：顾客是最好的朋友

离开鲜池市场，步行 5 分钟，我们就来到了波特广场书店（Porter Square Books）。这家书店开业于 2005 年。当时，亚马逊和其他大型连锁书店已经扫荡了整个图书市场。波特广场书店是如何在这样的环境之下生存发展的呢？现在的生意又为何如此兴隆呢？

戴尔·希布罗斯基（Dale Szczeblowski）、卡罗·斯托茨（Carol Stoltz）和简·道森（Jane Dawson）是书店 5 位所有者中的 3 位。一个周二的早上，她们在书店后面的小办公室里与我们见了面。整个谈话期间，员工时不时地走进办公室请示如何解决客户的问题。书店之中似乎永远有很多看书和买书的人。店里一副繁忙的景象，却也不是忙得不可开交。整个画面令人觉得十分亲切舒适。

“你们是怎么做到的？”这是我们唯一的问题。

她们的回答从“服务”开始。这个老生常谈的词汇让人觉得似乎说了跟没说一样。但是，随着她们把具体的细节娓娓道来，我们了解到，她们提供的服务是以不同的客户类型为基础，深入到每一位读者，以及这些读者看重的与图书相关的产品和服务。和鲜池市场一样，她们这家书店的整体结构和工作安排，都是围绕着客户千变万化的需求而建立的。

“我们将走进书店的人们看做是来家里做客的客人。”道森说道，“如果有人请求帮助，想找某一本书，我们不会仅仅随手指一下书架，而是会走出柜台，带领读者走到书架前面，将书拿下来递到他们手上。”

“如果书店里没有读者要找的书，我们会在几天之内为读者订购。”希布罗斯基补充道，“很多情况下，我们有充分的时间满足读者的愿望。”

“我们随时提醒自己，书店并不是被四面墙围住的这块小小面积，”希布罗斯基说道。“每当有会议在这座城市举办之时，我们常常会在会场进行图书销售。我们还与本地的学校合作，进行图书的慈善销售。”

在这里，希布罗斯基所讲述的服务，正是为两类很可能根本不买书、或很可能在其他场所购买图书的顾客提供的——参会人员和当地中小学生的家人。

“还有我们的图书阅读活动。每个周三早上，我们都会为一岁半到四岁的幼儿举办一个小时的图书阅读活动。多利亚（波特广场书店的员工）很喜欢给孩子们读书，孩子们也很喜欢听她讲故事。”

“我们也有为成年人组织的阅读活动。我们无法像那些大书店一样请到著名的朗诵专家，但是我们做的也还不错。我们曾聘请过安妮·拉谟特、特莱希·基德、大卫·希达黎斯和亚历山大·马克尔·史密斯。事实上，正是我们的顾客发现了马克尔·史密斯的才华，才将他引荐了过来。从一开始，他就很喜欢我们这家店。”

“我们店里共有25位全职和兼职员工。他们都很喜欢与顾客讨论有关图书的话题。专家对那部小说有何评论？非小说的文学作品中哪些正在热卖？最优秀的新生代神秘作家是谁？我6岁的侄子会喜欢哪本书？员工们永远有许多的想法和建议，而且他们喜欢与人交流。我们最忠实的顾客也非常喜欢这样的交流。对顾客来说，这并不是‘走进来，找书，买书，出门’，而是一个永远没有结束的对话过程。”

永无结束的对话，是将鲜池市场与波特广场书店彼此相连的共同点。他们的商业模式中，社会规范与市场规范并行不悖，不断培育着人与人的沟通，并在沟通的基础之上提供差异化的产品：威尔逊女士的杏仁奶油，在周三读书活动中爱上《糊涂女佣》(*Amelia Bedelia*)的小孩子。在大型连锁商店的竞争压力之下，这些小店之所以能生存下来，原因正在于此。

第三个例子是斯堪德利安药房（Skenderian Apothecary）。这家药房在剑桥街已经有几十年的历史。现在，管理药房生意的是乔·斯堪德利安（Joe Skenderian）和弟弟鲍勃。

收集专有信息：每位顾客都是活生生的人

针对差异这个问题，斯堪德利安药房的办法与鲜池市场和波特广场书店有所不同。**两兄弟的策略侧重于两种差异工具：利用专有信息为个人客户进行产品定制，以及创造组织解决方案，以满足特定需求。**两兄弟平易近人，并不觉得这些算是什么“策略”，只不过是将客户视为活生生的人，需要尊重和关心。乔·斯堪德利安说道：

做药房生意有两种办法。

其一，是患者进来，取他们的处方药，付钱，然后走掉。这是现在绝大多数药房与客户打交道的方法。

第二种办法则完全不同。我们会与客户交谈，向他们提问。了解他们有什么顾虑，目前的病情如何，对于正在服用的药物，有没有什么问题……同时，要让客户感觉这个过程是自然而放松的。

乔的话引起了我们的兴趣。**“专有信息”——对客户数据的收集工作，并不是一种营销工具，而是一种帮助人们明确自身真实需求、不再一知半解的办法。**以下是一个简单的例子。

当你与客户交谈的时候，肯定会或多或少地发现一些信息。剑桥这里有一户人家是我们的客户。他们是个蓝领家庭，每个人都很勤劳。我之前并不知道，整个大家庭在这个地区有80多口人，而且姓氏各不相同。前不久，我才知道，而且还有个很有意思的小故事。那时，有几个年轻人来到药房，他们穿着皮夹克，带着鼻环，头发染得五颜六色。我们并不以貌取人，还是很尊重他们，认真地听他们讲话，认真地回答他们的问题，就像我们对所有客户一样。没想到，他们竟然也是这个大家庭的一部分，而他们在其他的药房并不总能得到尊重和善待。

消息就这样传开了。他们在药房里得到照顾的事情，让这个大家庭的其他成员非常感动。他们一直都是药房的客户，但是现在，他们比以往更加忠实，经常向我们推荐其他客户。

需求洞察

在大型公司之中，“专有信息”这个词意味着存储于巨大数据库之中的文件，需要用复杂的软件进行分析。但是对于像斯堪德利安药房这样的小规模生意，“专有信息”就意味着记住人们的姓名和样貌，用人们感到舒适自如的方式对待他们。

斯堪德利安继续向我们解释了这套系统所需的组织结构：

你的业务设置必须要以这样的运转方式为依据。我们兄弟二人轮流在店中值班，还聘请了3位药剂师。这样，我们就拥有一定的灵活性，可以抽出时间与患者沟通。

你要知道，如果你真的与某位患者熟识，就一定会有不一样的收获。你今天了解到的情况，很可能在患者5年之后因为另一种身体状况来到药房时派上用场。而如果你并不了解某位患者服用的所有药物，那么就几乎不太可能帮助患者避免严重的药物相互作用。

有时，关注患者带来的好处，只能用长远的眼光看；而有时，这样的好处也是立竿见影。比如，去年夏天就有这样一件事。一位年轻女人带着她的两个孩子走进了药房。她穿着短裤，我发现，她的一条腿比另一条腿似乎粗了一些。我问到她肿起的腿是不是有些疼痛。“简直太难受了。”她答道。我们聊了大概几分钟时间，然后我建议她立刻去医院急诊室做检查。剑桥城市医院离药房只有3个街区的距离。

两个小时之后，她回来了。在医院，她被诊断出血液中有凝块，医生给她开了溶血类药物。如果凝块在她腿部破碎扩散，到了肺部，就可能会出现肺血管阻塞症，两个孩子就很可能会没有妈妈了。

我们并不是每天都能有机会向患者提供这样的帮助，但是，如果你不认识这些患者，没有经常沟通、问问题，那么就连一点帮助他们的机会都没有了。

鲜池市场、波特广场书店和斯堪德利安药房的案例告诉我们这样一个道理，**小型商业机构的规模和经营范围，使其拥有了大型竞争对手做不到的一些独特优势，尤其是在对不同的客户类型做出响应的问题上。**街边小店的伙计完全可以与每一位走进大门的顾客交朋友，并根据他们的需求和愿望进行产品的特别定制。

这就是需求差异的终极应对策略——一次增加一位客户。

找到关键增长点

满足客户的需求差异，对于像本地食品店这样的小规模、以人际沟通为基础的商业组织来说，几乎是自然而然的事情。这里强调一下“几乎”这个词，因为还有很多小规模商业组织的客户得不到上述三家小店为客户提供的个性化服务。**如果人与人之间的交流对创造需求来说非常关键，那么在这类组织中，就需要对需求差异予以重视。**例如，“为美国而教”的金润娥老师就将她95%的时间和精力投入到调整教学风格以满足每位学生的不同需求上。但同时，差异化的产品对于大型国际业务来说，也可以是非常强大的需求创造工具。享有“世界第八大奇迹”之称的技术成就，便是其中的受益者之一。

> 自从1802年开始，人们就在讨论如何建造连通英国和法国的隧道。那些19世纪的隧道计划，因政治和军事考虑而被迫叫停——总有一些英国人存在顾虑，担心新的拿破仑式人物会率领一支法国军队，通过隧道挺进英国。[①]

第二次世界大战后西欧的和解与联合，重燃了建设海峡隧道的希望。1986年，一家英法合资公司——欧洲隧道集团（Groupe Eurotunnel S.A.）成立，计划将这一梦想变为现实。8年之后，项目竣工。该项目斥资95亿欧元（其中四分之三为贷款），几乎是原先估算成本的两倍。1994年5月6日，英国女王伊丽

① 英国人对法国入侵的偏执妄想，远远超越了维多利亚时代的时间限制。已故商业历史学家罗伯特·索贝尔（Robert Sobel）很喜欢讲述一个故事：英国政府于1803年设立了一项工作。负责这份工作的人，要站在多佛尔（Dover）的白崖上用望远镜眺望远方，如果发现拿破仑军队的踪迹，就敲钟警示。这份工作最终于1945年取消。——作者注

莎白二世与法国总统密特朗出席了“海底隧道”的开通典礼。

海底隧道是令人称奇的技术成就，是全世界第二长的铁路隧道，也是全世界最长的海底通道。[①]更重要的是，欧洲之星列车在海底隧道的通行，开启了便利的火车旅行新时代。世界上的两座伟大都市——伦敦和巴黎之间，从此天堑变通途。项目中的工程师、建筑工人和商业设计者，成功地圆了一场长达两个世纪的梦想。

他们的确建成了这条伟大的海底隧道，但却无人问津。“无人问津”的说法也许有些夸张，但事实确实没好到哪儿去。在欧洲之星火车开始提供服务之前，专家曾预测说，每年将有 1 500 万旅客搭载海底隧道的火车。然而，在隧道开通的第一年，仅售出了 300 万张车票。

关于未来的需求，欧洲之星的设计师掷下了庞大而昂贵的赌注，结果输得一败涂地。欧洲之星的管理团队不得不重新思考他们的商业模式，设计出新的策略，以寻找那错失的需求。

他们意识到，其中一个问题，就是用来预测需求的“黑匣子”预测模型。一系列宏观经济预测和诸如航空竞争之类的众多预测数据，被汇总到一个单一的复杂数学公式之中。公式的另一端出现了一个庞大的乘客流量预测数值。不可否认，这是一套复杂而深奥的系统，是大量智慧和努力的结晶。但是，其计算结果却与真实情况大相径庭。

---

① 全世界最长的铁路隧道是位于日本的青函隧道（Seikan Tunnel）。这条隧道将本州岛与北海道连接了起来，几乎有 54 公里长，比英法海底隧道长 3 公里。青函隧道的策划工作始于 1955 年，而此前一年，一场台风在该海峡淹没了 5 艘渡轮，夺去了 1 430 名旅客的生命。青函隧道历经了 20 年的建设，于 1988 年通行。隧道建设过程中，34 名建筑工人为此付出了宝贵的生命。——作者注

欧洲之星需要重新创造一套分析预测系统，并将欧洲之星不均匀的需求规律考虑在内。新的预测方法用一个“玻璃匣子”替换了之前的“黑匣子”。通过对欧洲之星乘客和潜在乘客的大量访谈，工作人员列出了一系列不同的客户类型，每一类都由其特征、历史、期望、偏好和价值观组成。整个分析过程包括了科学、数学、一点点直觉，以及活生生的数据。

研究人员结合宏观经济和竞争对手信息，针对每一类客户类型开发出了新的旅客流量预测。之后，再将所有独立的预测数据加总在一起，同时保持每个部分的开放性，随时准备对数据进行更新、反思和修正。“玻璃匣子”的称号便由此得来。

欧洲之星这种利用差异性原则看待客户的方法，给了公司一次反败为胜的契机。就好像擦干净了原本脏兮兮的眼镜片，欧洲之星一改以往模糊不清的“平均客户”视角，利用清晰、现实的眼光，透过所有复杂的动态因素，看到了列车服务真实的潜在旅客流量情况。

研究人员首先意识到的，就是欧洲之星的某些旅客类型，比其他类型更具有需求增长的潜质。伟大的需求创造者明白，所有客户都很重要。但是就像交响乐团的“尝试听众”一样，有些客户类型对于需求增长来说具有特殊的重要意义。

有一类客户类型被称为“银质餐具周年纪念旅客”——这些旅客年龄偏长，乘坐欧洲之星，是为了庆祝某个浪漫纪念日而进行的隔夜旅行。你也许已经猜到了，这部分客户中，从伦敦去巴黎庆祝纪念日的要比反方向的旅客多——因为“巴黎”的浪漫色彩要比“伦敦”丰富一些。这部分客户相对较为富裕，从欧洲之星的营销战略来看，也是比较具有吸引力的一部分人群。但是，周年纪念一年只有一次，所以这部分客户的旅行频率非常之低。

另一类客户类型是海外游客——北美和其他地区过来的旅游观光人士，他们可能会考虑使用欧洲之星的服务，从为期几天的欧洲大陆之旅中开个小差，到英国转一转。乍一看，这很可能是拥有巨大成长潜力的客户资源，但如果对市场实用性稍加研究就不再抱有这样的希望。相对数量较少、分散在欧洲大陆各地的北美游客，无法利用同一类媒体进行覆盖。在这样的情况下，用节约有效的方式针对这些游客进行营销，实在难度太大。因此得出结论：海外游客很可能是欧洲之星未来需求的来源之一，但数量不大，而且较难针对这类客户进行需求开发。对需求增长的探索，还是要将目光转向别处。

欧洲之星的研究团队在数据分析上做的越多，就越清晰地发现，所有的重要指标都围绕着一种类型的潜在客户：公务差旅人员。从伦敦到巴黎或反方向的差旅，主要以约见客人、招待客户、筛选供应商或侦查竞争对手情况为目的。这些公务人员出手阔绰，需要频繁出行，而且将欧洲之星服务最强的优势——节约时间，看得非常之重。

研究交响乐听众的不同类型，给了人们启迪，发现了“尝试听众”的关键作用。同样，类似的分析方法也显示，公务差旅人员是海峡列车服务的关键增长点。

欧洲之星团队立即将这一发现运用到实际工作之中。原先的二阶式票价——95 英镑的标准单程票，195 英镑附带一顿正餐的头等座票，替换成了一套更加多样化的票价系统，以满足不同旅客类型的需求。对于只想以合理的价格尽快完成旅行的人来说，可以购买 99 英镑的标准票。希望多花一点钱，享受到更为安静的旅途环境，同时还能积攒一点列车常客积分的旅客，比如需要节省开销的公务差旅人员，可以购买110英镑的高等经济车厢票。花上175英镑，就可以买到商务头等车厢票，这里可以让经理人们享受到更快捷、更舒适的旅程——10分钟检票、计程车服务，还有专用的酒廊。奢侈的休闲旅客可以购买196英镑的头等车厢票，在所有优厚待遇之外，还包括一顿带香槟的正餐。

这套新系统很快就初见成效。在欧洲之星1995年以300万旅客惨淡开场之后，年旅客总数呈现出稳定上升的势头：1996年有490万，1997年600万，2000年则达到了710万的高点。很明显，**人们愿意购买与他们本人期望更为接近的旅行体验。**

历史数字带来了希望。但此时，欧洲之星的业绩离收支平衡还相距甚远。客户差异化的思路，能帮助欧洲之星实现那看似几乎遥不可及的盈利吗？

“去一般化”：服务至上

虽然“去一般化”的研究发现了一些令人激动的成长潜力，但欧洲之星在运营的头10年中还是未能避免各类问题。服务质量下降、列车频繁晚点，给欧洲之星冠上了恶名。首任董事总经理理查德·埃奇利（Richard Edgley）花了大量的时间，在出现问题后向媒体进行公关危机演说。仅第一年，他就为晚点半个小时以上列车的旅客报销了价值200多万英镑的车票。

埃奇利的继任者哈弥士·泰勒（Hamish Taylor）称，自己接手这个烂摊子“简直就是自杀式行为”。不过，在他的推动下，列车服务得到了一定提升，其中包括起到关键作用的伦敦至海底隧道的高速铁路建设。有了这条铁路，英国部分的旅行速度得到了提高，英国到欧洲大陆的整体旅途时间也有了缩短。在泰勒的努力之下，欧洲之星的收入情况有了一定的好转。但在他1999年离开之时，列车每搭载一名乘客，还是会亏损十几英镑。

新任董事总经理戈登·拜伊（Gordon Bye）碰到了一轮新问题——全球经济低迷，列车设施老化陈旧，更多的服务漏洞。以易捷航空（easyJet）和瑞安航空（Ryanair）为代表的低成本航空公司开始大举进军度假旅客市场，到了2001年，已经填满了伦敦—巴黎线路中的大部分需求。同年9月，纽约和华盛顿发生的恐怖袭击令全球商旅活动陷入瘫痪，进一步打压了欧洲之星的收入增长。2000年曾一度达到的710万旅客的成绩，在随后的两年之中直线下滑。

欧洲之星本身古怪的所有制设置，将法国和比利时政府与一系列英国政府和私人公司联系在一起。而这样的复杂体制无异于给窘迫的运营现状火上浇油：仅2003年一年，就有14家不同的机构，怀着各自的目的，宣称是欧洲之星的所有者之一。

理查德·布朗（Richard Brown）于2002年8月接手欧洲之星时，正是面临着这样一幅杂乱衰败的景象。30年之前，布朗刚刚大学毕业，便拒绝了壳牌和美孚等公司的高薪职位，加入了英国铁路公司（British Rail）。当年，他父亲非常不看好这样的选择。早在那个时代，人们就已经将铁路视为一个走向死亡的行业。“人们那时都在讨论‘铁路的问题’。”布朗回忆道，“甚至还有本书以这个为主题。”但是，布朗觉得列车旅行“很有意思”，最终将其发展为自己一生的事业。

布朗在业内拥有很高的声誉，很多人都认为，他是凭借高明领导力，将欧洲之星挽救于水火的不二人选。《泰晤士报》给了他这样的描述：

布朗身材短小、秃顶、彬彬有礼、天庭饱满，还有“赌命丹”（Desperate Dan）一样硬朗的下颚。他名声在外，被称为铁路行业最优秀的一位管理人才和战略家。

赌命丹是一部老英国喜剧片中的西部野性人物，他以线条分明的大号下颚和非凡的坚韧个性而著名。他能单手举起一只奶牛，还用焊枪刮胡子。在欧洲之星的岗位上，布朗的确需要赌命丹的坚忍和毅力。

公司变革从来都不会轻松，像欧洲之星这样复杂的组织中则尤为棘手。“我们有来自 3 个国家的员工，在布鲁塞尔、巴黎和伦敦有 3 处主要运营基地，列车上还有 400 名一线服务员工，”布朗说道，“因此，哪怕是对最不起眼的业务流程进行重新设计，这意味着要让大量的人员改变他们以往的行为方式。像更换早餐蛋卷这样的小事，都寻找一家新供应商、对员工进行重新培训，这都是非常复杂的事情。”

布朗卷起袖子，准备大干一场。首先，他摆脱了前任领导那些防御性的借口和说辞，坦然承认公司急需提升服务质量，并承诺说这是新任领导班子的首要任务。布朗也坦言，创造需求是他面临的另一项主要挑战。“我们在一个竞争十分惨烈的消费市场中生存。”他这样说道，而前面几任欧洲之星领导几乎从未提过要以客户为中心。

最重要的是，布朗开始致力于吸引欧洲之星成长中最关键的力量——公务差旅人员。这并不是简单的广告或营销活动。现有的欧洲之星产品未能解决这一关键客户类新所面临的各种麻烦。因此就需要设计并实施新的产品特征。2002 年 9 月，布朗上任后仅一个月的时间，就发布了斥资 3 500 万英镑的“商务欧洲之星”项目，其中包括新开设的商旅人员专用的 15 分钟快速检票——直击关键客户的麻烦地图。

为了更好地了解这类客户的需求和愿望，布朗和他的团队利用了一些传统的商业工具，如调查和焦点小组等。但是，布朗自己也有许多经常往返于伦敦和巴黎的朋友，他们大多是律师、银行家和财务经理。布朗强调，**与客户之间的正式和非正式交谈都非常重要，“两者相得益彰，互补有无”**。几位欧洲之星的常客联合在一起，成立了180俱乐部。名称的由来，是因为欧洲之星旅途的时长就是180分钟。布朗花了许多时间向俱乐部会员请教问题，并称他们为“金尘”（gold dust），因为他们提供的反馈信息很有价值，特别是他们对旅途中遇到一些麻烦的抱怨。很多的抱怨都被布朗列到了工作清单之中。

如果布朗能着重关注倾听客户怨言，他就能很快得到他想要的所有东西。

服务漏洞依然继续困扰着欧洲之星。2002年10月，由于天气造成的系统故障，列车连续3天停运。被困的50名乘客被迫睡在了空荡荡的车厢里或是火车站地板上，这些乘客聚集在伦敦滑铁卢车站的欧洲之星办公室外面表示不满。愤怒的客户不断地喊着：“我们要见经理！”最终，警察出面控制了现场局面。

布朗展现出伟大的需求创造者所共有的勇气，很快与其他几位欧洲之星的领导出现在人群面前，用了一个小时的时间接受各种抱怨之辞的狂轰滥炸。之后，出于友好的姿态，布朗向每一位受困的旅客赠送了欧洲之星新高速线路的免费车票。

在这次经历的警醒之下，布朗越发努力，以便更好地为最重要的商旅乘客提供服务。2003年6月，他公布了新型特别头等车厢的设计方案。新车厢由著名室内设计师菲利普·斯达克（Philippe Starck）负责设计。这位设计师其他的作品还包括伊恩·斯科瑞格（Ian Schrager）传奇般的精品酒店以及法国总统密特朗的私人公寓。车厢中传统的“二加一”式座椅被替换成单独的蛋形旋转座椅。“特别是头等车厢，要比私人飞机还要豪华，”斯达克宣称，“全世界最高档的飞机也不会有如此的舒适。”同时，头等车厢和标准车厢的座椅也得到了更新换代：加上了带翼靠枕以提高舒适度，还提供了供手提电脑使用的插座，每列火车的两节酒吧车厢也进行了重新装修。

到了2004年，布朗的努力终于见到了成效。乘客数量在四年之内首次出现了提升。在商旅乘客逐渐被吸引到欧洲之星的同时，差异性研究中识别出来的其他一些乘客类型也慢慢出现了需求增长势头。

颇有些令人意外的是，欧洲之星持续增长的最佳来源之一，是被称为VFR的客户类型，也就是“拜访亲友旅客”（people visiting friends and relatives）的简称。欧洲之星乘客中的很大一部分都是在国外生活的人——住在巴黎的英国人，或是迁至伦敦的法国人。在欧洲经济与文化融合的促进之下，VFR旅客一直保持稳定增长的趋势。一位观察家曾说过，伦敦现在就是“法国第六大城市”。

布朗和他的团队一发现这种新的客户类型，就马不停蹄地开始尝试不同的差异化服务，以保持其增长。其中包括低价的工作日车票，以及特别定制的常客奖励项目。在旅客访谈的基础之上，欧洲之星又对VFR做了进一步细分，包括退休旅客群体、学生和年轻工作人员群体等。每个细分群体都有各自独特的麻烦地图和旅行偏好。欧洲之星还针对这些细分群体设计了富有魔力的补充产品。退休旅客常常会带上孙辈同行，于是欧洲之星就与车票捆绑了适合儿童的折扣活动，例如巴黎迪士尼乐园之旅等。而学生和年轻工作人员则能得到音乐会等文化活动的折扣票。欧洲之星的旅客人数进一步得到了提升。

把自身优势发挥到极致

然而，欧洲之星需求大幅提升的真正动力就藏在自家后院。公司成立之时既有的非常了不起的基础设施工程，帮助实现了需求创造的突破。

欧洲之星通过坚持不懈、一丝不苟的客户研究，发现某些看似不起眼的服务水平提升，特别是旅行时间的缩短，可以对需求，尤其是商旅乘客的需求产生巨大影响。虽然欧洲之星当时的速度已经很快了，但 3 个小时的单程旅行还是会占用旅客一天当中很大一部分有效时间。

> 法国拥有著名的 TGV（“Train à grande vitesse”的缩写，意为极高速列车），对超高速列车系统的建设和维护有着多年经验，而英国则没有。当欧洲之星刚刚开始运营之时，旅途中最耗费时间的一部分，是从伦敦出发，乘火车途经肯特郡，然后到达海底隧道的英国入口。对这一部分铁路进行升级建设，以缩短整体旅行时间，会帮助商旅乘客减少很多麻烦。从此，在巴黎的工作可以多做 40 分钟，而且还能悠闲地享用一顿午餐。如果下午的会议没有按时结束，你也能及时赶回家，哄孩子们上床睡觉，然后与另一半共进晚餐。

这段铁路的升级工作主要由欧洲之星的英国股东投资。项目的首期工程于 2003 年完工，但对整体服务的影响却并不明显。2007 年 11 月，余下的项目终于全部完成。新的高速 1 号线（HS1 line）将英国部分的整体旅途时间提高到了当时法国和比利时的水平，将伦敦到巴黎的单程旅途用时，从 3 小时缩短到了仅仅两小时十五分钟。

时间的缩短，对旅客的心理震撼非常大。记者安德鲁·马丁（Andrew Martin）体验了首次的庆祝通车仪式，感叹道：“我们半个小时之内就到达了海底隧道，仿佛时空的瞬间移动……这就是现存最发达的交通方式。”

更令人称道的是，尽管欧洲之星多年来各种服务问题积重，但铁路的升级工作却几乎没有遇到什么大麻烦。“一切进展的十分顺利。通车几周之后，有位员工说道：‘难道这样就结束了？’”布朗微笑着回忆道。

将隧道旅行时间缩短 45 分钟，就是让商旅乘客享受到了他们最重视的利益——时间。布朗骄傲地说道：“几年以前，没人能想到可以用一天时间完成巴黎之旅……我们正在逐渐开拓人们的视野，欧洲之星对他们来说，有很大的利用价值。”

HS1 的到来，极大的提升了欧洲之星的魔力，比其发展过程中的任何其他开发项目都更加强大。同时，HS1 也标志着欧洲之星内部公司文化的重大转型——从消极被动到自信骄傲。这一显著技术成就，给了欧洲之星团队成员一次巨大的激励，帮助他们去正视未来的挑战，正如布朗所言：**“未来的挑战不再是威胁，而成为了机遇。”**

基础设施的升级建设也带来了另一项重要利益。在HS1线路投入运营的同时，欧洲之星的伦敦站点也从城市西南角的滑铁卢火车站迁到了位于伦敦北部、经重新翻修的圣潘克拉斯（St. Pancras）国际车站。这看起来不太大的变化，却有着巨大的潜力。

客户差异研究的另一项发现，就是铁路运输在其所到区域之内的“微地理”

效应。选择欧洲之星去法国的英国旅客，绝大多数都来自伦敦，而不是其他边远城市。事实上，距离滑铁卢国际火车站较近的几处伦敦居民区中选择欧洲之星的旅客，比其他居住在需要 30～60 分钟车程的伦敦市郊居民区中的旅客数量要多得多。

还记不记得 Zipcar 早期发展阶段曾遇到过的问题？那时，客户因为要走到最近的 Zipcar 停车场所需的时间太长而拒绝这项服务。Zipcar 通过在特定城市居民区增加停车点密度来应对这个问题，将客户步行到停车场的时间，从 20 分钟缩短到 10 分钟，并最终缩短到了 5 分钟。

2007 年，欧洲之星将伦敦站点从滑铁卢迁至圣潘克拉斯，也取得了类似的效果。圣潘克拉斯火车站位于 6 条地铁线路和 7 条本土铁路的交汇处，无形中扩大了欧洲之星能吸引到的客户范围，使得“坐火车去巴黎”成为了伦敦市郊居民以及赫特福德（Hertfordshire）、贝德福德（Bedfordshire）和白金汉（Buckinghamshire）等北部各郡居民的理想选择。

迁站至圣潘克拉斯，也是对欧洲之星潜在客户群的重新界定和扩大。需求也继续保持增长势头。

给顾客他们最想要的东西

自从 HS1 线路取得需求突破以来，欧洲之星就一直将重点放在商旅乘客上。其中最成功的一项策略，就是提供带有“可选性”的车票。这种车票可以进行退票和改期。通过这一策略的效果，我们可以看出，一款为吸引具体客户类型需求而精心打造的产品，具有强大的力量。

对于商旅乘客来说，无限制的换票机制十分重要，因为他们经常会在临出行前更改差旅计划。由于商旅乘客购买的车票由公司付钱（也是可免税的商务支出），他们就会心甘情愿地为实现灵活出行而多支付很大一笔钱。相比之下，以旅游度假为目的的旅客则对行程和时间有较强的控制能力，因此并不太需要车票的“可选性”，也不愿为此多付钱。

> 不同客户的需求差异在经济上的影响十分突出。伦敦和巴黎之间没有可选性的最低往返票价仅为 75 欧元，而同一路线带有可选性的特别商务车票则起价 339 欧元。这就给欧洲之星带来了更大的利润空间。

车票可选性并不是欧洲之星为重要的商旅乘客提供的唯一附加产品。公司还在线路两边的车站提供酒廊和设施齐全的会议室。旅客在购买车票的同时，就可以方便的在线预定这些服务。有了这些设施，就可以进一步帮助繁忙的商旅乘客减少在城市中的奔波时间。同时，特别商务车厢的旅客还能享受其他一系列便利的服务，包括两边站点的司机服务，商务酒廊的免费无线上网，为手机和笔记本电脑准备的电源，以及在车厢座位上提供的正餐和饮料。乘客甚至还能在列车上叫出租车，以避免到站后排长队的等候时间。

在这些以客户类型为驱动的产品差异影响下，欧洲之星赢得与其最大竞争对手——航空公司之间一场恶战的决定性胜利。[①]如今，在所有的商旅乘客中，有四分之三乘坐欧洲之星列车往返于伦敦和巴黎，而不选择飞行。与 2003 年时的情况相比好了许多，当时大部分旅客还是选择乘飞机横渡海峡。现在，超过 90% 的欧洲之星列车会准点到达，而降落在希思罗机场的飞机中，准点率还不到

① 虽然也有横贯海峡的渡轮服务，但相比之下，乘渡轮的旅客人数很少。——作者注

70%。而且，旅客从航空公司向欧洲之星转移的趋势，本身也行成了一个自我强化的良性循环：**随着越来越多的商旅乘客选择欧洲之星，航空公司开始减少商务舱的座位——商务舱座位越少，就有越多的商旅乘客转而选择欧洲之星。**

更加值得注意的是，对商旅乘客的专注，也提高了欧洲之星对其他类型旅客的吸引力。

客户调查以及布朗长期与个人旅客的交流都表明，商旅乘客希望有独立的旅行空间。在赶去开会的旅途中查阅电子邮件或撰写汇报材料时，谁也不想挤在去往迪士尼乐园吵闹的小孩子或卿卿我我的蜜月情侣旁边。

但是，布朗和他的团队也发现了一个不那么明显的情况：休闲旅客同样也需要独立的旅行空间。如果度假的旅途中，不得不与一群敲着电脑、打着电话的西装革履人士同座，就会非常影响休闲旅客的度假心情。

“对这样的发现，我们感到很惊奇。”布朗回忆说，“但事后就会让你有种恍然大悟的感觉，不禁问自己‘为什么之前我没有想到？’”

欧洲之星通过将两类旅客分隔开来，为每一类提供各自所需的服务，来提高所有人的旅行体验。例如，2005 年，公司推出了休闲精选票，专为好心情的富有度假旅客准备。和商旅乘客一样，度假旅客也有单独的车厢，并配备了一系列额外的服务,包括列车上的报纸和杂志,以及送到座位上的饮料和正餐。“我们推出这项改变之后，”布朗说道，“特别商务车票和休闲精选车票的销售都获得了大幅上涨。”同样的上涨也出现在欧洲之星的其他旅客分类之中。举例来说，现在跨海峡的 VFR（访问亲友）旅客类别中，有 91% 的人选择使用欧洲之星的服务。

打出最好的广告：口口相传

组织可以利用一系列的技巧，应对需求差异性。欧洲之星至少用到了两种：产品差异化（专为商旅乘客和其他类型客户定制的特别服务），以及能实现个性化的产品平台（例如提供“可选性”的车票，经常在最后时刻更改行程的客户能花钱买到这样的权利）。

和其他伟大的需求创造者一样，欧洲之星也针对超越现有用户之外的客户类型需求，开发了相应的系统。举例来说，公司有一支15人组成的团队，专门负责与大公司的差旅管理人员会面。这样的安排在这个行业中实属少见。欧洲之星也将触角扩展到了国外的旅行社，因为这些旅行社在英国和欧洲大陆的游客需求上起到了很大的决定作用。在列车运行的头10年中，这些国外的旅行社只能通过布朗称之为“在沼泽中前行”般的繁冗步骤来给旅客订座。2004年，欧洲之星成功进入了旅行社用于预定航空机票的计算机“全球分配系统”（GDS）。以前欧洲之星很难直接接触到的海外旅行者，由于有了这一突破，现在也被吸引到了这张需求的大网中来。如今，在赴英的美国旅客中，欧洲之星的乘坐率每年都有50%的增长。

布朗强调与客户交谈要有正式和非正式两种方法，同时也强调传统营销手段（广告、促销、公关）和客户驱动的口口相传相结合。“如果你只有广告而没有客户的口口相传，你就不会取得任何突破性成果，反之同理。人们在旅行过程中形成了许多习惯，而这些习惯并不会很快改变。原先，大多数商旅乘客在巴黎和伦敦之间选择搭乘飞机。我们用了5年的时间，让其中大部分人转而选择列车，放弃飞行。若想让人们做出这样的改变，是需要很多时间和努力的。”

需求的力量

诸如此类的改变正在进行。全年总乘客数量，从1995年的仅仅300万上升到了2 000年的710万，于随后的3年处于停滞和下降趋势，而现在，已经取得了连续6年保持增长的好势头。2010年，950万人乘坐了欧洲之星列车。到2012年，很可能将突破1 000万大关。有了这样的乘客规模，公司很可能将会首次实现扭亏为盈。

布朗和他的同事们喜上眉梢。而英国的纳税人也因此而倍感欣慰，因为他们终于看到了希望，因为他们终于可以从1994年海底隧道剪彩以来年复一年压在他们肩膀上的经济负担中解脱出来了。环保主义者也很高兴，因为火车旅行产生的污染和温室气体排放只是同路程飞机旅行的十分之一。

欧洲之星的重振也带来了其他较为不明显的利益，如今也都慢慢浮出了水面。由于欧洲之星在跨海峡旅行中的领导地位越来越重要，布朗一直在敦促英国政府官员，延缓扩张建设当地机场的计划。**据估计，欧洲之星现在每年替代了25万次短程航空飞行。**“我们不是说国家永远都不需要扩建机场，”布朗说道，“但是少建一两条机场跑道做出的贡献也不小。”在如今这个时代，人们对机场扩张所带来的经济、环境和噪音污染等问题越来越担忧，因而对此怀着越来越强烈的抵触情绪。能少建一两条跑道，的确是不小的功绩。

今天，有了布朗的专注领导力，以及10多年来长期积累的将需求差异化为实际服务的努力，欧洲之星终于开始将需求创造的潜质落实到现实之中。这是件好事，尤其是在多股新的商业挑战浪潮正向公司呼啸而来的时候。

但其中有一个问题，就是服务瘫痪这个噩梦再次重演。2009年12月，就在圣诞节之前的几天，5 列欧洲之星列车出故障停运，致使 2 500 名旅客受困，10 万人的出行计划受到影响。由于这次事故，合并后新成立的欧洲之星国际有限公司（Eurostar International Limited）原本任命布朗为董事会主席的计划被迫暂缓。

> 同一时间，另一股全新的竞争力量悄悄浮现。2010 年 6 月，欧洲委员会（European Commission）负责维持市场竞争秩序的监查机构批准了一个长期以来的计划——将欧洲之星的组织形式转变为独立统一的商业实体。前提是，伦敦和欧洲大陆之间的海底隧道线路要向竞争公司开放。立刻，荷兰铁路公司（NedRailways）、法国航空和德国联邦铁路（Deutsche Bahn）都表现出要与欧洲之星竞争同一市场的愿望。

竞争铁路公司若想提供跨海峡服务，需要一定的准备时间。正式的商业化运营不会在 2012 年之前开始。但是，布朗已经开始积极地主动回击。他领导了一系列新行动，利用强大的精进曲线，将欧洲之星推向陡峭的提升之路，希望能超过不断上涨的客户期望和新竞争对手发展。公司设计发布了新的营销和销售活动，为更宽泛的旅行者类型提供服务，其中包括与英国维珍航空联合提供的“动态打包”联票，以及一次性购买的英国至瑞士的联票。

同时，布朗也在敦促英国政府，开始规划伦敦和英国北部重要商业中心伯明翰之间的高速 2 号铁路。2010 年 10 月，欧洲之星宣布计划斥资 11 亿美元，从西门子公司购买 10 列高容量高速火车，并将在欧洲大陆各地扩展服务。

需求创造者的工作永远不会停止。**最优秀的需求创造者明白，对市场的“去平均化”，就是时刻等待着的需求大爆发。**我们总是会禁不住去猜想，欧洲之星下一步的“去平均化”行动会是什么。

用成本有效方式应对差异性的5大策略

我们大多数人都是持“供应面思维”的。这样的人，往往厌恶客户差异的说法。因为这种说法会让我们的生活更加复杂——太多不同种类的需求等待我们去应对，而每一类都需要特别的思考和关注。

需求创造者则不同。他们热爱差异性的概念，因为这让他们获得以更高精准度，为更多客户提供更优质服务、更匹配产品的机会。

但是，他们也了解，差异性的应对并不简单，很可能是一个复杂、棘手、昂贵的过程。于是，随着时间的发展，他们发明出了一系列不同的策略，旨在利用成本有效的方式应对差异性：

1. 创造出产品的不同版本，最好令其中的大部分元素保持一致，以降低成本。如苹果的iPod，从价格49美元的iPod Shuffle到399美元的高端iPod Touch，有多个版本供客户选择。

2. 创造一个带有补充服务的平台，以满足个人客户的具体需求。如CareMore对共用服务基础设施的建议，以及针对糖尿病和充血性心脏衰竭患者的多重嵌入式服务。

3. 提供针对不同组织的解决方案，任命专人负责针对具体需求来对产品进行定制，以确保其工作效果。如彭博和利乐与全球成千上万的大客户之间定制服务的紧密合作。

4. 利用专有信息，对产品进行个性化处理。如亚马逊和奈飞的推荐引擎受到客户购买与评分历史记录的影响。

5. 在必要的情况下，设立一个新的业务部或新公司，专门为不同类型的客户提供服务。如雀巢在进入浓缩咖啡市场之时，凭借 Nespresso 品牌所做的工作。

上述 5 条不同的策略，是为了应对 5 种不同类型的客户差异性挑战。需求创造者早就已经脱离了“一款产品包打天下”的想法。从他们身上，还能看到怎样的奇迹，我们拭目以待。

Demand

Creating What

第三部分

完胜市场，就在最后这两步

People

Love Before

They Know They Want It

08

产品发布

不要成为阿喀琉斯之踵

DEMAND Creating What People Love Before They Know They Want It

- 产品发布每错过一个月的时间，就等于给了市场一个转移的机会，给了竞争对手一个先发制人的机会，给了技术一个改变的机会，给了客户偏好一个转向的机会。
- 产品发布是一场头脑游戏。决定成败的是人们的思维方式，以及战胜商业习惯和与生俱来人类本能的水平。

需求创造大师

丰田普锐斯：找到本田错过的需求

- 为什么绝大多数的产品发布活动，都以失败告终？为什么发布团队希望引发并满足的需求往往得不到落实？
- 如果新产品首次在市场上亮相之时，不能创造出巨大的新需求，是否就意味着没有机会了？
- 如果你是一名未来的需求大师，你能将下一个项目的成功概率从20%提高到80%，甚至更高吗？

需求的“阿喀琉斯之踵”

今天，混合动力汽车及其升级版——全电动汽车，正处在汽车行业创新的前沿。较高的燃油效率和良好的环保形象，使各种使用替代燃料的混合动力汽车成为各大汽车厂商的宠儿，受到全世界消费者的青睐。

然而，今天的混合动力汽车爱好者，很少有人能说出第一款在美国大规模生产和销售的混合动力汽车的名字，也猜不出这款车的上市时间。

本田 Insight，早在 1999 年就已投放市场。据美国环境保护署称，这款车自从发布之日，便大力宣传其每加仑 70 英里的燃油效率。

无论从哪个角度看，Insight 都称得上是令人瞩目的重大突破。那么，后来究竟发生了什么？为什么 Insight 当时未能激发出后来混合动力汽车所掀起的需求革命呢？

先回答第一个问题。第一代 Insight 在 2006 年停产之前，在全世界仅销售出了 17 000 台。重新设计的 Insight 于 2009 年推出，在日本市场表现不错，上市后的头 12 个月，销量排在日本市场第 5 名，但美国市场的反响却颇为冷淡，2010 年销售量不倒 21 000 台。

关于“为什么”这个问题，有几种答案。首先，第一代 Insight 看起来像是个尚处于试验阶段的科学研究项目。这款两门掀背车连后排座都没有。《纽约时报》称，其款式“仿佛大力水手的女朋友奥丽薇那条半长不短的裙子，后挡泥板的样子实在有点不敢恭维”。甚至是那些极力想要称赞这款创新车型的汽车分析师也不得不抱怨：“缺点还是有的——后轮裙板必须在进洗车房或换轮胎时取下；车身铝质板材的修理和更换造价昂贵，这增加了保险费用。山地居民使用时，万一电池耗完，就不得不仅凭低功率的内燃机费力爬上山坡。”路上试驾编辑则警告说：“与 Insight 相比，就连丰田花冠也算得上是极速赛车。”编辑这样写道：“Insight 速度一旦超过 40 迈，就好像长着轮子的风筝一样……速度只要上去，这部超轻的车子肯定会倾斜到旁边的车道上。客气点说，这种驾驶体验没有一点愉悦乐趣。”

虽然评论家们口口声声说“我们认为本田的技术十分了不起”，但也写出一些文章来帮这部小车求得宽恕：“可以这么看，Insight……主要是以节约能源为目的，而非开辟新的发展方向。”后来，本田公开说，这部车纯属“试验”，而这样的说法，并不能解释为什么这款车会从汽车巡展转移到真实世界的市场之中。

本田是一家卓越的公司，有着一系列令人赞叹的创新历史记录。然而，Insight 这款车本可以成为本田最伟大的胜利成果，却以失望收场。在变幻莫测的需求世界中，这样的故事再寻常不过了。纵观新产品的上市情况，失败要比成功多得多。

1993 年，当丰田董事会面临是否批准混合动力汽车项目时，这段上市失败的痛苦经历一定还在董事会成员的头脑之中，记忆犹新。

当今的世界，石油供应逐渐枯竭，未来发展令人捉摸不定。高效混合动力汽车的概念在这样的现实情况之中，则显得尤为吸引人。但是，混合动力汽车的开发,成本异常高昂,而且丰田的工程师还希望实现比 Insight 更高的燃油效率。据估计，此款汽车的开发成本至少 10 亿美元。而且，Insight 的命运让人们看到，利用陌生新技术的汽车若想取得商业成功，可能性太小。**从丰田混合动力汽车的角度看，成功的概率最多只有 5%。**

丰田混合动力项目负责人内山田武（Takeshi Uchiyamada）当被问及为何在这样一款希望渺茫的产品上掷下 10 亿美元赌注时，他将混合动力汽车与过去一个世纪中最大胆的工程壮举进行了类比："如果美国人能成功登陆月球，我们也能取得这款汽车的成功。"登月计划，是一位年轻气盛的总统，为了应对意志坚定的对手苏联而掀起的全球挑战。这是孤注一掷的大胆行动。这样一损俱损的巨大风险，没有几位领导者敢于承担。内山田武是否能承担得起？丰田又能否避免本田的失败命运？

为什么你和顾客想的不一样

发布，是需求的阿喀琉斯之踵。新产品投放市场、非营利组织正式开张、政府项目或教育行动启动等，都属于发布。所有的发布活动，其目的都是锦上添花甚至改变不完美的现实。然而，绝大多数的发布活动都以失败告终，而现实却毫发未损：新产品没人买；非营利组织达不到原先理想的目标；政府项目帮助不到本应帮助的人；教育行动如对牛弹琴。发布团队希望引发并满足的需求往往得不到落实。

就算是全世界最优秀的管理团队、最成功的组织，也常常在发布之时惨遭失败。我们来想一想一家全世界公认的极富智慧的公司——英国食品零售商乐购（Tesco）在美国市场投放的“新鲜便利社区市场”（Fresh & Easy Neighborhood Markets）。乐购花了 3 年时间，为在美国西南发布新品牌辛苦准备，甚至还为此专门建起了一座仓库，里面设有完整版的新品牌超市，以此对不同的设计差异进行测试。乐购不遗余力地观察客户行为，看购物者怎样在货架走廊间穿梭，如何将各种商品放在购物车中。最终，乐购完成了超市的设计工作，在超市中提供新鲜健康的产品，每天低价保证，快速方便的自助收银，以及相对较小的快捷购物形式（不到 1 000 平方米）。

观察家与评论家都十分看好这个新的超市品牌。乐购于 2007 年 11 月在加利福尼亚州、亚利桑那州和内华达州将新品牌连锁超市投放市场之后，计划在两年之内开设 200 家分店。目标销售额为每周 20 万美元。然而，真实的销售额仅有平均每周 5 万美元。在乐购叫停这一项目之时，仅开设了 115 家分店。

哪里出了问题？

尽管乐购做了大量详细的研究分析工作，但还是对美国消费者有一个根本性的误解。除了天天低价的承诺之外，消费者还想获得折扣券。而且，他们也希望能与收银员交谈（而不是自动收银机），希望能用上信用卡（新鲜便利超市不允许使用信用卡），还希望得到其他很多这家超市原本不提供的服务。**乐购认为顾客需要的东西，与顾客真实需要的东西，原来竟有着如此巨大的不同。**

成功，需要战胜人性的本质

乐购的经历不是什么例外情况，而是一条经典原则，再优秀的组织也无法避免。与新鲜便利超市品牌的市场发布失败比肩的，还有沃尔玛的进军德国战略，宜家的日本战略，诺基亚的 N-Gage 游戏系统，苹果的首台 MacBook Air，索尼的 Librié 电子阅读器，以及成百上千的其他产品。当然，还有本田的 Insight。

需求的力量

关于产品发布的实际失败统计数据很难得到确认，而博闻强识的行业专家给出的估计数字也足够令人气馁了。据专家所言，60% 的好莱坞电影无法收回成本；60% 的公司并购最终是亏钱的；计算机系统升级等信息技术项目有 70% 的失败率；风险投资的失败情况更是高达 80%。7% 的食品类新产品在萌芽不久就会被消灭；而新型处方药则有超过 90% 的失败率。

是否有一种办法，能改变这种长期以来的微弱成功率？如果你是一名未来的需求创造者，无论在盈利型组织或非营利组织中工作，无论是政府部门还是慈善团体，你能将下一个项目的成功概率从 20% 提升到 80%，甚至更高吗？

也许。但是若想取得成功，就要改变那些困扰典型发布活动的固有思维定势。需要超越传统经营方式，利用独特的组织结构和非常态的资源组合，再加上一点点健康的恐惧心理。需要专心致志、坚韧不拔、勇往直前的精神，正如实现肯尼迪“让人类登陆月球并成功返回地球”的阿波罗团队一样。

最重要，同时也是最困难的是，**成功需要克服一些我们与生俱来的性格特征，需要战胜人性的本质。**

每当我们着手准备将产品发布市场之时，我们内心深处总是认为，成功的概率很大。这也是为什么我们当初会开始手头的这个项目的原因。但是我们错了。成功的概率不可知，从各种可能的迹象来看，都是很低的。我们作为管理者，通常总是抱有强烈的信心（否则我们根本不可能做出尝试的举动）。但在**很多情况下，我们的信心却是一种幻觉、一种负担。**

用数据说话

丹·洛瓦洛（Dan Lovallo）和丹尼尔·卡尼曼（Daniel Kahneman）于2003年在文章《成功的错觉》(*Delusions of Success*）中，对人们就项目成功概率普遍高估的原因进行了阐述。他们写道："管理者在预测高风险项目的结果时，总是很容易落入心理学家所谓的计划谬误（planning fallacy）的陷阱之中。这时，管理者会以错觉中的乐观心态为基础做决策，而不是以理性的收益、损失和概率平衡为基础。"

需求的力量

"换句话说，当真实的成功概率为10%时，我们就会觉得有40%的机会。而当真实的成功概率仅为5%时，我们会干脆对现实持完全否认的态度。"

为修正这种盲目乐观的认知偏见，洛瓦洛和卡尼曼给出一个解决办法：用数据说话。找出你所在的公司、行业、其他行业或与你的项目类似的其他项目的发布失败率。**数字会给你力量，让你清醒。**

洛瓦洛和卡尼曼举了个例子，他们中的一位曾在以色列高中的一项重要新课程项目中工作。项目邀请到了一些备受尊重的学者和学科专家。在早期阶段，每位团队成员都被问及他们成功完成项目所需要的时间。结果显示，权威们的估计时间在 18 ~ 30 个月不等。

其中一位团队成员心存疑惑。他没有简单的接纳团队的预测结果，而是决定收集数据。他对类似课程项目的历史数据进行了研究，发现所有完成的项目，都需要 7 ~ 10 年的工作。当时，权威们达成一致的估计时间是 24 个月，比真实情况少了至少 250%。

收集数据的目的，并不是制造消极或绝望的气氛，而是要鼓励产品发布团队的成员，用现实的眼光去审视面前的障碍。其目的是，通过系统化的方法，将阿喀琉斯之踵转化成为秘密武器，在工作过程中的每一个步骤来提高成功的概率；其目的是，培养“灾难想象”（imagination of disaster）进而设计出一整套高效的反灾难行动。

仅凭数据，并不能改变现状。很可能没有人会相信你说的话，也不会相信你拿出的数据。这种现象被称作“塞默尔维斯反射”（Semmelweis Reflex）。

塞默尔维斯是一位匈牙利医生。19 世纪 40 年代，维也纳的婴儿因产褥热而死亡的事件频发。塞默尔维斯医生为此困惑不已。然而，一项创新的控制实验给出了解决办法：如果医生在与患者接触之前，用氯消毒剂洗手，那么死亡的概率就会大大降低。

对于塞默尔维斯医生以及整整几代人的家庭来说，这项研究成果先于路易斯·巴斯德（Louis Pasteur）的细菌理论。可惜，由于塞默尔维斯医生的想法与其他医生的假设相冲突，没有几个人相信他的说法。塞默尔维斯年仅 47 岁时死于一家收容所，此后他的洞见再也无人问津。

那些不相信塞默尔维斯理论的医生，和所有在面对与自身假设相悖说法时的人的反应没什么不同。拒绝与长期固定模式相悖的新知识，也许正是人类的本能。**在强烈信念与客观数据之间的竞赛，数据永远是输家。**

做“事前分析检查”

你肯定知道这句老生常谈：眼见为实。而塞默尔维斯反射现象则将这句话整个颠倒了过来：只有我信以为实，才能看得见。

在提高产品市场发布的成功率这个问题上，塞默尔维斯反射理论有着重要的意义。人们很容易规避或忽略那些显示出发布行为脆弱和风险的数据。仿佛中了自信的毒一样，人们只顾向前冲，常常会重犯许多前人犯过的错误。最终，他们又为这个统计数据贡献了失败的一笔。

那么，你如何能让人们去看清他们不想看到的东西呢？在组织与准备产品发布活动之时，有一个技巧能帮上忙：在项目启动之前做个“事前分析检查”，而不是在项目失败后进行传统的“事后分析检查”。下面讲一下具体怎么做。

如果你找来一群经验丰富的领导者，问他们以前曾失败过的项目究竟为何失败，他们会不假思索地给你以下解释：

- 项目比我们以为的要更大；我们动作太慢；我们的设计有缺陷；我们在错误假设的基础上组织运营工作；
- 市场变了；我们没找对人；我们的技术不起效；我们的策略不清晰；我们的成本太高；我们的组织结构太束手束脚；竞争对手比我们想像的更加强大；
- 我们的机构重组太过频繁；我们自相残杀；我们的战略有缺陷；

我们的战略很好，但执行得太差；我们遇到了未曾想到的瓶颈；我们误解了客户；我们资源短缺；经济形势不好；我们是内部政治斗争的牺牲品……

不幸的是，绝大多数团队从来都不会在项目开始之时列出上面这样一张单子。因为这不是热血沸腾的乐观主义创新人士的风格。但是，如果你要求自己的团队事先想象一下失败的景象，并给出其发生原因的解释，会怎么样？沃顿商学院的德博拉·米切尔（Deborah Mitchell）、康奈尔大学的爱德华·拉索（J. Edward Russo）和科罗拉多大学的南希·彭宁顿（Nancy Pennington）的研究发现了“预期性后见之明”——也就是想象某个事件已经发生。这样做，能将你预见结果、分析原因的能力提高30%。

《能量之源：决策之道与直觉的力量》（*Sources of Power*：*How People Make Decisions and The Power of Intuition*）作者盖里·克莱恩（Gary Klein）在“预期性后见之明”的理论基础上另有建树。他认为，“事前分析检查”能让人们自由的表达心中的忧虑，如果没有这样的机会，人们很可能会压抑这种忧虑，担心表现出来会显得自己不忠实，或打击团队的信心。克莱恩说道，这样的交流过程可以减缓那些在项目中投入过多“敢死队”的心态。参加“事前分析检查”的人们可以在事前发现危险区域，而不必等到失败之后才恍然大悟。

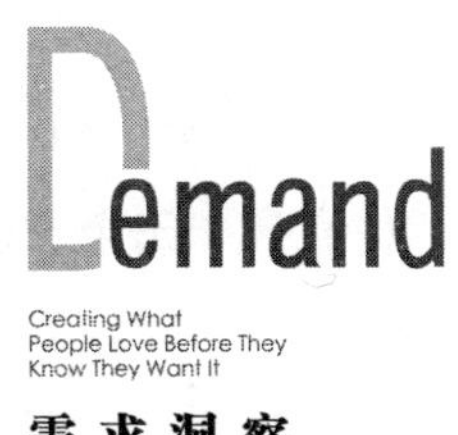

请尝试一下这噩梦般的练习：想象灾难来临。问自己，为什么失败了，将所有可能的原因全部列出来。之后，尽你所能避免这些错误的发生。绝大多数产品发布的失败，都是因为自身存在的问题伤了自己。也就是说，如果你愿意擦亮眼睛，看清那些“企图阴谋破坏”下一次产品发布的力量，你很可能会发现，最强大的力量往往就抓在你自己手中。

机构创新的必要性

丰田普锐斯（Prius）项目领导人内山田武、八重武久以及团队中的其他成员，可谓是正面直击产品发布现实情况的最优秀代表人物。他们知道，成功的概率还不到5%。他们没有将目光从这一令人气馁的现实面前转移开。而是问出了这样一个关键问题：我们怎样来改变这个概率？

一开始，他们就为了设计这款新型汽车而创造了一套完全不同的组织系统——几乎可以说是一个公司之内的公司。

> 这套系统从实体空间开始。丰田总部专门为项目辟开一个房间。他们称之为obeya，意为“大屋”。房间中配备了一些个人电脑和两台计算机辅助的设计工作站。每天，团队成员都会在大屋中聚集，为普锐斯项目进行协调工作。这在丰田也是史无前例的做法。背后的想法，是将所有相关人才聚合在一起，共同合作，激发出创造力的火花，产生强烈的专注感，从而提高成功的概率。

在大屋这个实体空间的基础之上，还有一个强大的虚拟空间作为补充。内山田武专门制作了一个电子邮件名单，以鼓励团队成员在关键问题和麻烦出现之时能快速广泛地进行传播和沟通。团队一反传统的层级体制命令控制、上传下达的常态，利用创新的电子邮件系统鼓励所有人，无论其职位或部门，只要听说了某个问题，就可以在解决过程中提供帮助。这样的举动传达了一个很明确的信息：**丰田全部最优秀的智慧，都要全力集中在解决新产品开发过程中产生的所有问题上。**

随着项目的进展，公司中越来越多的优秀人才被吸引到了这些日趋复杂而重要的工程、设计、制造、配送和营销挑战之中。最终，丰田公司全部样车研发资源的三分之二都投入到了普锐斯上。

同时，内山田武还引入了其他一些组织创新，以强化公司人才力量对普锐斯项目的关注度。例如，每当有新车型准备投入批量生产之时，丰田总会派一名驻厂工程师（RE）到制造厂中工作，这样，在新车型早期的生产过程中，如果出现任何问题，工程师就能就地进行解决。而在普锐斯项目中，则反了过来，将制造厂中的工程师调来参与设计开发工作。这就是“事前分析检查”的一种形式，能在车型上装配线之前，找到可能存在的制造缺陷，并在蓝图阶段进行解决。

伟大的需求创造者，都认识到了机构创新作为产品成功发布前提的必要性。贝索斯并没有将 Kindle 项目交给亚马逊内部的工作团队，而是设立了 126 实验室，以便让这一独特的新项目能清楚地抓住重点，并获得新鲜独立的思维方式。雀巢的毛赫在 20 世纪 80 年代家庭浓缩咖啡机市场还没有被证实存在之时，也创造了一家独立的公司以保护 Nespresso 项目。

从加速变革到第二次机会的力量

丰田的另一项提升成功概率的创新活动，涉及“加速变革”——创造种类繁多的不同方案（“突变”），将其置于实际竞争的环境中（“外部压力”），之后再选出最佳设计方案（“物竞天择”）。

在项目早期阶段，丰田针对 80 余种类型的混合动力发动机进行了测试。通过基于计算机的密集测试，丰田的工程师将 80 种选择缩小到了 8 种，继而缩小到 4 种（花了几个月的时间）。之后，公司为这 4 种选择举办了一场紧张激烈的竞赛。最终赢得这场残酷比赛的胜利者，是一款历经高度进化过程的强悍发动机。

类似的“加速变革”也应用到了汽车的总体外观设计上。丰田拥有 7 处独立的设计工作室，每一处都专门针对一种类型的汽车进行设计——小型轿车、卡车、厢式旅行车等。但是，为了这款高风险高收益的普锐斯，公司要求所有 7 家工作室都要提交设计方案，这个方案会交与一支由不同年龄的 50 人评审团进行设计鉴定。

所有这些为了提高产品发布成功概率的创新活动，在一系列前所未有的技术革新的基础之上，以创纪录的时间进度完成了构思和执行。速度本身也是一项提升成功概率的举动。产品发布每错过一个月的时间，就等于给了市场一个转移的机会，给了竞争对手一个先发制人的机会，给了技术一个改变的机会，给了客户偏好一个转向的机会。

项目进行了两年之后，内山田武和他的团队向丰田的新任总裁奥田硕做了汇报，并给出了他们预测的普锐斯项目完成时间：1998 年年底或 1999 年年初。奥田硕冷静地驳回了他们。普锐斯需要在 1997 年年底上市。

后来，内山田武用低调的日本风格讲述了他当时的惊愕：

我必须承认，我们当时反对这样的决定。我们的团队认为，这样做太过苛求。”但是，接到指示之后，他们回到大屋，准备将计划落实到行动之中。最终普锐斯 NHW10 于 1997 年 10 月出现在了日本市场上，比奥田硕不切实际的项目进度还提前了两个月。

普锐斯 NHW11 于 2000 年进入了美国市场，比本田 Insight 晚几个月。最初销售情况并不理想，似乎丰田就要被本田曾经经历过的失败所击倒了。

然而，丰田并没有就此止步。公司继续对这款汽车进行重新设计，在提高燃油效率的同时，将工作从功能性扩展到了情感方面。新设计有着典型的特征，让人一看便知是普锐斯，而不是和花冠类似的车型。这就进一步强调了驾驶者的绿色意识和前卫思维方式。新车型于 2004 年发布市场，销售飞涨。

如今，普锐斯全球销售量的几乎一半都来自于美国。2009 年，在普锐斯项目启动 16 年之后，这款汽车首次登上了日本销量榜首。**通过用不同的方式管理产品发布市场的过程，丰田找到了本田错过的需求。**

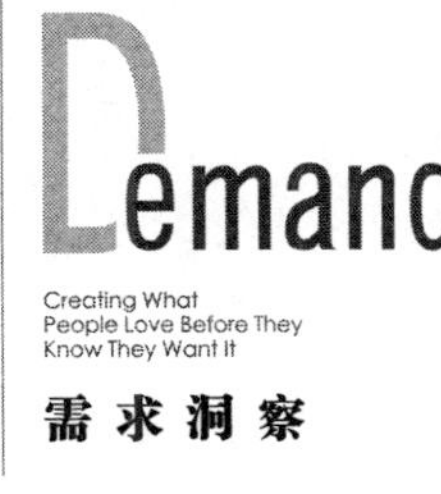

丰田的故事也告诉了我们一个所有需求创造者都懂得的道理：第二次机会有着巨大的力量。和普锐斯一样，很多新产品首次在市场上亮相之时，并不能创造出巨大的新需求。但是，伟大的需求创造者会继续坚持与消费者交流，对产品进行重新设计。这样一来，他们的产品往往会在第二次、或是第三次发布时达到冲出大气层的速度。

很多伟大的产品都建立在一系列失败的基础之上，但是，正如丰田和其他发布大师用事实向我们证实的一样，这样的失败必须是有序的失败。

提高产品发布成功率的 7 大思维方式

产品发布是一场头脑游戏。决定成败的是人们的思维方式，以及战胜商业习惯和与生俱来人类本能的水平。像丰田的内山田武和他的团队这样的伟大需求创造者，拥有一系列完整而独特的思维方式。正是这些思维，让他们从众多产品发布工作者中脱颖而出。

我们将这些提高产品发布成功率的思维方式总结成如下 7 条。

• 思维 1：具备进行致命缺陷搜查的本能动力 •

要有愿望去寻找可能破坏整体商业设计或产品发布价值的关键弱项。这类缺陷包括，新鲜便利超市对美国日用品消费者价格态度的误解，丰田测试过的 80 种不同混合动力发动机的高昂成本，奈飞早期设计的一款容易导致 DVD 丢失或损坏的信封。

奈飞团队能在产品发布时取得成功，部分是因为他们与生俱来的思维方式中就带有这样的本能动力。因此，虽然他们尝试过几十种相当不错的版本，还是沉迷于寻找运送问题的最佳解决办法。

尽早找到致命缺陷，是每一次成功发布活动的关键步骤。如果你找到了缺陷，有能力进行补救，那么就尽量补救。如果你找到了缺陷，然后发现无力为之，就要提出这样一个问题："产品的发布活动还应该继续下去吗？"请诚实地回答这个问题。如果答案是否定的，那么就请停下手中的工作。

可惜的是，这一切常常与我们普遍的思维方式恰恰相反。寻常的商业行动，决定了我们竭力寻找积极确定证据的习惯。这些证据数据常常告诉我们，前方一片光明。无可否认，这就是人的本性，塞默尔维斯反射。而若想取得发布活动的成功，就需要我们直面这一反射理论，并积极采取对策，改变这样的现实。

• 思维 2：启动组织内部的竞争 •

想法很简单：让“加速变革”在你的项目上起效。找来一些有价值的不同版本，让公司内部团队之间形成竞争，然后选出其中最强的一款，再将其发布到真实的外部竞争中去。在丰田的普锐斯工程设计方案的超额选择行为背后，便是这样的思维方式。

与此类似，苹果的设计师会为每一款新产品制作出 10 台精确到像素的真实样机。目标就是用一丝不苟且各不相同的方式，进行各种设计思想的实践。利用特定的设计指标，这些思想会被浓缩为 3 个选择。这 3 个选择会在几个月的时间内，同时进行开发和完善。而最终，会从中挑出一个，投入大规模生产。

也就是说，苹果会废弃掉 90% 的设计工作。浪费吗？不见得。这套系统给苹果的设计师带来了巨大的创意空间，打破了以往传统的组织和心理限制。当你知道，你亲手打造的是这款设计的十分之一，而不是那唯一，那么你就会更加放松，更愿意尝试一些更疯狂、更灵活的想法。

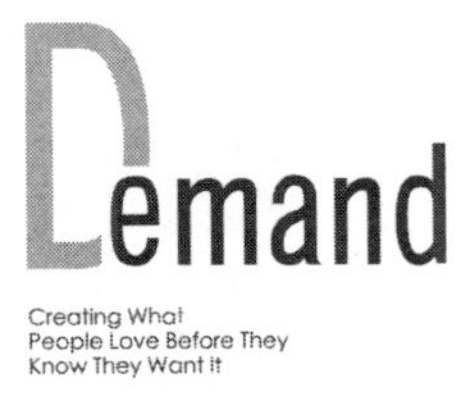

内部竞争，需要很多不同的产品版本，以及高度的重复。但正是那似乎漫无止境的重复，才是通往完美的康庄大道。这与那些仅进行外部竞争的组织的惯常商业模式相比，是一条截然相反的道路。

• 思维 3：充分理解“以模仿而实现独特性”的价值 •

发布大师在工作之中会对创新进行“选择性利用”。伟大的需求创造者不会在每件事上都进行创新，而是将创造性全部施展在最关键的变量上。其他任何东西，他们能借就借，能偷就偷，毫不客气。他们的做法正应了毕加索那句名言：“优秀的艺术家复制；伟大的艺术家剽窃”。

原因很简单：当你准备进行产品发布时，永远不会有足够的时间、金钱、人才或情感力量，对那数不胜数的细节进行分析、管理和控制。对于这些细节，你只有全部把握准确，才有可能创造出可观的需求。甚至连像丰田或苹果这样的大型公司，都逃不开这个原则。无论怎样，再大的公司也是由成千上万的小预算组合而成的——这里放 100 万美元，那里投 50 万美元，每笔预算都在严格的审查之下，负责人永远都在成本节约的压力之中。而对于规模小一些的组织，无论是家庭文具店，还是本地画廊，或是 50 人组成的模具制造厂，常常徘徊在是否具备清偿能力的边缘，根本没有浪费的余地。

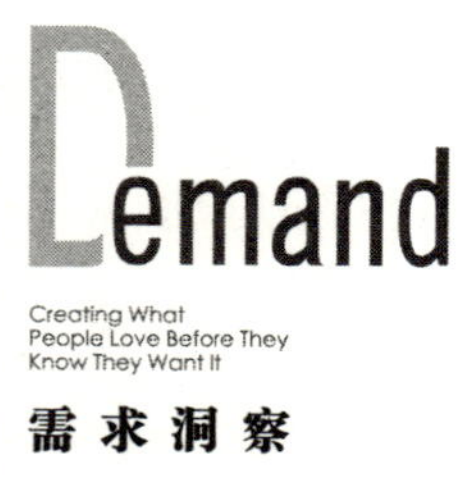

因此，将资源投入到“重新设计轮子”上，无异于自掘坟墓。这就是为什么伟大的需求创造者在计划产品发布活动时，总会无情地对一系列关键元素进行优先级排序，并据此投入资源。在其他地方，他们总会十分有创意地进行循环利用、重新改造，以节约资金、时间和人力。

莎士比亚没有投入时间和情感资源为《哈姆雷特》设计崭新的情节，而是借用了 13 世纪编年史作者萨科索·格拉玛提库斯(Saxo Grammaticus)撰写的故事，并将自身的精力全部投入于刻画人物丰富的性格特征与内心世界，并把这些呈现在优美诗歌之中。

奥尔森·威尔斯（Orson Welles）在制作他的第一部电影时预算颇为拮据，于是他翻遍雷电华（RKO）的库房，寻找能用的旧道具、布景和家具，并将全部的力量集中于剧本的大胆创作上，还从一个相对不知名的公司处找来了优秀的非传统演员。结果，《公民凯恩》（*Citizen Kane*）这部电影正如评论家波林·凯尔（Pauline Kael）所言，是用正常成本的一小部分制作出的一部史诗般的历史正剧。

内山田武和他的工程团队知道，他们在设计混合动力普锐斯时，会遇到无数亟待解决的技术问题，于是，依循同样的原则，他们选择利用熟悉而成熟的花冠车体设计，而没有从头创造一套全新的平台。他们还与松下电器协作，进行关键的电池设计，而没有试着独立开发。奈飞也用到了类似的方法，模仿亚马逊的网站，而没有从头设计新网站。同时，奈飞也与索尼、东芝和松下公司结成合作伙伴，以引起人们对其新型商业模式的认识，并打好客户基础。

• 思维 4：永远铭记对产品进行情感化处理的重要性 •

我们的行为总是建立在一种假设上，那就是：客户及他们的行为是理性的。但事实上，那些柔软而模糊的元素——情感、冲动、欲望、品位、美学，恰恰真正区分开了赢家与那些与成功仅有毫厘之差的竞争对手。将产品发布活动进行情感化处理，能把本身“很好”的东西升华到“魔力”的程度。

Zipcar 最初以“汽车共享”服务作为主打。没有人真的愿意与他人“共享”一辆车。而当 Zipcar 转而主打其超级方便性之后，才开始真正吸引到客户。谁不喜欢方便呢？本田设计制造出了一款十分优秀的混合动力轿车，但却没有人像爱上普锐斯那样爱上本田 Insight。索尼生产出了一款在技术上十分精湛的电子阅读器，但却没有激发起人们对 Kindle 那样的热情。ZEN 音乐播放器还不错，但 iPod 更酷。诺基亚做了那么多年的智能手机，但真正引起人们兴趣的还是 iPhone。

产品设计是强有力的情感激发力。这就是为什么当三星意图超越索尼和松下电器，成为全世界电子设备领导者时，会将设计人员数量增加到原先的 3 倍。而且，三星正式将设计师的地位置于工程师之上。对于一家工程公司来说，不得不说，这是颇为大胆的举动。

• 思维 5：拥有独特的组织方程式 •

为了此时此地的这次产品发布，要寻找相匹配的管理、结构和沟通策略。在产品发布项目迫切需要组织结构创新的关头，还将现有组织结构视为默认选择，这些惯常的商业基因常常将人们引入歧途，而这样的商业基因正需要第 5 个思维习惯来进行纠正。

举例来说，丰田普锐斯的成功发布，背后有很多因素的支持，包括设立了“大屋”，将公司 2/3 的设计力量投入到普锐斯项目之中，并调遣了反向驻厂工程师，从而在设计阶段抓住机会提前解决了制造问题。

20 世纪 90 年代早期，在莲花软件公司（Lotus），琼·洛克弗（June Rokoff）领导了莲花 1-2-3 3.0 版的开发工作。这款传奇般的电子制表软件是首款“杀手应用”，将个人电脑从新颖的儿童玩具转变成为了商业活动的必备软件。洛克弗对输入内容、速度、产品特征和技术手段非常了解。但她并不沉迷于这些东西，而是专注在模糊却重要的组织问题上，例如“我是否拥有合适数量的合适人才，是否将他们组织到了合适的团队之中？”“他们是否看准了合适的目标，这些目标是笼统的， 还是非常具体的？”“我的员工是否得到了他们应得的认可，以及（尖锐而有说服力的）反馈？”

我们绝大多数人都会在组织方程式这个问题上采取听天由命的态度，在问题出现时才想到去解决，并暗自祈祷一切顺利。洛克弗则不同。她会为了寻找并解决问题而不惜“翻起路边的每一块石头”。经历了几个月的痛苦挣扎，她为解决棘手而重要的 3.0 版项目而召集起来的工作团队达到了 300 人。她不知道订了多少份比萨饼，和编程团队一起通宵工作。当大家受够了比萨饼时，她便想出了“嘉宾大厨”这个主意，公司的高管，包括 CEO 吉姆·曼兹（Jim Manzi）都要亲自给整个团队做上一桌好菜。洛克弗通过个人化的认可和奖励，来鼓励项目重大突破——公司高层领导的握手，庆祝个人成就的海报，她甚至还委托制作了以整个团队做主角的摇滚录影带。有了洛克弗的激励、支持、安慰与鼓励，3.0 版以几乎令人不敢相信的速度提前完成，并挽救了整个公司的命运。

洛克弗在莲花软件公司的同事和整个行业中的崇拜者给了她许多可爱的绰号，有“铁娘子”“圣琼”等，但没有一个绰号能准确地捕捉到她那独特的混合个性——坚韧与宽容。洛克弗懂得倾听他人，并不仅仅是用耳朵听，而是用心在听。她对身边的人怀有真诚的兴趣和关心，这种特质是谁也假装不出来的。而正是这样的特质，常常会帮助人们产生惊人的创造力。

为产品赋予情感十分关键，而洛克弗则将整个产品开发过程都赋予了情感。

• 思维 6：在信心与畏惧之间保持精妙的平衡 •

想一想全世界一件最著名的雕塑作品——米开朗基罗的“大卫”。这是一尊正值英年的完美男性裸体雕塑。当然，这尊雕塑也是对一位失意者的经典刻画——少不经事的大卫，只有一把弹弓作为武器，即将迎战身负大型武器的菲力士（Philistine）巨人战士哥利亚（Goliath）。

从这尊塑像中，我们可以看到米开朗基罗对大卫与哥利亚这场对决的一些见解。一走进博物馆，首先看到的是大卫的侧身。从这个角度看，比真人更高大的大卫表现出强烈的自信，甚至有些自大和傲慢的意味。但是，随着慢慢向右走，你就会转到大卫的面前。这时，你看到他的眼睛在向上看，看向你站立位置上方40英尺的空中。他凝视的,就是你看不到的对手——哥利亚。你会在大卫的眼中，看到那无法掩饰的卑屈的恐惧。

与此形成鲜明对比的，便是商业世界中许多人身上固有的乐观主义情绪。你也许认为，这是领导力中“坚定信念”的手段。自信很重要，但恐惧更是不可或缺。恐惧，能帮助你对灾难进行充分的想象和预见，而此时，你恰恰可以付诸行动，对现状加以改善并积极避免灾难的真正发生。恐惧会刺激肾上腺素的分泌，迫使你为了生存而对每个部分都关注再三，而这也拉近了你与成功之间的距离。

• 思维7：在现实世界中，成功的发布不会是一天、甚至一个月的工夫 •

在发布大师的头脑中，有着一整个系列的事件，而不是单独一个事件而已。在这一连串的攻击之下，冷漠的市场最终会为之动容。你读过下面这段诗句吗?

> 生存还是毁灭，啊，这是个值得指出的问题；
> 死了，睡着了；这就是全部吗？啊，全部。
> 不，睡下、梦想，啊，婚姻，就是这样，
> 因为，在死亡之梦中，当我们醒来，
> 来到永恒的审判官面前，
> 去过那里的旅者，没有人能回来，
> 那尚未发现的土地，在他看来，
> 快乐的笑容和被诅咒的恶人……

你的反应很可能是："嗯，其中的某些句子好像听到过。但是不知道哪里有些不对劲。这段诗听起来有些傻乎乎的，远远算不上是什么优秀的诗歌。"

你说的没错。因为你刚刚看到的这段诗，是话剧爱好者口中的"所有话剧中最伟大的台词"的 1.0 版。大家更为熟悉的，是这段台词的 3.0 版：

> 生存还是毁灭，这是一个值得考虑的问题；
> 默然忍受命运暴虐的毒箭，
> 或是挺身反抗人世间无涯的苦难，
> 通过斗争把它们扫清，这两种行为，哪一种更高贵？
> 死了；睡着了；
> 什么都完了；
> 要是在这一种睡眠之中，
> 我们心头的创痛，以及其他无数血肉之躯所不能避免的打击，
> 都可以从此消失，那正是我们求之不得的结局。

就是这段莎士比亚《哈姆雷特》中的不朽独白，抓住了世世代代话剧爱好者的心。相比之下，1.0 版简直糟透了。1.0 版来自于只有学者才了解的"第一四开本"早期版本话剧，有时也被称为"劣质四开本"。但是，这是一个开始。

很可能，你产品的第一版不见得比莎士比亚的第一版剧作强到哪里去。实际上，所有伟大的产品都建立在失败的基础之上。**有幸的是，你可以利用莎士比亚用来打开他自身天赋的同样技巧：修订——不断重复的修订。**

第一版普锐斯产生的成果有些不尽人意。到了第二版，才成功抓住了公众的想象力。这与 Kindle 的发展过程有些类似，Kindle 的 2.0 版所取得的市场突破，

比 1.0 版要强很多。再想一下苹果的 iPod 系列，如何从 2001 年第一次市场发布，经过 10 年的努力，逐渐渗入市场的每一个角落，从高端到低端，一个都不放过。

我们上面讲述的 7 种思维模式，不过是在伟大的需求创造组织中发现的关于“如何思考”的 DNA 的举例。如果你也是一名雄心勃勃的需求创造者，那么，就请想一下你自己的经历和你自己的团队。从上述几个思考一下问题，并看看自己处于什么样的阶段。你思想的 DNA 是否与惯常的商业行为更加相似？为了向发布大师靠拢，是否现在已经发生了转变？或是正在转变过程之中？请一点一点地完成这一分析过程。得出结果之后，再看看自己是否满意。

但是，若想检验你的组织是否已经准备好进行需求创造的发布活动，还有一种更加简便的方法。请回答这 4 个问题：

- 领导者是否足够强势？
- 团队是否足够强韧？
- 资源来源是否足够强健？
- 恐惧感是否足够强悍？

答案越肯定，你成功的概率就越大。

从来没有希望渺茫的奇迹

如果回溯上一代人，就会发现人口、技术、社会和经济的情况和运转方式与现在有很大的不同，我们周围几乎没有人了解项目发布所面临的巨大挑战，更不知道如何应对这些挑战。如今，经济形势风云莫测，需求状况阴晴不定，我们再也不能坐视失败项目造成的巨大浪费而不顾。我们需要用更有效的方式激发出需求，而这就需要采取必要的行动，将项目成功率从 10% ~ 20% 提高到 60% ~ 80% 的水平。很难实现吗？没错。可以做到吗？当然。

正如我们之前提过的，从 20 到 80 的转变，需要我们首先改变思维方式和提出的问题。需要对客户的麻烦地图有一个全面的理解，为了改善这张指示图，令客户的生活更美好，我们要找出所需的所有背景因素。然后，就要进行商业和组织结构设计，要像所有最具创新意识的公司为其产品设计所做的工作一样。其中包括通过内部竞争，在所有非关键产品元素上进行创意节约，并利用节约下来的时间和资源，将已经十分优秀的产品升华为“不得不买”的产品，还要带上将骑墙派转化为客户的强烈情感诉求。

最重要的是，需求创造者还需要非常强悍的心智、情感和精神力量，而这与惯常商业行为中所见的能量水平非常不同。还记不记得，丰田曾利用阿波罗登月计划来比喻自身的低成功率项目。产品发布过程中的必胜精神，在美国航空航天局（NASA）负责人吉恩·克兰兹（Gene Kranz）的著作《失败不是选择》（*Failure Is Not an Option*）及其讲述的故事中有所体现。

如果看过电影《阿波罗 13 号》，就会记得吉恩·克兰兹。在电影中，演员艾德·哈里斯（Ed Harris）扮演的角色就是克兰兹。克兰兹曾是休斯顿宇航中心的主任，在保住 3 位宇航员性命的过程中扮演了重要角色。3 位宇航员差点就在月球空间一去不返。他在火箭发射时间、稀缺燃料管理和空气过滤系统修复中做出了事关重大的决策。所有这些决策，都是在巨大的压力之下给出的。如若管理失当，其中任何一个决策都会给宇航员和 NASA 的长期科学使命带来致命打击。

克兰兹在当时情况下表现出的英雄主义，并不是肢体上的英雄主义，也不是军事英雄主义或政治英雄主义，而是组织英雄主义。组织英雄主义有着同样的重要性，但却总是被人忽视。它是坚韧、想象力、精准判断、自我意识以及纯粹意志力的结合体，是如今迫切需要的一种英雄主义形式，也是绝大多数失败发布活动中缺少的一环。

因为有了朗·霍华德（Ron Howard）的获奖电影作品《阿波罗 13 号》，这次任务很可能会被人们永远视为 NASA 最辉煌的时刻。而只有宇航局内部人士知道的、不为平民所知的事实是——早在阿波罗 13 号任务之前，克兰兹就已经确立了自己在 NASA 的传奇地位。

1967 年 1 月，也就是发射台火灾导致 3 名宇航员牺牲这个悲剧发生之后的那一天，克兰兹在航天中心面对全体员工进行了一次演讲，从此之后，他成为了一个传奇。这段讲话被誉为“克兰兹箴言”，为 NASA 定下了原则、专业精神和彻底性，并成为了 NASA 未来空间探索过程中的指南针：

空间飞行永远不能容忍粗心、无能和漠视。在某个地方，因为某种原因，我们搞砸了，可能是在设计、建设或测试部分。无论到底是因为什么，我们都应该及时发现。我们太过专注于项目进度，却对每天在工作中发现的问题视而不见。项目中的每个元素都存在问题，我们也是。模拟器不工作，空间飞行地面指挥中心基本上在各个方面都很落后，而飞行与测试流程也是每天一变。我们做的任何事情都没有合理期限。

可是却没有一个人站起来说：“该死，快停下来！”我不知道弗洛伊德·L·汤姆森的委员将会找到什么样的事故原因，但我知道我找到的是什么。我找到的就是事故原因！因为我们根本就没有准备好！

我们没有做好自己的本职工作，而是掷着骰子，盼着在发射之日，一切都能准备就绪，而我们内心知道，那可能只是个希望渺茫的奇迹。我们赶着项目进度，幻想着在麻烦冒出头之前赶快做完。

从今天起，地面中心将以这两个词为代表："坚强"和"胜任"。

"坚强"的意思是说，我们将永远为自己做的事情以及未能做到的事情负责。我们永远不会再在责任面前让步。当每次走进地面中心之时，我们都要知道自己代表着什么。

"胜任"的意思是说，我们永远不能觉得什么事情是理所当然。永远不会在知识和技能上有短板——地面中心要做到完美。

今天开完会之后，你回到办公室，第一件要做的事情，就是在黑板上写下"坚强"和"胜任"。永远不要擦掉。每天当你走进办公室，这两个词总会提醒你，维吉尔·格里森（Virgil Grissom）、爱德华·怀特（Edward White）和罗杰·谢费依（Roger Chaffee）付出了惨重的代价。这两个词，就是进入地面中心团队的代价。

将人类送上月球，并安全返回地球，是一项难度巨大的挑战。成功的概率微乎其微。我们参与的很多项目发布活动也是一样。有幸的是，很多情况下还不至于这样人命关天。但公司或非营利组织的成功，以及成千上万人的生计，却仰仗着这一次发布活动。这些利益关系的重要性也不容忽视。

因此，当下次再头脑发热地思考什么项目的发布活动时，我们也许应该停一下，想一想克兰兹说过的话。不要再任由自己在工作过程中过度乐观，然后直到有一天才猛然警醒，原来“我们掷着骰子，盼着在发布之日，一切都能准备就绪，而我们内心知道，那可能只是个希望渺茫的奇迹”。

我们可以不用这种方式工作。我们可以不掷出骰子，盼着奇迹的发生。我们可以培养出真正的勇气，弄清楚真实的概率，然后脚踏实地地将这个数字变得更好。

09

产品组合

持续创造强劲的新需求

DEMAND Creating What People Love Before They Know They Want It

- 伟大的需求创造者想到的永远不是赌局，而是质量。创造需求就是创造“系统”。
- 发布的不断成功，与经济形势、技术水平，甚至产品的类型全部无关。成功，只会回到那些懂得构建起需求创造“系统”的人身边。

需求创造大师

皮克斯：非典型电影公司的系列成功
默克公司：试错系统锁定重点药品
凯鹏华盈：创业投资中的非凡成功

- 如何在产品的发布中取得连续成功?
- 怎样打造卓越的产品组合?
- 点子组合的总体规模和质量如何? 如何才能更好地从组合中选择出最优秀的一个?

“所有人都一无所知”

如果说，打造出一次成功的发布事件，如同赢了一场极为偶然的赌注，那么取得一系列这样的成功，就无异于在轮盘赌中连续选中获奖数字——一而再、再而三。怪不得很多人都认为这样的事情根本做不到。

剧作家威廉·高曼（William Goldman）在对好莱坞的票房赢家与输家观察了几十年之后，用一句名言进行了总结：“所有人都一无所知。”如果严格以数字作为评判标准，那么高曼法则是毋庸置疑的。这不仅仅在电影行业，而且在所有活动中都适用。谁也没有能力持续预测出哪款产品能创造出需求，更没有人能年复一年的生产出一系列这样的产品。

确切地说，应该是几乎没有人。

1998 年 12 月，皮克斯动画工作室的创意总监约翰·拉赛特（John Lasseter）

在与家人共赴亚洲的漫长旅行之后，回到了加州。这次旅行有两个目的：给了拉赛特一次与妻子和孩子共处的宝贵机会，同时，他还参与了宣传皮克斯第二部影片《虫虫特工队》（*A Bug's Life*）的国际巡回访问。

> 当时，皮克斯的信心正处于不断增长之中。第一部影片《玩具总动员》取得了巨大的成功，不仅赢得了广泛的赞誉，而且也带来了可观的需求和票房收入。现在,《虫虫特工队》同样也赢得了的开头彩。两部重量级影片，也是两部热门影片。对于一家毫无经验可言、尝试着驾驭一种全新技术——"计算机生成动画"的公司来说,在这样一个"所有人都一无所知"的行业中，如此的成绩相当不错。拉赛特和同事开始觉得，也许他们能持续推出叫座的影片，不是偶尔，而是经常。

但是，当拉赛特回到位于埃默里维尔（Emeryvile）的办公室后，他的情绪产生了变化。

他首先做了一件事——看了皮克斯尚未完工的《玩具总动员 2》脚本。随着镜头一个个展开，他感到了越来越强烈的沮丧情绪。"我感觉自己被突然迎面而来的强风吹倒了。"他后来回忆道。这部新电影实在不怎么样。所有人们所熟悉和喜爱的第一部《玩具总动员》中的人物形象全在里面——胡迪、巴斯光年、土豆先生等。 但是， 却缺少令人为之激动的东西。与皮克斯的头两部热门电影相比,《玩具总动员 2》毫无新奇感，缺乏创见，甚至还有些无聊。

> 好莱坞的业内人士会告诉你，电影续集基本上永远都无法超越第一部。但是拉赛特和皮克斯的同事是一群才华横溢、雄心勃勃的艺术家，渴望着重塑整个动画行业。而如果将《玩具总动员 2》像现在这样投放到市场上，

不仅会引来失望的情绪，更是对公司一次巨大的打击和挫折。

皮克斯与迪士尼公司结成了业务伙伴关系。迪士尼有着令人尊敬的动画工作室,可以说,动画电影本身就是迪士尼在20世纪30年代发明的。而面对这样的现状，迪士尼的工作人员并不像拉赛特这样担心。拉赛特的一位同事汤姆·舒马赫（Tom Schumacher）还记得，一位迪士尼的管理人员在看完《玩具总动员 2》的早期版本后立刻评论说："嗯，可以。"迪士尼的管理层历经几十年电影事业的发展与变革，胜败之事见得多了，觉得投放一部没那么绝顶优秀的影片，也不是什么灾难性事件。但拉赛特却将那一句随随便便的"可以"看做是毫不留情的控诉。

然而，解决这个问题的难度很大。距离电影计划的投放时间只有 9 个月了，宣传活动已经定型，玩具已经投入生产，预计的收入已经进入了公司正式的预算程序。迪士尼明确表示，取消这部影片或延迟其投放时间的想法根本不可行。

在这种情况下，绝大多数制片工作室的标准撤退方案，是将影片重新包装，直接以录影带方式投放市场。这种低风险、低期待值的策略在动画界的续集影片中被广泛使用。迪士尼自己制作的《阿拉丁》（*Aladdin*）的续集《贾方复仇记》（*Return of Jafar*）就属于这种情况。但是，拉赛特坚决反对这个想法。通过为皮克斯的所有工作设立难以置信的卓越标准，他吸引到了电影行业中最优秀的年轻创意人才，也拥有最优秀的软件、计算机制图、音乐和其他相关元素。给经过千挑万选的项目定下低人一等的标准，将最优秀的执行人员放到这样的标准之下，会严重打压士气，破坏团队的凝聚力，还会掀起一股股嫉妒和政治斗争的风波。拉赛特不允许这样的事情发生。

皮克斯因如此之多的限制条件而左右为难、痛苦不堪，似乎没有什么好的选择。于是，他们走上了一条“绝路”：从头开始，重新制作《玩具总动员 2》。而且他们没有常规的两年时间，只有截止日期前的 9 个月。

拉赛特在加州索诺玛（Sonoma）召开了为期两天的紧急故事编排峰会。“此时，我突然意识到，《玩具总动员》讲的就是我们这群人。”他说道，“就是围坐在会议桌旁边的我们。”李·安魁克（Lee Ankrich）、安德鲁·斯坦顿（Andrew Stanton）、阿什·布兰诺（Ash Brannon）等年轻的皮克斯员工，曾亲手制作了首部《玩具总动员》，对其中的人物非常熟悉。他们聚在会议室中，一起进言献策，为第二部影片的故事情节注入活力。因为时间限制原因而不得不在第一部影片中放弃的一些概念，如今又重获生机，在人们的想象中变得生动起来，不断融入新故事的情节之中。各种想象力的火花四处乱射，会议桌旁边的音调也越来越高，每个人都积极地在他人头脑风暴的基础上添加新鲜的元素。

整个公司的全部能量和精力，突然之间全部转移到了唯一的目标上——令《玩具总动员 2》趋于完美。但是，实际情况真的会如人们所愿吗？

11 个小时从头开始重新打造《玩具总动员 2》的事迹，与好莱坞的常态商业行为大相径庭。但话说回来，皮克斯本来也不是一家常规而典型的电影工作室。

不按常理出牌：逼自己走上“绝路”

皮克斯成立于 1979 年，是卢卡斯影业（Lucasfilm）的计算机分部，主要从事其核心产品——皮克斯影像计算机的推广和营销工作。在关张停业的威胁之下，皮克斯转而专攻次一等的产品，开始为像纯果乐、李施德林和 Life Savers 薄荷糖等客户做计算机动画广告片。这些小短片得到了大众的喜爱。小小的成就慢慢积累起来，后来又获得了迪士尼公司 2 600 万美元的合同，制作 3 部计算机动画电影，以一部为儿童玩具赋予生命的电影《玩具总动员》为开始。

当《玩具总动员》于 1995 年投放市场之时，立刻得到了评论家和观众的广泛称赞，全世界总收入达到了可观的 3.62 亿美元。紧随其后，皮克斯于 1998 年投放了《虫虫特工队》，也激发出了巨大的需求。就在制作这前两部电影的过程中，创意总监拉赛特、皮克斯总裁艾德·卡特姆（Ed Catmull）以及整个公司团队，开始塑造令皮克斯与众不同的企业文化和创意系统。

在电影行业这样的创意性领域中，很容易在寻找成功秘密的过程中，执迷于一些模糊而神秘的语言，诸如像“天才”“灵感”“魔法”这样的词汇。皮克斯的确有其无法形容、不可言喻的一面，并没有现成的准则供其他制片公司效仿出皮克斯式的成功。但是，皮克斯的组织之中的确有着许多特定的策略和管理特征。**在这些策略和管理手段的指导之下，公司成功创造了一整套“产品组合”，并吸引到了巨大的观众需求。**其中一些特征，在皮克斯的第三部电影——命运多舛的《玩具总动员 2》中可见一斑。

每一家成功的电影制片公司都懂得精彩故事情节的重要性。但像皮克斯这样如此严肃认真对待这一挑战的，还实属少数。在 2009 年戛纳电影节的一段讲话中，拉赛特道出了公司的经营哲学。“为了让故事情节足够扣人心弦，如果需要，我们甚至不惜停止制作工作。”他说道，“皮克斯做一部电影需要 4 年时间，其中 3 年半都用来构思故事情节。”为了在紧迫的截止日期之前挽救《玩具总动员 2》，皮克斯必须要找到方法，将原本应在 30 个月做完的故事情节构思工作，挤压到 9 个月之内。最终的解决办法，就是将人才从所有其他的工作中脱离出来，将他们关在一个房间里，让他们与世隔绝，然后“煽风点火”——就好像给一些化学混合物加热，以加速其化学反应一样。

在索诺玛召开紧急周末会议之后，皮克斯的创意团队最终敲定了改编版的故事情节。新情节有了更加强烈的情感刺激，更加高尚的道德诉求，以及更加完美的人物个性延展。为了重点强调主角胡迪所经历的个人困境，皮克斯请来了奥斯卡作曲奖得主兰迪·纽曼（Randy Newman），让他写一首令人心碎的情歌。这首歌由牛仔女郎杰西这个角色用真假音变换的方式唱出来。故事情节中的一些基础元素被保留了下来，但重新写过的故事，更加令人无法预见，也更加扣人心弦，从心理上给人以冲击感。

同样的超高速创造力，几乎不太可能会在某个“正常”项目中实现。举例来说，如果项目中的主角人物个性没有被团队中的所有工作人员所知，就很难提高创意速度。皮克斯能取得如此的成功，非常令人佩服。但更加令人佩服的，是公司对故事情节的专注与责任感，甚至不惜在最后一刻抛弃本已完整的故事情节，就因为它不是“卓越”的代名词。

《玩具总动员 2》的重新制作，也反映出了皮克斯独特的团队合作风格。好莱坞充斥着的层级体制，在这样的环境之中，顶层管理人员的每一句话都拥有巨大的能量。但是皮克斯以自身的开放、自我批评和实验精神而自豪，并有意避免那些困扰工作室的束缚性规定和严格执行上级指示的风气。用拉赛特的话说，就是“没有任何规定是强制性的，对我们来说，标准运营流程不适用于任何东西”。

一位曾经在皮克斯工作过的业内人士告诉我们，公司对她所谓的“是的，而且……”原则非常重视。在大多数组织之中，出其不意的想法总是会肯快被枪毙，人们会纷纷指出这些想法的弱点，并给出各种理由，试图说明其无效性。皮克斯的员工懂得对新鲜的想法给予“是的，而且……”式的答复：

> 如果有人说：“我们应该制作一部关于气球的电影。”你会说：“是的，而且我们可以把气球做成动物形状，这样我们就能讲出一个关于气球动物的故事。”而不会说：“不行，气球太难做出动画效果了。”这样做的结果，就能在整个公司普及建设性的协作式构思方法。

另一个有着典型皮克斯风格的词汇就是“叠加”，用来描述电影制作过程，指的是不断从每一个可能的来源为影片贡献内容。用导演皮特·道格特（Pete Doctor）的话说，就是“永远认为有办法在每个阶段让电影更加完美。拉赛特总是会说，‘如果你再加上这样一点点额外的小动作会怎样？’然后突然之间，动画人物就变得生动起来，仿佛一下子有了生命。”

就像在《玩具总动员 2》制作过程中发生的事情一样，每当项目处于脱轨的危险之中，团队合作的力量此时就会扮演起关键角色。在已经程序化的过程中，当负责某一具体项目的导演或制片人团队需要支持或新想法时，就会请公司“智囊团”前来支援，其中包括拉赛特和皮克斯的 8 位导演。他们会对进展过程中的工作进行研究，并给一些想法和点子，以帮助提高影片质量。十分重要的是，智囊团并没有高于一切的权威，导演和制片人保持对该项目的绝对控制力。就像卡特姆说过的一样，这样的规定“解放了智囊团成员，如此一来，他们就能毫不掩饰地给出他们的专家意见，同时也解放了导演，如此一来，他们就能寻求帮助并全盘考虑他人的建议。”

在这样的精神的指导之下，重塑《玩具总动员 2》的紧急峰会吸收了几十位皮克斯团队成员的点子和建议。请记住，拉赛特从来没说过"《玩具总动员》就是我"——他说的是"《玩具总动员》就是我们"。两者之间的差别非常关键。"我们聚在一起，为所有这些点子而开怀大笑。在故事原有的基础之上继续添砖加瓦。"

当团队成员带着他们摇身一变的故事情节和全新的使命感，回到工作室之后，都充满了活力，准备大干一场。他们用一个月的时间完成了整部影片脚本的重新写作和设计。这是前所未有的工作效率和成就。

《玩具总动员 2》按时登上了大银幕，并成为了当年最受欢迎的影片之一。起到关键作用的新歌曲《当她爱我时》(*When She Loved Me*)，由流行艺术家莎拉·麦克拉克兰（Sarah McLachlan）演唱，当年被提名为奥斯卡最佳电影歌曲。烂番茄网站收集并总结了报刊、杂志、广播评论家的观点，报告说，《玩具总动员 2》在全部的 147 份评论中，得到了 147 份赞扬。获得百分之百的支持实属难得。《玩具总动员 2》不仅成就了皮克斯的"三局连胜"，而且也是当时给公司带来最高收入的一部电影。

皮克斯之所以比历史上的任何一家工作室都更频繁的产出热门影片，少不了开放的心态、团队精神和对故事情节的专注。然而，这些不过是众多关键元素中的几项而已。

另一项不可或缺的特质，就是皮克斯对独创性异乎寻常的重视。皮克斯故意避开了许多工作室遵从的循规蹈矩策略，尽可能将想象力发挥到极限。很难想象还有哪家动画公司会像皮克斯那样，拍出这种黑暗、未来主义、几乎完全没有对话的环保剧《机器人总动员》(2008)。这部影片，用持卡姆的话说就是，"世界末日之后废墟中的机器人爱情故事"。

需求的力量

《机器人总动员》并不是典型的儿童动画片，但却收获了5.34亿美元的票房，赢得了最佳动画影片学院奖（是皮克斯至今获得的24个奥斯卡奖之一），并被《时代周刊》列入10年最佳影片名录。美国观众因《料理鼠王》（2007）的影片题目而略感生疏，行业专家也颇为轻视那部以一位坏脾气老头为主角的动画片《飞屋环游记》（2009），然而，两部影片都创造出了巨大的需求。

对独创性毫不动摇的坚持，在创意团队拥有的高度自由之下，得到进一步强化。这既是工作室艺术成就的源泉，也是其成果。如果皮克斯的动画制作工作遭遇两三次代价高昂的失败，估计其创意自由就会被商业考虑所干扰。而他们一直不断赢得市场佳绩的事实，继续给了他们保持自由的通行证，从而带来了更多的佳作。

意料之中的成功：忠诚的员工与对员工的忠诚

在这样的精神指导之下，皮克斯为公司自身的研发部而倍感自豪。除了皮克斯之外，再没有一家电影工作室有研发部门。皮克斯鼓励艺术家们去尝试和摆弄他们喜欢的点子，越古怪越好，并将他们的成果以短小、低成本的实验电影展现出来。对于皮克斯的艺术家们来说，这是一个对概念进行尝试、对技术进行拓展的绝佳机会，同时还不会造成无法挽回的财务风险和个人职业危机。工作室的一些热门影片，就始于研发项目制作出的短片。同时，皮克斯的领导者还非常鼓励与学术界的优秀专家学者保持联系，这样，工作室就能永远跑在计算机动画和编程的最前沿。

而且，公司也非常鼓励与人才结成长期的合作伙伴关系。在21世纪的好莱坞，这是非常与众不同的一个特点。好莱坞的常规做法，是为一部影片临时召集一群艺术家（演员、剧作家、导演、制片人），事后迅速解散。皮克斯的员工作为长期团队的成员，会在相互之间形成的团队精神面前，放下自身在创意方面的自负。而在行业中的其他团队中，则很少能见到这样的情况。举例来说，安德鲁·斯坦顿在《海底总动员》的制作过程中起到了关键作用，同时也导演了《机器人总动员》。他在这两部大热电影基本成型之后，主动退居二线，以一名普通工作人员自居。如此的谦和在任何行业中都十分少见，更不用说电影娱乐业了。

为了回报如此非同一般的忠诚，皮克斯通过为员工提供长期职业发展机会作为奖励。例如，工作室鼓励每一位员工，从动画制作人员到会计再到保安，每周将4个小时的时间用在教育上。其中包括皮克斯大学提供的110多门课程。用院长兰迪·尼尔森（Randy Nelson）的话说，就是“等同于美术和制片学的本科教育”。“为什么要教会计学画画？”尼尔森反问道。“因为画画课不仅教人们如何作画，还能让人们更富观察力。员工更富观察力，无论公司从事何种行业，都能从中受益。”

更重要的是，皮克斯鼓励并奖励公司中每位成员为艺术做出的贡献。这一理念并不是基于那些让人感觉良好的平等主义观念。因为在创作一部电影佳作“漫长而辛苦的过程”中，对艺术强烈需求要有清晰的理解。卡姆尔这样说道：

> 一部影片包含着成千上万的点子和思想。这些点子和思想存在于每一句台词、每一个表演、每一个人物、道具和背景的设计中，存在于摄影机的摆放位置之中，也存在于色彩、灯光和进度中。导演和其他创意团队领导者无法自己想出所有这些点子，所以要吸取由200到250人组成的制作团队中的每一个人的意见。

卡姆尔的说法准确地道出了制片业的现实。**曾有评论家说过，电影制片是“自从中世纪大教堂建筑以来最具协作精神的主要艺术形式”**。在这样一个将少数人追捧为“创意”名人的行业，如此的诚恳实属难得。同样难得的，还有皮克斯组织对各个阶层员工贡献的尊重和信任。我们再一次感觉到了一家伟大的需求创造组织中社会规范的存在。绝大多数公司中，占主导力量的一般都是市场规范。而社会规范恰恰能成为市场规范的补充，并丰富其内涵，也使得团队成员之间的伙伴关系更为深刻和紧密。

也许，拉赛特如此热衷于调动起全公司成员的贡献热情，一部分原因是在于他早期事业发展过程中的一次惨痛经历。拉赛特对动画事业有着毕生的热爱，在毕业之后就有幸加入了迪士尼，对他来说如同梦想成真。但是，作为一名初出茅庐的新人，在全世界最著名的动画制作公司工作，他发现自己只能多干活、少说话。当他凭借当时流行的计算机动画概念，迫不及待地向老板讲述他关于一部新电影的点子时，却无意间冒犯了老板，被炒了鱿鱼。如此令人痛苦的经历，直到时过境迁的多年之后，他才再次向人提及。

颇具讽刺意味的是，2006 年，拉赛特被提名为迪士尼动画电影公司的新任首席运营官。正是这家公司，曾在多年以前将他逐出门外。他之所以能取得这样的成就，很大程度上应归因于他向全体创意团队成员学习的能力。正如拉赛特说过的那样：“在皮克斯做艺术创意工作，就好像是在荡秋千。你总会看向另外一个能抓住你、帮到你的人。”这样，团队精神就被提升到了一个前所未有的高度。

从了解身边的人开始

但是，皮克斯系统最中心的支柱，同时也是维系所有具体创意策略的纽带，就是在开始电影制作过程之时，问出这样一个简单的问题：我家人和我自己喜欢看什么样的影片？

任何拥有一点点创意火花的人，都能给出富有洞察力和价值的答案。这也是为什么皮克斯会鼓励公司所有员工提供思路和点子。抓住每一个机会问出问题，并接受各种各样的答案，就是好莱坞版的需求创造精神——拥有与客户谈话的勇气，并认真听取他们的每一句话。

通过应用这些原则，皮克斯为了了解需求的形成机制，并将需求带入现实，已经设计建成了一套非同凡响的系统，也连续产出了11部轰动一时的热门影片。这些影片不仅赢得了评论家的赞扬，也获得了行业的尊重（包括那24个奥斯卡奖和两倍于这个数字的提名），以及商业上的成功（详见表9—1）。

表9—1　皮克斯轰动的产品组合（1995—2010）

影片题目	上映时间	美国本土收入（百万美元）	全球收入（百万美元）
《玩具总动员》	1995	192	362
《虫虫特工队》	1998	163	363
《玩具总动员2》	1999	246	485
《怪兽公司》	2001	256	525
《海底总动员》	2003	340	865
《超人总动员》	2004	261	631
《汽车总动员》	2006	244	462
《料理鼠王》	2007	206	624
《机器人总动员》	2008	224	521
《飞屋环游记》	2009	290	415
《玩具总动员3》	2010	415	1 063

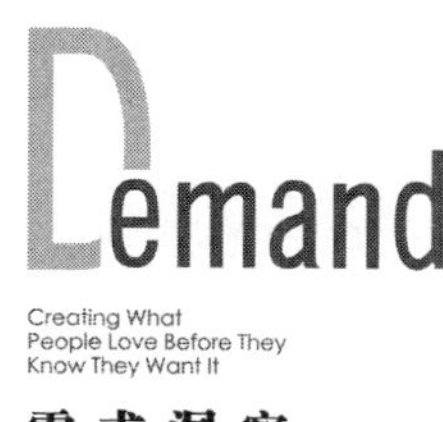

皮克斯之所以能与高曼法则背道而驰，很大程度上是因为找到了能够调动起每位员工天赋的方法。“所有人都一无所知”，但当你将好莱坞所有几百位最具天赋人物的智慧和创意资源集合为一体，其结果就是形成了一套极具动力的思想体系。就算是最伟大的天才，单凭一己之力也望尘莫及。

创造需求，就是创造系统

在产品发布过程中取得不断重复的成功，也就是构建起一整套成功的产品组合，并不是经济形势或技术水平的作用，甚至也与产品类型无关。**成功，只会回到那些构建起需求创造“系统”的人身边。**

在高曼法则的驱动之下，为了创造出未来的需求，很多组织都会同时发布几个项目。这和赌徒一次性购买多张彩票是一个道理。同样的策略也被商业组织之外的其他组织所采纳：基金会和政府部门会在医疗研究、经济发展等领域主办多个试点项目；教育部门支持许多委办学校对各种教学方法进行测试。在每一类情况之下，人们都希望能在多个项目中有一个取得轰动性的成果，激发出巨大的需求，并以此补偿其他项目的失败。而究竟哪个项目能取得成功，事先谁也无法预测。

没有质量的数量不是办法。回到花园的比喻上，未来的需求创造者需要种植许多有前途的项目，然后再利用尖锐的眼光，精挑细选，将无用的“杂草”拔除。传奇组合大师巴菲特曾说过，投资者需要假装自己手中握有一张带 20 个孔的卡片，每一个孔代表一次投资机会。这张卡片的使用期限是一辈子。意思是说，只要决定投资，就要稳扎稳打，因为投一次就少一次。这话说起来容易，但做起来却很难，更不用说一直坚持下去了。这需要组织的思维方式、系统和文化致力在全情投入的心态上，以提升项目连续成功的机会。

我们来看两个非常不同的行业中（制药业和风险投资）的两家公司。这两家公司都创造出了自身的系统，在应对新需求创造的挑战中保持了几十年的成功记录。和皮克斯一样，默克公司（Merck）在 20 世纪八九十年代采用的系统，以及凯鹏华盈（Kleiner Perkins Caufield & Byers）在长达 40 年的发展历程中所采用的系统，都基于同样的理念——产出大量高质量点子，然后再经过层层筛选，挑出几个真正绝妙的思路。这样的做法，进一步强化了各自组织的发展重点。

像皮克斯、默克和凯鹏华盈这样拥有的公司少之又少。从中就能看出，理念很简单，但落实到行动之中，却是难上加难。

打造真正卓越的产品组合

和其他大型制药公司一样，默克的财务状况，依赖于新发明、新专利药物的需求情况。当取得成功之时，这些药物在“大型制药公司”中扮演的角色，就如同热门电影对好莱坞工作室的作用一样：补偿那些被证实无效或未能吸引到期望需求量的药物开发成本。热门药物就是保证制药公司正常运转的法宝，同时也为成千上万名科学家、工程师和制造工人提供了工作机会。同时最重要的是，这些药物提高了无数病人的生命长度和生活质量。

拥有美国国家卫生院（NIH）研究经费的内科医生、生物化学家罗伊·瓦格洛斯（Roy Vagelos）于1975年加入默克。他发现，传统的研发流程效能颇低，属于随机碰运气的状态，令人不满。瓦格洛斯曾这样说道："以前，发现的过程是完全依靠经验的，就是要看人们服下某种物质之后的表现，无论是在实验室中进行，还是依靠民间观察。阿司匹林、吗啡、洋地黄和维生素C就是这样得来的。经验方法可以起效，但却在很大程度上依赖于运气，而且要花上大量的时间才能产出效果。"

瓦格洛斯在NIH工作的过程中，发现了一种更有效率的药物开发方法。这种方法基于发现伴随疾病自然产生的特定酶类。瓦格洛斯说道："只要我们找到了目标酶，药用化学家就会在实验室中寻找这种酶的抑制剂，而微生物学家和天然产物化学家会在自然界中寻找抑制剂。"这些经过药用处理的抑制剂，能阻止酶的运作，从而延迟或倒转疾病发展进程。瓦格洛斯的新方法，每天可以进行几百次实验，比传统方法要快出许多。而且由于研究人员进行的分子之间的匹配具有高度目标性和具体性，因此生产出的药物副作用也更少。

瓦格洛斯花了一些时间才说服默克的同事接受他的新方法。而在用上这种新方法不久，效果就非常明显。事实上，瓦格洛斯和默克是将传统药物研究的随机试错结构转变成为了一个系统。而有了系统之后，虽然并不能担保一定能取得成功，但却极大地提高了成功的概率。

留住最优秀的人才

瓦格洛斯在担任默克的研究总监（1975—1985），包括后来升任CEO（1985—1994）之时，都找到了很多办法，以利用研究系统产出的需求创造优势。其中

最重要的一点，就是着重于最优秀人才的招聘、保留和激励。这是个看似简单，却十分不容易贯彻到实际工作之中的事情。

在20世纪70年代早期，最聪明的年轻科学家都被吸引到了大学之中；人们普遍认为，只有二流人才才会选择企业。瓦格洛斯认为这样的态度“令人沮丧”，决定加以改变。他鼓励默克的科学家将公司的研究成果在学术界发布研究论文，举办讲座。同时，他还给了科学家们空前的自由度，让他们根据兴趣进行基础科学研究，并形成学科之间的联合协作团队。这就给默克的实验室注入了富有创造力的蓬勃气氛，在行业中绝无仅有。公司的目标，是向年轻的科学家展示，应用研究既能带来知识上的挑战，同时也能实现个人价值，研究出的新型药物可以给无数人的生命质量带来提升。

瓦格洛斯的宣传活动为默克公司镀上了一层魔力的光环，也吸引来了上百位年轻的研究科学家。瓦格洛斯本人就是一名内科医生，也拥有丰富的研究经验，因此能亲自考察这些新员工和他们的工作成果，参与招聘面试，也常常查阅临床测试结果，给最富才华的研究人员以激励，并给出非常有帮助的新方法建议。

亚瑟·帕契特博士（Dr. Arthur Patchett）的事迹，生动地体现出瓦格洛斯的系统如何释放出默克公司的科学潜力。帕契特从哈佛大学拿到博士学位之后不久便加入了默克。他是一名非常优秀的研究者，很快便升职成为了整个合成化学业务部的总监。但是，他并不是一位称职的管理者，不久就被“放逐”到了一间破败老旧的实验室。在那里，他的老板只让他做混合缩胺酸的基础工作，毫无创造性和生产潜力可言。在瓦格洛斯来到默克之前，帕契特在这间实验室工作了整整两年。

一个周六，瓦格洛斯正在实验室中巡视，恰巧遇见了帕契特。听着帕契特对研究思想天马行空的讲述，看着他在白板上画着关联图，瓦格洛斯意识到，帕契特是个“化学天才”。

瓦格洛斯提出要和帕契特共同设计一个项目，并交给帕契特主管。早就想要改变一下工作内容的帕契特爽快地答应了。几年后，帕契特和他的团队就成功开发出了高血压的新疗法，并为胆固醇研究做出了重要贡献。瓦格洛斯后来曾说过：“帕契特是默克最具创新意识的化学家之一。但是必须要给他发挥创意的空间，而不能告诉他去做什么。”诸如此类的故事在行业中被人传颂，默克也在瓦格洛斯的领导下，成为了拥有天赋和志向的科学家们的理想雇主。

需求的力量

到了 1988 年，默克将收入的 11% 都注入研发之中。研发成本比例高于任何公司，比起 1976 年不到 2% 的研发投入，超出了 5 倍之多。针对潜在需求量最大的研究领域——需要长期治疗的慢性疾病、目前治疗效果不理想的疾病，以及大量患者可以从中受益的治疗方式，公司都追加了特别投资。

科学家在制定研究规划之时，并不能时刻想到需求的问题。而瓦格洛斯则时刻将需求铭记在心。

在这些理念的指导之下，默克将重点放在了心血管疾病、艾滋病、癌症、关节炎、老年痴呆症和骨质疏松症的研究和治疗上。和所有制药公司一样，默克也有几十种不同类型的药物处在开发过程中。瓦格洛斯成功地将公司的关注重点浓缩到了 6~8 种具有最高潜力的药物。他引导公司去关注那些能应对最大需求的药物项目，并为这些项目提供了大量关键资源、关注力和情感能量，帮助他们取得研究突破。

监管局不是敌人，而是重要的客户

瓦格洛斯处世法则中还有一个维度，那就是用与众不同的态度对待美国食品与药品监管局（FDA）。在新型药品进入市场之前，必须首先得到FDA的批准。对于绝大多数制药公司来说，FDA就是不共戴天的敌人。而瓦格洛斯的想法则不一样："我们要将FDA视为客户——非常重要的客户。"

默克公司把这样的想法付诸实践。新的观点和角度改变了默克内部对此问题的态度。默克的研究人员不会整天盘算着"我们怎么做才能在不惹麻烦的同时甩开FDA"，而是会去思考"这位重要的客户在做决策的时候需要哪些信息"。之后，研究人员就会去尽力提供。当公司上交FDA的申请材料准备得非常详尽时，FDA的批准流程也走得比以往快了许多。

由于有了瓦格洛斯富有创新精神的产品组合管理系统，在他担任公司CEO期间，默克公司推出的畅销药品种比排名二、三、四位的三家制药公司产出的药品数量总和还要多（详见表9—2）。

通过改进优质项目筛选流程，强调吸引并激励人才，并从客户服务的角度对待FDA批准流程，瓦格洛斯将药物开发工作从盲目碰运气的状态变革成为了一套行之有效的系统，并产出了持续的成果。

表 9—2 默克的轰动产品组合（1978—1993）

药品名称	FDA 批准	治疗疾病	收入（10 亿美元，1993—1998）
噻吗心安（Timoptic/XE）	1978/1993	青光眼	2.268
伊佛霉素（Ivermectin）	1981*	寄生虫感染	3.244
伊那普利（Vasotec）	1985	高血压	14.112
亚胺培南—西拉司丁钠（Primaxin）	1985	细菌感染	3.210
法莫替丁（Pepcid）	1986	溃疡及胃灼热	5.882
洛伐他汀（Mevacor）	1987	高血脂症	6.996
赖诺普利（Prinivil）	1987	高血压	2.735
奥美拉唑（Prilosec）	1989	胃酸倒流	10.001
辛伐他汀（Zocor）	1991	高血脂症	14.490
非那雄胺（Proscar）	1992	前列腺肿大	2.175

* 伊佛霉素是一组兽医用药，FDA 并不要求报批。1981 年时首次开始销售。

“所有人都一无所知”？你不敢跟罗伊·瓦格洛斯说这句话。

瓦格洛斯退休之后，连续成功运行长达 20 年之久的系统开始被忽视，水平逐渐下滑。倘若这套独具一格的系统被保护起来并继续发展的话，不知将能为默克公司带来多么不同的需求创造成效。

“风光无限”的风投行业

凯鹏华盈的需求创造系统，一直以来都保持着强大的发展势头。凯鹏华盈成立于 1972 年，是美国领先的风险投资公司。作为一个需求创造机构，凯鹏华盈在一个不寻常的领域——创业投资中，取得了非同凡响的成功。

投资市场中现有公司的成功难度之大，想必所有人都了解。就算公司很成熟，市场很明确，也能拿到多年的跟踪数据，但许多投资经理（80% 之多）还是无法达到平均市场回报率。

现在，让我们来想象一下另一个不同的投资领域——既没有公司的跟踪数据，也没有明确的市场，而你要投资的这家公司，只有在未来 5 ~ 10 年之后才能卖出第一件产品。在走向市场的这条漫长而艰辛的道路上，绝大多数公司倒下了，其中不乏一些悲壮惨烈的典型。原因有很多，但最突出的风险主要有以下四种：

- 技术不起效；
- 管理团队不起效；
- 公司资金短缺；
- 产品无需求。

风险投资行业一直是风光无限的。但事实上，大多数风投只是回报平平，就算是那几家屈指可数的成功风投公司，成绩也是十分不稳定。

奇低的成功概率再加上超长的回报周期——在如此诡异的环境中，凯鹏华盈竟然能够逆势而为。过去 10 年间，公司每年回报投资者的资金都在 10 亿美元以上，在了解这一领域严酷事实的任何人看来，公司取得的佳绩（详见表 9—3）都十分神奇。

表 9—3　　凯鹏华盈的轰动投资组合（1972—2010）

公司	市值（10 亿美元，2009）*
谷歌	147.0
基因泰克	47.0
亚马逊	36.0
Cerent	7.3
电子艺术（Electronic Arts）	6.9
太阳微系统	5.9
网景（Netscape）	4.2
莲花软件	3.5
美国在线（AOL）	2.4
Brio Technology	0.143
康柏	25.0
Intuit	13.7
LSI	2.65
宏媒体（Macromedia）	3.4
昆腾（Quantum）	0.316
Tandem	3.0

* 其中一些公司已经被其他公司收购：基因泰克被 Hoffman LaRoche 收购（2009）；Cerent 被思科收购（1999）；网景被 AOL 收购（1998）；莲花软件被 IBM 收购（1995）；Brio Technology 被 Hyperion 收购（2003）；康柏被惠普收购（2002）；宏媒体被 Adobe 收购（2005）；昆腾被康柏收购（1997）。

他们究竟是如何做到的？

很多人认真研究了凯鹏华盈的发展史，很有意思的是，他们对其成功的解释都带有直觉的意味。有些人将成功归因于公司主要合伙人的个性上。举例来说，合伙人约翰·杜尔（John Doerr）就有着迷人有趣的性格。他从莱斯大学和哈佛商学院毕业之后，于 1975 年加入了英特尔，成为了一名工程师兼项目经理，之后又转行做了系统销售。在这个领域中，他强大的驱力力、主动性、竞争热情、似乎永远耗不尽的能量以及对引人瞩目的嗜好，发挥到了极致。譬如，有一次，杜尔为了给英特尔签下一位微处理器的新客户，竟然附赠了一台割草机。

有一份杂志曾这样描述过杜尔：一个骨瘦如柴的男人穿着满身褶子的蓝色西装，一缕头发横挂在脑门上，总是急匆匆地赶去开会。他一边在和 3 个人交谈，一边还打着手机。他被认为是高科技风投界最具影响力的人物。想到这一点，你就能基本上把握住他这个人的个性特征了。

杜尔的其他合伙人也颇为令人难忘。雷·兰恩（Ray Lane）是甲骨文的前任首席运营官兼总裁。当时，甲骨文是全世界第二大软件公司，也在技术创新领域拥有许多著名洞见，可谓是当仁不让的权威。兰恩和杜尔在谁能积累更多的业务人脉上，展开了持续而友好的竞争。最终计数时，兰恩以 6 000 多个名字和电话号码胜出，他的名单里甚至还包括 1996 年时的冰岛总统奥拉维·拉格纳·葛林森（Olafur Ragnar Grimsson）。

还值得一提的是比尔·乔伊（Bill Joy）。这位著名神童的许多智慧大爆发仿佛是现实与传奇的混合体。他 3 岁读书，4 岁下象棋。在博士学位的口试过程中，他当场发明出了一种绝妙的排序算法。之后，其中一位考官将这次经历比喻为“基督难倒了他的长老”。后来，乔伊在伯克利成为了一名受人敬畏的黑客，还荣登《财富》杂志的封面主题故事，被称为“互联网时代的爱迪生”。之后，他还与人合伙成立了太阳微系统公司。

杜尔、兰恩和乔伊不过是凯鹏华盈 36 位合伙人中的 3 位。政治名人前副总统阿尔·戈尔（Al Gore）也是凯鹏华盈的合伙人，前国务卿柯林·鲍威尔（Colin Powell）是“战略有限责任合伙人”。这些著名人物的加入，进一步给这支非凡的团队添上了一抹光彩。

然而，凯鹏华盈的成功，不仅仅是因为有了杜尔的销售天才、兰恩的沉着智慧和乔伊的聪明机智，也不是单纯凭借任何人的名人身份。有人说，凯鹏华盈的品牌起了作用：这家公司有着风投界最响亮的名声，而这就意味着，他们能先于所有人看到最具前景的商业机会。这个说法充满直觉色彩，也十分有吸引力，但却是误导人的。

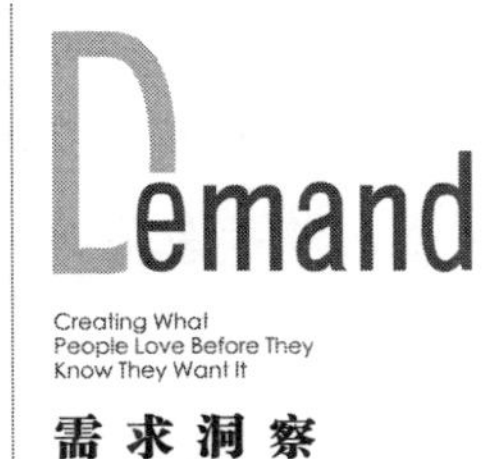

没错，凯鹏华盈的确拥有强大的品牌和众多的成功案例。但是，所有这些只是其中一方面。在凯鹏华盈完美的多角度需求创造流程之中，这些只是最不起眼的一面。

凯鹏华盈知道，在企业面临的四大风险——技术、团队、融资、需求之时，需求是最困难的一个。凯鹏华盈便据此而采取行动。他们并不将关注点放在公司上，而是放在市场板块上，不断寻找能引领新一轮需求大爆炸的突破点。他们一开始在半导体行业寻找这些突破点，后来在互联网领域，如今又转战能源和水行业。

凯鹏华盈列席数百家公司的董事会，与成千上万名创业家交流，而所有这些互动中的唯一关注点，就是发展出关于需求如何进化的独特观点。前任合伙人维诺德·克斯拉（Vinod Khosla）曾说过："从太阳微系统到 AOL 再到 Excite，我们参加各类公司的董事会。我们作为一个群体，已经发展出一种意识，能在市场研究人员之前预测未来的动态。"

在这样的背景之中，他们寻找着以客户为中心的公司。杜尔在谈到刚刚成立的财务软件公司 Intuit 是否具备巨大潜力时这样说道：

> 我出席的第一次 Intuit 董事会就甚感惊讶：一半多的会议是在 Intuit 的

技术支持中心举行的，期间听着技术支持回答客户的产品问题并帮助解决麻烦。公司创始人斯科特·库克（Scott Cook）对客户满意的执著关注和对第一手客户反馈信息的掌握，让我至今仍记忆犹新。

杜尔和我们不谋而合，他也认为，很少有公司领导者具有足够的勇气，敢于与客户交谈，并对他们掌握的那些令人不快的现实情况做出回应。库克不仅懂得倾听客户，而且还将董事会成员也带入到了这一过程之中，完全改变了董事会层面对话的实质和内容。对于杜尔来说，这是一条很关键的线索，说明这家公司正处于创造巨大新需求的边缘。

甄选最佳机会

执著于需求是一个很好的开端。下一步，就要想出尽量多的好办法来应对需求。这一过程，从倾听凯鹏华盈网络之中的各种声音开始，之后便迅速“外流”。凯鹏华盈的合伙人们横扫美国的一流大学，寻找最优秀的点子。他们不是坐在那里等推荐，而是像调查记者或侦探一样，不辞辛苦、“踏破铁鞋”般地走访各个学校。像杜尔、兰恩和布鲁克·拜尔斯（Brook Byers）这样的合伙人，花了大量时间访问大学中的各个实验室：杜尔负责斯坦福，兰恩负责卡耐基梅隆，拜尔斯负责加州大学旧金山分校。他们利用自己的关系和人脉，去了解创新的研究项目，与顶尖科学家建立长期关系，并促进全美最聪明的一群人彼此协作和沟通。

“铁鞋”策略超越了传统的大学资源，也跨越了国境线。为了支持公司的能源投资，凯鹏华盈合伙人不仅仅在美国马萨诸塞州、佛罗里达州、得克萨斯州、宾州、纽约州、新泽西州和佐治亚州找到了值得关注的新思想，也在以色列、德国和中国寻觅到了一些有用的资源。

推荐人也起到了他们的作用，杜尔将他们视为质量的保证人：

> 这不是抽奖式的概率问题，而是关于质量的问题。事情的关键在于，凯鹏华盈要在250多家企业中投资。基本上每个案子，都是某个人推荐给合伙人的。这个人既认识公司的创始人，又认识我们的客户。他可能是位CEO，也可能是工程师、律师、朋友或另一位风险投资人。

下100次赌注也许是必要的，但这些赌注并不是盲目的，与购买100张彩票然后梦想自己中大奖完全不同。在某个概念通过凯鹏华盈的“入学考试”，拿到资金之前，需要满足一系列非常严格而苛刻的指标。这一方法总体看来很直接：

高质量点子的最大数目 × 最大选择度＝最佳机会

举例来说，在评估软件业投资时，凯鹏华盈利用以下指标来评价潜在产品：

1. 客户的即时价值——首次使用时解决某个问题或创造价值；
2. 病毒式接纳——具有拉力，而不是推力，不需要直接的销售力量；
3. 尽量少的IT投入，没有一种是完美的。托管SaaS［“软件即服务”］最好；
4. 简单、直觉式的用户体验——无需培训即可使用；
5. 个性化用户体验——可定制；
6. 基于应用或使用模板的简易配置；
7. 背景意识——能根据地点、人群、偏好、设备等等进行调整。

这些指标的精确和明晰程度，与巴菲特那简明而强有力的投资指标有些相似之处。巴菲特的投资前提是：一家公司（a）1块钱卖一件产品，（b）1分钱成本，

（c）该产品的需求能永久延续，（d）该产品周围有强大的壁垒围护，（e）拥有优秀的管理团队。

许多软件创新都能满足凯鹏华盈两条、三条甚至四条指标。能满足全部七条指标，则了了无几，而公司要的正是这精华中的精华。在某个新兴市场板块中那成百上千个高质量点子中，也许只有一个非常非常优秀的点子。只有这一个点子，才能拿到凯鹏华盈的投资。而如果这是个大有前途的点子，就有可能拿到多笔投资。举例来说，凯鹏华盈目前在绿色汽车技术上有 3 笔投资，在燃料电池上有 3 笔投资，在太阳能光伏系统上有 3 笔投资，在电池和生物质燃料上有多笔投资。不管怎样，即使需求真实存在（凯鹏华盈认为如此），技术、管理团队或融资还是有可能失败。因此，通过最严格筛选的行业或公司上做双保险，是凯鹏华盈系统中另一个关键的组成部分。

“黄金介入方式”为投资增值

整个拼图的最后一块，也是最独具一格的。仅仅提高点子和选择度的数量级并不足够。凯鹏华盈也十分擅长于拓展每一笔投资的潜力边界。**公司通过各种“黄金介入方式”，来为投资增值**。可能是帮助公司找到合适的管理人才——董事总经理、技术人才、财务专家或 CEO，以帮助公司将整体表现提高到另一个层次上。可能是提供与重要客户的联络关系（还包括其他凯鹏华盈投资的公司）。在从概念到市场的发展过程中，如果遇到预料之外的技术难题，凯鹏华盈的合伙人就可能会从另外一家遇到过同样问题的公司处请来专家，帮助解决。凯鹏华盈甚至还为 Visible Path 公司投资，因为其社交工具可以用来帮助凯鹏华盈网络之中众多蹒跚学步的公司相互之间保持联络，并最终帮助这些公司茁壮成长，全力奔跑。

凯鹏华盈的系统还在不断发展进化。如果发现了一个好点子，却没有一家公司来进行落实，那么凯鹏华盈的合伙人就会认为“我们的工作是帮忙创立一家公司”。而且他们真的会这样去做。在合伙人乔伊的领导之下，凯鹏华盈构建起了一幅“大挑战地图”。这是一张有40格的矩阵，其中反映出了未来需求增长领域的主要机遇，包括能源储存、水、发电、运输等。图中还有不少方格是空白的，留给可能激发出市场中积极而巨大变化的点子。这幅地图有一个目的：帮助凯鹏华盈的合伙人时刻铭记自己要寻找的东西。正如杜尔所言：“我觉得从来没有人用这种方式进行过风险投资。”

需求的力量

凯鹏华盈对更新颖、更优异方法的不断追寻，已经产出了许多成效。总体来看，凯鹏华盈投资组合中的公司已提供了超过25万个工作机会，实现了超过1 000亿美元的收入，并产出了6 500亿美元的市值。一家公司，利用一种独特的运作方法，通过融资和创意支持的方式，激发出了如此庞大的新需求，不能不说是非凡的成绩。

不是赌局，而是质量

我们了解到，从拉赛特到瓦格洛斯，再到杜尔，每一位组合大师都开发出了一套独特的系统，能随着时间的发展，通过许多产品的成功发布来进行需求创造。而所有这些系统，都有几点关键的维度是相通的。

无论是制作短小的实验电影，寻找有研究价值的酶，还是探索未来具备极大需求潜质的市场板块，他们都致力于高质量产品与思想在数量上的提高。在有了庞大的产品选择之后，他们会采纳非常严格的筛选过程，譬如皮克斯的“一年一部热门电影”的制作策略，默克对排名前6～8种药物的专注，以及凯鹏华盈对“质量”而不是“赌局”的执著。

从中我们学到，如果一家组织也想要获得持续不断的大规模需求创造的成功，就要关注两个简单的问题：**我们点子组合的总体规模和质量如何？如何才能更好的从我们的组合中选择出最优秀的一个，并为其努力？**

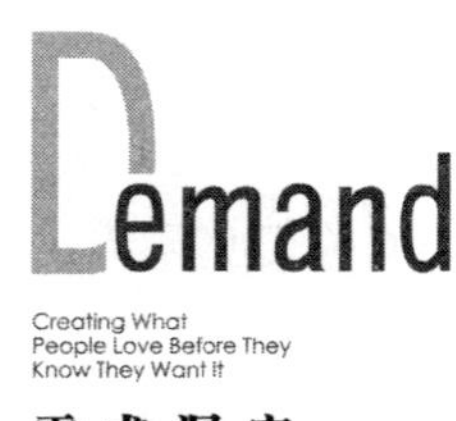

你是否注意到，这种思维模式与我们绝大多数人惯常的思维模式有着根本的不同。生活在这个世界中，人们早就在内心接受了高曼法则。在面对不可知的事物时，我们总会说，成功就是赌博，就是要下许多赌注。你要承担得起高风险，才能赢得来高收益。

伟大的需求创造者则不会这样思考问题，他们想到的不是赌局，而是质量。他们不想下赌注，而是要在每一部电影、每一种药物、每一次投资上，一击命中。他们玩转组合的方式，恰如巴菲特用他那 20 次投资机会的打孔卡理念进行投资组合，或如同泰德·威廉姆斯（Ted Williams）打篮球一般，放弃角度欠佳的投球机会，只有在篮球飞跃最佳投球点时，才会抓住机会。

许多组织都能得益于拉赛特、瓦格洛斯或杜尔这样的人才。但若想实现持续的需求，并不能只是梦想着出现一位能“点石成金”的旷世奇才，靠他来选出或创造出下一款热销产品，而是要创造出一种思维模式、一个系统。可以从拉赛特、瓦格洛斯和杜尔的成功中学习一些总体方法，将这些方法按照自身的特点进行改编和定制，并应用起来。然而，最终，**每家组织还是需要发展出自身独特的方法和技巧。**

连环需求创造者——也就是那些连续取得 10 次或更多成功的组织，并不仅限于本书提及的这 3 家优秀公司。迪士尼就实现了两次这样的辉煌，一次在 20 世纪 40 年代，另一次在 20 世纪 80 年代。20 世纪 90 年代的辉瑞制药也取得了如此的佳绩。丰田和苹果正在迈向夺取“连环需求创造者”桂冠的路上。这些公司都拥有优秀的系统，其中的一些元素值得我们学习。

还有一些人，发明出了取得类似成绩的独到方法。影视制片人杰瑞·布拉克海莫（Jerry Bruckheimer）推出的产品，共收获了高达 130 亿美元的总收入。他与已故合伙制作人丹·辛普森（Don Simpson）一同工作，独创出了一套系统，通过这套系统制作出来的影片，广受观众喜爱。系统中最重要的元素之一，就是观察观众。布拉克海莫并不会看向电影屏幕，而是去观察观众的每一次欢笑、哭泣、白眼、瞌睡，以及他们坐在椅子边缘，迫不及待的表情。**你可以去向人们询问他们喜欢什么、讨厌什么，但是人们的回答并不能给出全部的实情。只有专心致志地观察他们，才能从中发现更多有价值的信息。**

“与客户交谈的勇气”非常重要。布拉克海莫则走的更远——他有着“观察”客户的勇气。

基本上，每一位需求创造者都能从这些故事中学到一些有用的东西。不仅仅包括公司的管理者或技术创业家，也包括梦想着在 3 座城市开起几十家连锁店的小企业主，希望在未来 10 年的每个季度都能推出热门演出的社区剧院经理，以及立志推出一系列热门手机应用的开发者。

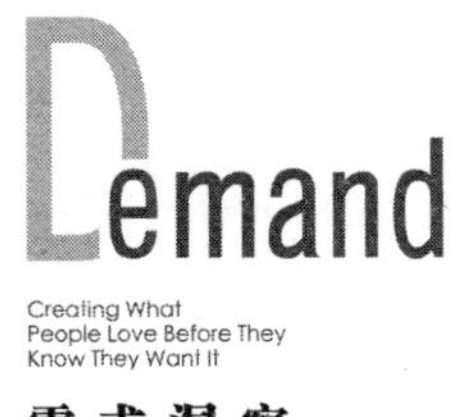

如果能针对提高产品组合的质量，精心挑选出最具潜力的几款产品并给予充分的支持，并专注于发展出一种思维模式、一种文化和一个系统，那么所有这些雄心勃勃的需求创造者就都可以反“高曼法则”而行之，创造出强大的新需求。不是一次两次，而是不断重复几十年。

Demand

Creating What

第四部分

未来的需求在哪里

People

Love Before

They Know They Want It

10

最亮的火花

科学发现与需求的未来

DEMAND Creating What People Love Before They Know They Want It

- 科技创新正是创造需求的根基。
- 实验室，放大并延伸人类智慧的地方，把思想转化成产品的地方。未来的需求创造者，从这里启航……

- 明天的需求从哪里来？是否还有尚未被人类征服的需求之巅？
- 那些未来需求所依靠的新型产业，将在何种科学突破的基础上生成？而这些科学突破又将靠谁来完成？

科学发现与需求的未来

纵观 20 年间众多伟大的需求创造之后，我们又回到了最初的那个问题：明天的需求从哪里来？

我们手中没有水晶球。关键的线索十分明显却又常被人们忽视，那就是麻烦会以各种形态出现在我们身边。

有些麻烦很小，就像哈斯廷斯通过奈飞解决的影片租赁问题，或是因为在伦敦中心地区找不到像样的午餐而创办 Pret A Manger 的梅特卡夫。

然而，另一些麻烦则很大，大至全美甚至全球的范围，十分顽固，并在金钱、时间、能源甚至人的性命上给我们增加了沉重的负担。我们已经了解了两个现成的例子：CareMore 正在努力补救混乱的美国医疗系统；Teach For America 正致力于解决美国学校无法给予危险少年恰当教育的问题。

那些解决了小麻烦的人爬上了一座座需求的小山。无数人的生活因为他们而发生了微妙的改善，而同时，他们也在过程中建立起了成功的组织。

但是，那些解决了大麻烦的人，则称得上是需求领域中的艾德蒙·希拉里（Edmund Hillary）和丹增·诺尔盖（Tenzing Norgay）。他们征服了需求的珠穆朗玛峰，那些几乎不可能实现的壮举急速提升了整个社会的层次，常常还会带来新的行业，在未来几十年驱动经济的增长。

然而，放眼今天的大千世界，是否还能看到尚未被人类征服的“珠穆朗玛”？或者说，是否所有创造需求的大好机遇都已经被抢占了？

这个问题有一个答案，不为人所知，却来源于知识的权威。

未来人类的14大挑战

2008年，美国国家工程学院（National Academy of Engineering）对25 000名工程师展开调查，借此总结出一份他们眼中21世纪即将面临的宏大挑战。事实上，他们要整理的，也是世界上最棘手的未经解决的科学和技术难题。这些全球范围的大麻烦，每天都在制造着数不胜数的问题，浪费着金钱和时间，增加着风险。学院投票的最终结果中，排名前14位的挑战分别是：

1. 实现太阳能的经济效应；
2. 通过核聚变产出能量；

3. 让所有人都能享用洁净的饮用水；

4. 大脑的还原工程；

5. 先进的个性化学习；

6. 开发碳回收方法；

7. 制造用于科学探索的工具；

8. 修复并改进城市基础设施；

9. 先进的健康信息学；

10. 防止核恐慌；

11. 设计更高效的药物；

12. 增强虚拟现实；

13. 管理氮循环；

14. 实现网络空间安全。

上述任何一项挑战，只要有人想要认真地解决，就能创造出成百上千新的科技构想。通过竞争的压力和样机开发的难度实现优胜劣汰，其中最优秀的构想就能引来大型新行业的发展，并激发出巨大的新需求和高收入的工作机会。

最重要的是，这样的科技突破，能帮助解决遍及全球各类社会中无数人所面临的麻烦。小到生活中的琐事（不稳定的汽油价格，延迟的医学诊断，身份盗窃），大到灾难性事件（受气候变化驱动的“水战”，全球性流行病，网络恐怖主义）。

事实上，**科技创新正是需求创造的根基。**巧妇难为无米之炊，优秀的需求创造者也要有优秀的材料才能大展拳脚。如果没有万事俱备，就算东风吹来，也起不了作用。

这就是为什么那些巨大的需求增长，那些持续了几十年，创造出巨型新行业和经济活动大爆发的新型需求，都源于基础科学发现和技术突破。

这就引到了另一个重要问题上：这样的发现和突破究竟是如何出现的？答案并不能一目了然。但是，如果我们希望能在未来的几十年中享受到经济增长和生活水平的提高，就需要找到这个问题的正确答案。

萌芽中的需求变革

第二次世界大战之后的 1948 年 7 月 1 日，发生了许多事情。从《纽约时报》的头版大标题中就能有个大概的了解。有一篇文章的标题是这样的："最后一支英国军队撤出巴勒斯坦"。那时，新成立的以色列国已经投入了第一场为了独立和生存的战争。另一篇题目这样写道，"杜鲁门将 2 月 1 日定为'自由日'"。此时，冷战的来临为新的爱国主义节日创造了需求，从而达到了发扬民主利益的目的。《午夜变换》是说纽约地铁票价的第一次上涨，从以前的 5 分钱涨到了 1 毛。而到了 2010 年底，坐趟地铁要花掉你两块五美刀。

但是，用现在的眼光回顾当年，那一天发生的最大的事件，并不能在报纸头条上找到。如果你翻到当天报纸的第 46 页，会看到一篇专栏文章《广播界新闻——CBS 两部新作将于夏季替代"广播剧场"》。专栏下面有一段文字这样写道：

> 一部叫作晶体管的设备，在收音机中有几处应用，通常会采用真空管结构。这部设备昨日首次在位于西街 463 号的贝尔电话实验室进行了演示。
>
> 设备装在一部无线电接收机中，其中没有传统的管式结构。同时，设备还出现在了一套电话系统和电视机中，电视机被楼下的一部接收机所控制。在每一部设备中，晶体管都作为放大器使用。晶体管还可以制造并发射无线电波，并作为振荡器使用。

这段新技术的出生公告十分低调，但这种尚处于萌芽状态的技术，却为消费者未来 60 年的需求趋势带来了巨大的变革。到了 20 世纪 50 年代中期，晶体管被用来制造每一位青少年都十分向往的口袋大小的收音机，一开始由一家位于达拉斯的名叫德州仪器（Texas Instruments）的公司生产，后来又有一家名叫索尼的日本小公司加入了进来。20 世纪 60 年代，索尼开始利用晶体管生产彩色电视机，这标志着美国电子产品行业的缓慢衰退，而日本正向着全球经济巨头地位的攀升。没过多久，科学家们就研究出了如何将成百上千、继而是成百上千万的晶体管装载在被称为集成电路的微小的硅制薄片上。到了 1971 年，全套集成电路的功能被纳入了首部微处理器。随后的几十年中，随着这些硅芯片性能的急速扩张，信息技术的实体大小和成本也在稳步下降，从而实现了一系列新发展——电子计算器、个人电脑、3G 手机、互联网。《纽约时报》当年提到的“收音机中的几类应用”，成为了几百万种应用，而其在技术、经济和社会上成就的影响力，依然在不断发挥着作用。

编辑错误地判断了晶体管首次亮相的重要性，这是可以理解的。这项技术的突破并不是源自曼哈顿工程那样大型的政府项目，并没有制造出引人瞩目的核弹。这项创新来自于角落中几位科学家和工程师修修补补的实验，他们被戏称为“地狱中的贝尔实验室”。

一位名叫威廉·肖克利（William Shockley）的理论学家被任命负责进行战时半导体研究，他聪明而年轻，后来发明了雷达。他从明尼苏达大学召集了一个团队，其中包括实验物理学家怀特·布拉顿（Walter Brattain）和理论物理学家约翰·巴丁（John Bardeen）。在肖克利构建“半导体放大器”以替代笨重且不可靠的玻璃真空管遭遇首次失败后，他就委任布拉顿和巴丁去寻找失败的原因。

他们在这个项目上花了两年的时间。他们在新泽西的一处实验室中，利用剃须刀片、胶带和焊铁，做出了包有一层薄硅的金属片状结构，以及由各类金属制成的圆筒状结构。他们试着将这些设备浸在水中，想看看水分是否能提高信号的放大。最终，1947 年 12 月，巴丁注意到，设备表层的晶体层阻碍了电子的流动。他与布拉顿二人对最新的实验设计进行了修改，并在塑料三角结构上利用金箔条做出了一个 1 英寸大小的设备，用铜线与电池相连，用手按下就可以与一块锗板取得联系。他们将其成为“点接触型晶体管”。这款设备成功的将电子信号扩大了几乎 100 倍。

当布拉顿和巴丁将这项技术突破告知肖克利时，肖克利非常欣慰，而同时也产生了难以抑制的嫉妒情绪。他后来回忆道：“我发现从 8 年前到现在，自己的个人努力并没有成就任何重大的发明贡献，我非常懊恼。”

肖克利的自负心理刺激他采取了非常有创意的回应办法。他带着笔和纸，将自己锁在芝加哥一家酒店的房间里整整 4 周时间，连科学会议休息时间举办的新年前夜聚会都放弃了。他想出了一种设计，与布拉顿和巴丁的设计相比，提高了设备的坚固性和制造的简易性。贝尔实验室于 1948 年 6 月 30 日向媒体记者展出的晶体管，正是这一款。**1956 年，三位科学家的研究成果为他们赢来了诺贝尔物理学奖，并奠定了计算机时代的基础。**

随着时间的发展，晶体管的发明者走出了不同的人生轨迹。布拉顿和巴丁继续在学术界发展。巴丁因其在伊利诺伊大学的超导电性研究成果而获得了第二个诺贝尔奖。肖克利离开了贝尔实验室，成立了肖克利半导体公司，并将总部设在了他的家乡加利福尼亚帕洛阿尔托（Palo Alto）。在这片沉静的杏树种植园中，这是第一个电子设备公司。但不久之后，这里就成为了著名的硅谷。肖克利聘用的科学家和工程师，后来也开办了他们自己的公司，其中包括飞兆半导体

（Fairchild Semiconductor）和英特尔。

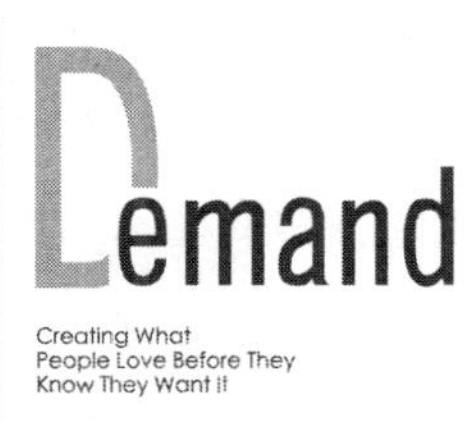

我们知道，需求创造的过程中，背后永远有许多看不见的因素在起作用。但是，最强有力的一类因素，就是引发新型产业发展的科学发现，同时还创造出了新产品需求以及高收入工作机会。

从电视机到激光盘，从计算器到移动电话，从电脑到互联网，肖克利当初的“小婴儿”如今孕育出了数不清的子孙后代，来到了地球上的每一个国度，创造出了上千家公司和上千万的工作机会，以及价值上万亿美元的需求。

科技孕育需求

如今，60 多年过去了。肖克利“小婴儿”的后代，依然在全世界刺激着新需求的产生，带给人们的利益是贝尔实验室的先人们无论如何也想不到的。

在本书的第 1 章，我们讲述了关于全世界最畅销的消费电子设备——诺基亚 1100 的故事。这款手机价格低廉、经久耐用、功能多样，正在改变数以千万计印度农村地区人们的生活。如今，他们中有差不多一半人已经用上了移动电话。这个过程中，移动电话本身也经历了很大的变化，为帮助解决印度农民所面临的严酷问题而专门增加了不少功能。像诺基亚 1100 这样的手机，正在成为印度农业人口的多功能商业工具。面对发展中世界商业活动中的诸多问题，这款手机提供了几十种应对手段，成为了脱离贫困的好帮手。

2009 年 1 月一份农业调查研究显示，这款手机对印度农民的影响是广泛而深远的。研究报告中接受调研的一位名叫杰迪士先生的农民，在巴基斯坦边境地区附近拉贾斯坦邦的一座小村里种植一种叫作“古阿尔“(gwar)的牲畜饲料植物。杰迪士将他每年25%的收入增长都归功于从IKSL手机的订阅上所学到的种植实践技巧。位于印度中部马哈拉施特拉邦的花农，开始利用每日市场报告来调整保鲜期很短的鲜花的上市量，从而减少浪费，并实现作物的价值最大化。

除了创造出发展中世界典型的牢固耐用、简单便捷、廉价而功能齐全的手机之外，诺基亚还在积极帮助开发这类信息服务，从而扩大其手机产品对农村客户的有用性。

举例来说，诺基亚生活工具（Nokia Life Tools），包括了一系列专为发展中世界的人们而设计的应用程序。这款产品是与路透社共同协作开发的，提供许多服务，诸如天气预报、各类日用品和农用产品的市场价格（如种子、肥料和杀虫剂）、英语课程、为学生设计的备考材料，甚至还有像占星术、板球游戏和铃声下载等娱乐功能。

Mail on Ovi是诺基亚的另一项突破性成果。Ovi是诺基亚的Web服务门户，即诺基亚应对苹果iTunes商店的竞争策略，而这款产品则是基于Ovi的电邮应用程序。Mail on Ovi允许用户利用开启互联网服务的手机（如经典的诺基亚2323），在无需开启计算机的情况下，进行电子邮件账户的设置和使用。也许对于普通印度农民来说，目前定价在50美元左右的诺基亚2323还是有些过于昂贵，但发展中世界的许多人们往往采用多用户模式，也就是不止一个人使用这款手机。

诺基亚还为Obopay进行了投资。Obopay是一个手机转账系统，允许手机用户用电子方式进入银行账户，付款，借钱并偿付贷款。Obopay 总部位于加州雷德伍德城，在印度设有运营部门，利用手机软件或短信程序将款项在账户之间进行转移，并在每次转账时收取小额的使用费。

同时，诺基亚继续在手机本身的设计上进行创新。其中一种方法，就是在孟买、里约热内卢和加纳阿克拉的贫民聚居地开设了公司所谓的“开放式工作室”。在那里，公司邀请手机用户与诺基亚设计师一同工作，依据用户心中理想的手机构想进行设计。200 多位本地居民参与了手机设计工作，提出了独特的设计思想和新功能建议，包括用来测试饮用水质量的感应器，以及在屏幕上闪出“和平”这个词的功能，以此来作为化解冲突的办法。

印度农业生产中的信息化革命，带来了一个全新的需求层次，而这一需求创造可以追溯到肖克利的发明上。毋庸置疑，这一需求是针对手机的，但同时，需求也涵盖了汽车、子女教育、住房、更优质饮食，以及所有印度的新型中产阶级农民有能力购买的物品。

谁将引发下一场“晶体管”变革

在肖克利取得技术突破 60 多年之后的今天，我们面临的一个问题就是：**当代社会中，什么样的机构能培育出引发下一场“晶体管”突破的探索型文化？**

不久之前，美国的核心技能还是新产业的创立。同一时期，并不是巧合，美国也成为全世界最大、发展最快的经济体。在 20 世纪 20 ~ 60 年代，美国科技的突破产出了一系列非凡的新行业和新产品。这些行业刺激了消费需求，同时，通过提供高薪工作，也为这些需求提供了动力。

Demand
Creating What People Love Before They Know They Want It
需求洞察

这一连串的基础发现，并不是由那些凭借一己之力的天才在后院车库里实现的，而是因为有一套不寻常的发现与创新机制，有一个由各类机构组成的网络。这些机构和网络的成立、组织与运行，都是以激励科技发展为目的。

其中包括著名的贝尔实验室、施乐PARC、RCA实验室、DARPA等。在这个网络之中，公共、私有、非营利性与营利性组织结合成为了一体。有着清晰商业前景的项目和“纯科学”项目并驾齐驱，而这两类项目也产生了共鸣，彼此互为补充。这样一部发现与创新的机器之所以能存在，是因为有着一种商业与政治文化，能抛开即时的实际应用结果，来对创新提供支持，其理由就是这些发现与创新“对国家有好处”。

这些机构对科学、技术和经济做出的贡献，包括创造出的成百上千万的高薪工作机会和全新的产业，其影响力非常巨大，难以量化。

• 贝尔实验室 •

我们以贝尔实验室为例。贝尔实验室于1925年在纽约城成立，是在研究总监弗兰克·朱厄特（Frank B. Jewett）的领导下，美国电话电报公司和西电公司（Western Electric）的合资公司。公司的设立目的是为使用贝尔系统的电话公司进行设备开发。实验室后来发展壮大，在新泽西、芝加哥地区和其他几处地点设立了研究基地。在电信领域，贝尔实验室既支持纯科学研究，也支持即时应用的技术开发，其成果包括一系列令人吃惊的科学突破，实验室在20世纪技术发展史中扮演了关键角色，同时创造了很多全新的产业和成百上千万的高薪职位。肖克利、巴丁和布拉顿发明晶体管的案例，不过是其中最具喜剧色彩、最重要的一个。

其他还包括：

- 传真的首次公开演示（1925）
- 首个同步声音电影系统的发明（1926）
- 立体声信号的首次传输（1933）
- 首部电子语音合成器（1937）
- 光电池开发的基础研究（1941）
- 首次对激光的定义（1958）
- 金属氧化物半导体场效应晶体管的开发，是成就现代 IT 业的大规模集成电路的基础（1960）
- UNIX 操作系统的创立（1969）
- 为蜂窝电话通信开发的蜂窝网络技术（20 世纪 60 年代末到 1971 年）
- C 编程语言的创立（1973）

贝尔实验室的种种成就，先后赢得了 7 项诺贝尔物理学奖。而以贝尔实验室为基础诞生出来的新公司和新产业则不计其数。

然而，在过去 20 年中，贝尔实验室的资金和人员大幅减少。研究人员的数量从 3 400 人降到了不到 1 000 人。在 2008 年 8 月，贝尔实验室的母公司阿尔卡特－朗讯（Alcatel-Lucent）宣布，将撤销实验室最后的一批基础科学研究项目——材料物理学和半导体研究，并将集中力量投入能获得即时效益的项目。

如此不得已的决策，主要是因为财务压力。但是却牺牲了我们经济系统中非常独特的一项资产，其价值无估量。纯科学研究的长期效益是根本无法预测的。

举个例子。1948 年，贝尔实验室科学家克劳德·香农（Claude Shannon）——如今被誉为现代信息理论的奠基人，在《贝尔系统技术杂志》发表了论文《通信的数学理论》(*A Mathematical Theory of Communication*)。当时，这份论文属于“纯科学”范畴，并不存在任何明显或即时的实用效益。但多年之后，将香农的思想应用于数据传输数学运算的物理学家发现了通过铜线以超高速传输数字信息的方法，从而使得 DSL 连接成为可能。如今，这样的连接为 1.6 亿家庭带来了高速互联网服务。

如此看来，在贝尔实验室的撤资，不仅仅是热衷于知识研究本身的科学家的损失，同时也损害了一种追求新概念的强大机制。这些新概念的潜在实用效益，是我们永远也无法得知的。

同样，其他 20 世纪的美国优秀研究机构，诸如 RCA、DARPA 和 PARC，都经历了裁员和重新定位。

• RCA 实验室 •

RCA 实验室（曾经的大卫·萨诺夫研究中心）成立于 1935 年，1942 年将总部迁至新泽西的普林斯顿。RCA 实验室对无线通信的关注甚至强过贝尔实验室。RCA 实验室帮助优化了黑白电视机的科学研究，并为彩色电视广播网络及其系统部件奠定了技术基础。这一新产业激发出了巨大的需求，以及在节目设计、广告、制造和电视台运作等领域创造出了大量的工作机会。RCA 实验室继续深化研究，在空间通信、卫星、磁盘记录、低功率场效应晶体管（MOSFET）和互补金属氧化物半导体（CMOS）技术、液晶显示以及许多其他技术突破上取得了成就。

RCA 实验室在一个基本方面与竞争对手拉开了差距，其发展受到了大卫·萨诺夫（David Sarnoff）的驱动。

> 萨诺夫是一位意志坚定的领导者，在20世纪一系列重大的产业创造中扮演了非常关键的角色。早在1916年11月，25岁的萨诺夫就向他的老板——马可尼无线电报有限公司的纳利提议，音乐、新闻和体育的无线电广播，终有一天会成为大众的娱乐和信息工具，并敦促马可尼公司迅速进入“无线电音乐匣子”的制造业务。马可尼公司拒绝了这个想法，之后，萨诺夫说服了通用电器，通过其在RCA的投资来资助这样一部样机的开发工作。1921年，他帮助组织了旦普西—卡彭蒂尔重量级冠军拳击赛的实况广播，吸引了几十万听众。这预示着，广播将成为推动体育和娱乐的强大力量。就是这样一股趋势，于1923年将萨诺夫推上了RCA总裁的交椅。

萨诺夫坚信基础科学研究的长期价值，就算单凭一家公司之力也是一样。萨诺夫参加政府合同的竞标，以此来寻找资金成本，并非常积极地争取专利和认证资格。这样一系列的行动，带来了强大的收入流，帮助支付了基础科学研究的直接成本。而电视机组件和其他产品的制造产业也处于上升态势。我们总是会禁不住思考，如果贝尔实验室或施乐PARC也采用了这样的盈利型基础研究商业模式，将会产出什么样的收益。

萨诺夫一直对技术力量具有远见。在20世纪50年代中期，他预见到，生物技术、水产养殖和计算机将会为世界注入革命性的力量。在20世纪70年代，甚至在萨诺夫于1970年退休之后，RCA实验室还曾骄傲地宣布，他们拥有跟规模更加庞大的贝尔实验室数量相等的专利。但从那时开始，实验室的发展就出现了缓慢的下滑。1986年，RCA被通用收购，后来又被通用捐给了斯坦福国际研究院。

• DARPA •

美国国防部高级研究计划局（DARPA）成立于 1958 年，最初的设立目的是为了回应前苏联发射的第一颗人造卫星史普尼克（Sputnik）。DARPA 的工作重点，主要放在满足军用需求的项目上，但这些需求的定义却非常宽泛，而这一点，对于整个国家甚至整个世界来说，都是件好事。

在美国计划局 IT 研究部首任总监立克李德（J. C. R. Licklider）的领导之下，计划局（直接或通过其资助或支持的项目）帮助发布了一系列非常令人震撼的信息技术，而这些技术正是我们今天认为理应普及的一些技术，包括分时、计算机制图、微处理器、并行计算和本地网络等发明和突破。

如今无数的商业应用，都能追根溯源到 DARPA 项目上。举个小例子：如果没有 DARPA 资助和管理之下的大学与公司开发出来的 6 项主要技术，太阳微系统工作站就不可能存在。再举个大例子：DARPA 的跨部门信息共享网络，为互联网奠定了基础，并在 1995 年左右爆发成为了一项成熟产业。这是美国至今创造起来的最后一个大型新产业，而那已经是 15 年以前的事了。

如今，DARPA 的关注焦点和工作方法已经发生了很大的变化。其中一部分原因，是为了应对 9•11 灾难。DARPA 已将重点从覆盖面广泛的科学研究转移到军事用途的短期项目上，资金也从大学转移到了军事承包商。旨在激发更深层进步的对公众开放的研究，现在已经为秘密进行中的保密项目所替代。

• PARC •

施乐的帕洛阿尔托研究中心（PARC），也是孕育出许多技术的摇篮。在这些技术的基础之上，又发展出了电子墨水、Kindle 以及一系列越来越多的相关产品。

从中我们也能体会到，如今美国这部发现与创新机器所面临的种种挑战。

> 在 20 世纪 70 年代，PARC 在公司创始人和赞助商慷慨资助的基础之上蓬勃发展。同时起到积极作用的，还有当时那种鼓励独立有远见的工作，以及不追求即时应用的开明理念。值得注意的是，PARC 成立于 1970 年，坐落于距离施乐总部 3 000 英里远的康涅狄格州。这样的选择，从象征意义和实际上都强调了其树立自身方向的自由。

在 PARC 的全盛时期，曾雇用了 280 多名员工。在行业中，PARC 对最优秀、最具创造力的人才有着强大的吸引力。正如在贝尔实验室一样，PARC 的各项发明与突破之间形成了互为补充的关系，创造起了独特而宝贵的创新良性循环。许多在 20 世纪 60 年代从 DARPA 项目中成长起来的优秀人才，都进入了 PARC。在这些人才的努力之下，PARC 可谓是历史上所有创新引擎中，在最短的时间内推出最多新发现的实验室：图形用户界面、个人计算机、以太网、所见即所得 WYSIWYG（what-you-see-is-what-you-get）设计软件、激光打印等。

后来，在乔布斯、盖茨和硅谷风险投资界牵线搭桥的帮助下，这些新发现制造出了多维的需求大爆发，其影响力甚至比彩色电视机还要深远。同时，他们也制造出了高收入工作机会的大爆发，进一步助长了个人电脑革命所激发出来的巨大需求。

如今，PARC 的研究人员数量为 165 人。现在 PARC 的重点项目和商业目标也已发生变化，这样的命运，正可谓是那一批曾经规模庞大、资金充沛的研究机构的典型例子。虽然现在依然有小规模的行业实验室处于运转状态，但跟过去那些充满自由思想和远见、吸引天才科学家的巨大研究机构相比，却已经急剧地缩减了规模。

实验室，激发未来突破的火花

20 世纪新发现引擎的衰落，让我们不得不思考这样一个问题：**那些未来需求所依靠的新型产业，将在何种科学突破的基础上生成？而这些科学突破又将靠谁来完成？**

现实情况还是值得我们抱有希望的。曾经燃烧在贝尔实验室等地的创意火花，依然没有熄灭。虽然规模缩小，但依然强健。这些火花照亮的几处机构，正开拓着科学发现和技术创新的新道路。

首先是贝尔实验室的 21 世纪微缩版。这是一家由公司资助的研究机构，并不将关注焦点集中在拥有明显商业实用性和短期收益的项目，而是着重在不同技术挑战上的开放式探索。

这家机构最值得骄傲的创意产品，就是 ASIMO——拥有一系列惊人性能的人性化机器人。ASIMO 的名称与伊萨克·阿斯莫夫（Isaac Asimov）（科幻小说作家，其“机器人三定律”激发了无数幻想家的灵感）并无关联，而是创新移动性先进步伐（Advanced Step in Innovative Mobility）的缩写。ASIMO 可以行走、转向、停止、爬楼梯；可以推动一辆小推车或端起一个盘子；可以打开电灯按钮或开门；还可以觉察出移动的物体并躲开障碍物。ASIMO 甚至能认出面部表情，并遵循语音指令。ASIMO 首次于 2002 年面世，至今依然是全世界最先进的人性化机器人。ASIMO 周游世界各地，成了著名“人物”，在瑞士爬过坡，参加了玫瑰碗大游行，还在圣丹斯国际电影节与好莱坞名流交往。

你可能以为，ASIMO 是某个硅谷创业公司里的一群博士在好奇心驱使下设计出来的产品。但事实上，却是本田汽车公司的下属部门——本田研究院（HRI）发明出来的。本田在美国、日本和欧洲都设有基地和办事机构。为什么一家汽车公司会参与到这样一个项目中来？而这件事又与需求有什么关系？

先来回答第一个问题：我们总认为本田是一家汽车公司，但本田其实是一家发动机公司。从割草机到超轻型飞机，为各种产品提供发动机。本田的过去，主要依存于长达一个世纪历史的摩托车和汽车行业，但公司的未来（和所有公司一样）却尚未成型。这就解释了为什么本田会进入机器人领域。**利用这种探索新兴技术的方法，来寻找并培养下一个大型产业。从中，本田希望能创造出大规模的新需求。**

本田的工程师在公司对移动性强烈兴趣的驱动之下，于 1986 年决定创造出一款行走机器人，来模仿人类运动的复杂性。他们去到动物园，观察各种动物的行走方式；他们研究甲虫腿的结构和功能，并将其与人类四肢的关节进行对比。

本田的第一个完整的人性化机器人 P1，有着美国国家橄榄球队队员的身型——身高 188 厘米，体重 179 公斤。重量中的大部分是因为一个内置式背包，其中装有各种线路和一个大电池。随后推出的机器人类型，则越来越娇小优雅。作为机器人之王的 ASIMO 本身，则仅有高 129 厘米，重量仅为 54 公斤，可以用每小时 5.95 里的速度行走。如今，全世界约有 100 个 ASIMO 机器人，在各类研究机构中发挥着自身的性能。同时，他还是本田公司的形象大使。

在本田公司的文化中，基础研究有着深厚的根基。公司创始人本田宗一郎曾说过，“**研究与开发的真正价值，存在于对陌生领域的探索。**”纵观本田发展史，我们就会发现，每一位CEO都来自于公司的研发部门。譬如，本田现任总裁兼CEO尹东孝绅还兼任研发部总监，最初被吸引来到本田工作，就是因为公司雄心勃勃的航空和机器人研究。

如今，本田研究院将重点放在对各类技术挑战的开放式探索上，其明确的目标就是“为社会做贡献”。公司招聘行业顶尖的研究人员，并为他们提供充分的资源，让他们进行自己手中的项目，即使这些项目对公司目前的产品线或利润表并无直接价值。在本田研究院，真正起作用的就是未来。

HRI的开放式研究工作通过高产水稻基因、强力燃料电池，以及超轻机身商用飞机设计（由比铝材料还轻的合成塑料制成）等各方面的创新，为本田公司带来了一系列新的商业机会。本田甚至还被提名为俄亥俄州最大的有机大豆生产商。当初本田进入这一领域，主要是为了在将汽车从日本运抵美国之后，用大豆填满集装箱，而不用让货轮空驶。后来，本田公司在大豆生产的基础上，又开始销售发酵大豆，以帮助人们溶解血栓。

从这些例子中，我们可以看出，**基础研究并不是一个直线发展的过程**。科学家通常会在寻找A的过程中发现B，而其间又在C上取得突破。这样的发展，既实现了社会效益，又提高了公司利润。在研究如何阻止牛奶传播疾病的过程中，路易斯·巴斯德发展出了免疫系统理论以及疫苗技术，这也是曲折上升发展模式的一个案例。

同样，ASIMO用于监测并控制机器人运动的系统，也产出了其他的技术，现在正用于开发本田的行走辅助设备，帮助提高年老体弱或残疾人的移动能力。这些技术包括臀部/腿部的板状结构，对拐杖发出的信号予以回应，并提供需要的支持。只要数一数年纪在75岁以上的人数，你就能开始感觉到这一技术的巨大前景。

ASIMO 还激发出了 DiGORO 机器人的发明。这款机器人能通过头部的摄像机模仿人类的运动，并学会如何打扫卫生，保持房间清洁。回到汽车行业，ASIMO 技术还发展出了日产的车道保持辅助系统，利用摄像机和方向盘控制来避免汽车偏离车道。

如此看来，ASIMO 和其他 HRI 下属的项目，都具有解决客户麻烦和人类问题的全球性潜力，并能为日产开发出一系列巨大的 21 世纪新需求。

本田这家跨国公司在基础科学上进行投入，让我们又看到了昔日贝尔实验室和 RCA 实验室的光辉。但这并不是 21 世纪唯一有效的发现与创新模式。而第二类模式，就是著名的 MIT 媒体实验室展示出来的“demo or die”研究模式。

媒体实验室是一片乱中有序的景象，从这座闪闪发光的玻璃大楼里可以看见几百个研究项目在各自发展。当你走进大楼，身边就会不时有人骑着“绿轮子”（GreenWheel）从你身边飞驰而过。这是一款电动自行车，在轮轴处加装了集成电动发动机和电池，可以翻山越岭，比普通电动自行车能行驶更长的距离，也让很多一般不会考虑骑自行车的人愿意选择这样的交通方式。旁边几个学生正在 CityCar 样车的巨幅照片下面，摆弄着一辆叫作 Robo 的小轮车折叠电动摩托车。这种车型专门为交通繁忙的城市地区设计，供人们搭车之用。这些车辆是为了满足“按需移动”（Mobility on Demand）这种新型使用模式的需求。在这种模式之下，电动车辆被放置在遍布全城的充电站中。用户只要走到最近的充电站，刷一下门卡，就能驾驶着电动车辆出行，然后在任何一家充电站归还。

博士生莱恩·秦（Ryan Chin）解释道：

我们为了应对如今各大城市极端密集的交通状况，而设计了各种类型的城市移动设备。主要问题是最后一公里和最初一公里的问题。从家到火车站，或者从火车站到达目的地，就是这样的问题。这就是为什么人们会选择自己驾驶，因为使用公共交通太过不便，缺乏灵活性。但‘按需移动’系统则会解决这样的问题。

据已故 MIT 建筑规划学院院长兼媒体实验室智能城市研究项目组组长威廉·米切尔（William Mitchell）所言，这样的创新途径是整体性的，而 CitiCar 则代表了四种主要思想的汇合：交通工具从内燃机向电力驱动的变革；利用互联网处理海量数据；将交通工具与利用可再生能源的智能电网相集成；以及利用动态定价的电力、公路空间、停车场位以及共享用车的实时系统的创造。**如此高质量的远大理想，是需求创造者才有能力玩的游戏。**这正是媒体实验室的标志。

每一家优秀的实验室都有别具一格的文化。在媒体实验室崭新的玻璃大楼中，研究人员投身于各类项目，包括汽车、机器人、生物机电手臂、高精尖仪器，以及早期教育项目。这些项目之间彼此透明，可以形成互动——是一种利用学科重叠来强化实验室多学科特性的“鱼鳞模式”。

实验室规模相对较小，运营预算约为 3 500 万美元，为 40 名左右的教师、高级研究员、访问学者和大约 10 名研究生提供支持。从这样的规模看来，实验室的产出就显得非常庞大，覆盖面也非常之广。在 25 年间，从实验室诞生的创业公司超过了 80 家。举例来说，从实验室脱离出来的电子墨水技术，就是电子阅读器显示清晰而耗电低的关键。“让每个孩子用拥有一台笔记本电脑”（One Laptop per Child）也是媒体实验室分拆出来的公司，由此激发出了 ASUSTeK 的

Eee 上网本灵感。另一家公司感知网络（Sense Networks），利用手机数据制作真实世界的地图，十分类似于谷歌做的互联网索引。Harmonix（“摇滚乐队”视频游戏背后的音乐技术）以及 TagSense（RFID 和无线传感）也来自于这家实验室。实验室还与业内伙伴共同开发出了其他产品和项目，包括为 IBM 开发的用来进行大规模文本分析的 WebFountain，以及为北电开发的无线筛分网络。

上述的这些创新中，会有一些成为大型新产业的基础，并创造出成百上千万的工作机会吗？现在下定论还为时过早，但是媒体实验室正在向着这个方向前进。

实验室 2005 年至 2011 年的主任弗兰克·莫斯（Frank Moss）说道：

> 媒体实验室正在关注即将在未来 10 年内推动社会变革的力量。无论研究项目本身被称为科学还是工程，应用还是纯研究，我们都不在意。关键的问题是：这项研究能否发展为影响人们和整个社会的重要事物？在美国，创新的商业模式已经被破坏了。我们拥有的，就是接纳新型思维方式的勇气。媒体实验室的研究具有高度创造力，但是同样可以通过行业步入现实中的世界。

实验室准备攻克的下一个前沿，就是在人类、数字化机器和真实世界中创造起更加强大的连接和同步。目前正在进行中的 350 多个项目，包括能感知周围环境和物体、提供交通规律实时数据的汽车，能看懂社会与情感线索的智能修复学，以及能允许你控制环境的互动墙纸，例如点亮台灯、放支音乐、控制你的烤面包机。还有第六感（SixthSense），一种可以佩戴的、利用手势做互动的设备，能将任何实物变成触摸屏计算机：若想拍照片，就用手指框出一个照相机；如果想查时间，就在手腕上画一个圆；比划出一个“@”符号，你就能查收电子邮件。

从很多角度来看，媒体实验室都是公司研发实验室的对立面。实验室关注人性需求，但并没有任何权威力量凌驾于其上——不需要满足时间限制和截止日期，也不用取悦什么股东。**实验室在各种不同学科和实体间，发扬着开放与合作的精神**。而由于非常重视通过样机创造来进行概念测试，实验室筛选点子的速度也很快。真正有实际作用的新发现，就能找到走向真实世界的道路，电子墨水就是一个例子。

未来的需求创造者，若想寻找富有潜质的点子来构建起我们的下一个大型产业，最好来到像媒体实验室这样的地方。请在里面待上几个月的时间，体验一下实验室的研究深度，感受一下自由发挥的创新文化。

商业模式的实验室，把思想转化成产品

实验室是激发出突破性新思想的理想场所。但是，实验室并不一定能很好地将思想转化为产品，至少绝大多数实验室是这样。不过，斯坦福国际研究院（SRI）却是个例外。

斯坦福国际研究院于1946年成立于加州Menlo Park，是目前美国最大的非政府实验室，拥有约5亿美元的政府与公司投资项目。和媒体实验室一样，SRI的研发视野远远超过了3～5年的典型公司视野。但是**SRI用事实证明，利用商业化系统的研究实验室，可以成功的跨越将实验室与市场相分离的“死亡之谷”**。在这道峡谷之中，淹没着无数无人问津的论文和被人遗忘的专利，这里面的产品永远也无法与真正的客户联系在一起。

iPhone的虚拟个人助理Siri，是SRI最近分离出去的产品。当用户对着手机说话时，Siri能明白问题或指令，据此进行研究并给出回答。随着时间的发展，Siri能适应用户的个人偏好，使得订制化的、像礼宾服务一样的体验成为可能。Siri能帮你找到距离最近的ATM机，发现谁在当地的爵士酒吧表演，查看你所在位置的航班状态和天气情况，或是帮你购买最新一场篮球比赛的门票。甚至连需要几步才能完成的任务，譬如在餐厅做预订——其中包括搜索附近的餐厅，浏览餐厅评价，预订桌位，通知同伴，设置提醒，Siri都能天衣无缝地进行处理。

如果没有DARPA在25所大学对人工智能研究接近2亿美元的资助，对这一超复杂虚拟助理的开发也不可能成为现实。之后，这些彼此分离的研究发现，被SRI的CALO（学习与组织的认知助理）项目召集在一起。研究项目产生的一项应用，被戴格·基特劳斯（Dag Kittlaus）改造成了适应市场的产品。基特劳斯之前是摩托罗拉的研究工程师，因为无法忍受大型公司环境中商业化推进的缓慢效率，转而发现SRI是先锋式产品快速而有效的投射平台。基特劳斯在SRI工作半年之后，于2009年带着风投的2 400万美元支持，将Siri从SRI分离出来。一年之后，公司被苹果收购。收购价未曾透露，但人们普遍认为应该在2亿美元上下。

需求的力量

SRI也拥有Siri的一部分股权，并从中获得了最佳的投资回报。对于研究实验室来说，这样的财务模式并不常见，但却被SRI发挥到了极致。在过去15年间，从SRI脱离出来的公司超过了40家，创造出了众多新型产业和数十亿美元的市值。其中3家公司——Nuance、Intuitive Surgical和Orchid Cellmark已经上市，总市值接近200亿美元，共雇用了6 000多名员工。

他们究竟是如何做到的？SRI 的 CEO 科蒂斯·卡尔森（Curtis Carlson）帮助定下了组织的基调。卡尔森本人也是一位卓越的技术创新家。在 1999 年加入 SRI 之前，他曾在 RCA 实验室的图像部门做物理学家。在那里，他领导的团队开发出了后来成为美国标准的高清电视系统。因为这项成就，他们拿到了艾美奖。如今，在他驱动的管理、智慧和社会系统之下，SRI 筛选着富有前景的科学理念，寻找着拥有巨大需求创造前景的科学项目。卡尔森很喜欢这样说，"你自己就可以进行发明，但你没办法靠自己进行创新。"若想将优秀的点子转化为实际成果，就需要像 SRI 这样的优秀机构提供的指导和支持。

每个季度，SRI 的商业化委员会都要召集会议，对几十个最具市场前景的点子进行详细分析，寻找具有颠覆力量的市场机会和满足 SRI 价值创造指标的"黄金"解决方案。一旦选定了点子，SRI 就会从内部招聘一名创业家，就像 Siri 的基特劳斯一样。这位创业家会在 SRI 工作 3 到 8 个月，准备新企业的资金和分离工作。贯穿这段时间，SRI 的 nVention 顾问委员会利用与硅谷风投资金的紧密关系提供帮助，要知道，这类关系对于创业项目来说，价值非常大。商业化委员会每年从众多候选项目中挑出 10 个左右，再经过层层筛选，最终投放 2 到 4 家企业。

从 SRI 商业化系统中脱颖而出的最成功的范例之一，就是 Intuitive Surgical，公司的产品是用于机器人辅助微创外科手术的达芬奇外科手术系统。

1995 年，Intuitive Surgical 拿着从摩根士丹利迪恩维特（Morgan Stanley Dean Witter）、梅菲尔德（Mayfield）和希埃拉（Sierra）获得的风险投资，从 SRI 脱离出来。1999 年，第一套达芬奇外科手术系统正式推出。2000 年 7 月，美国 FDA 批准了达芬奇外科手术系统在腹腔镜外科手术中使用。达芬奇攻下的首个堡垒是泌尿科医生。他们发现，机器人手术在前列腺手术过程中十分有效，而且能大大缩短病人的恢复周期。但是，达芬奇系统也被用于各类胸腔和腹腔手术，其中也包括心脏外科手术。如今，全世界共有 1 600 多台达芬奇系统，而 Intuitive Surgical 的市值则达到了 130 亿美元。

在硅谷的商业文化中，一直有两种迥异的商业创新迷思并存。更为人所知的一种说法，是某位创业者从车库起家，拿到风投资金后，凭借自己的发明最终成功实现 IPO。而另一种更为古老、如今已被许多人遗忘的说法，就是政府资助的行动，像 DARPA 项目那样，给世界带来了个人电脑、网络和互联网。SRI 遵循上述两种路径，都成功的实现了公司的建立。可以说，**SRI 是首家将这两种方式融为一个和谐整体的机构**。在 21 世纪的新型创新过程中，这样的融合具有强大的发展潜力。

卡尔森有时会担心 SRI 模式未来的长期发展。担忧的一个原因，就是美国新型科学人才的枯竭。“如果没有新移民到美国的研究人员，美国的发展就会停滞不前。”同时他也指出，中国目前拥有的优秀学生数量，比美国的学生总数还要多。由此看来，美国的创新策略是“不充分”的。“太阳能电池是在美国发明出来的，但其绝大部分价值却转移到了中国。与美国相比，中国购买的太阳能电池制造设备是美国的 41 倍。”

卡尔森想出的对策，就是转变国家的移民政策：“我会让我能找到的所有受过高等教育的聪明人才都来美国。”然后他微笑着补充道，“……还有所有的大厨。”

虽然美国的学校培养出来的年轻科学家数量逐渐减少，但卡尔森和 SRI 依然在继续驱动着科学的商业化发展。SRI 的商业模式提供了一套非常强大的工具，能缩短从科学发现到申请资金再到推向市场的整个流程所需要的时间。最终目标，用卡尔森的话说，就是“通过放大并延伸人类的智慧，让世界更加美好。”

拥有商业模式的实验室？我们是否从中看到了萨诺夫的 RCA 的影子？其中的不平凡之处，正如一家汽车公司创造出了不同种类的水稻一样令人赞叹。如此出乎意料的源泉，很可能会激发出未来需求发展的新点子。

从遗产中挖掘未来

有个古老的传说，美国专利局的官员查尔斯·杜埃尔（Charles Duell）曾于 1899 年这样说过："任何能被发明出来的事物，都已经被发明出来了。"研究人员未能找出杜埃尔说过这句话的确凿证据，而事实上，他对 20 世纪技术创新的前景抱有很强的信心。这样的信心恰如其分。

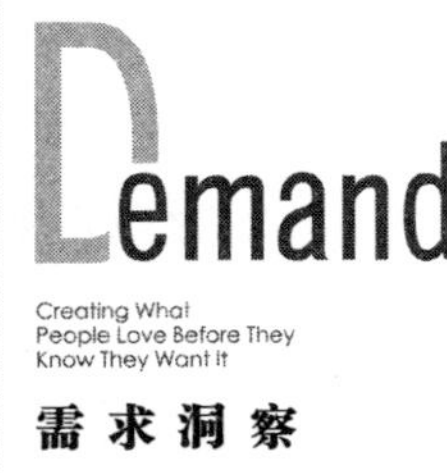

我们都知道，能创造出全新产业的科学发现是多么的不可预测，无法捉摸。但当我们还拥有贝尔实验室、RCA 和 PARC 的时候，我们作为一个社会整体，将一部分资源投入到一系列强大的发现工具之中，就极大地提高了这样一个原本无法预测的概率。

但在杜埃尔的迷思中，存在着这样不容忽视的事实：虽然拥有这些伟大的需求创造者所做出的卓越成果，但我们在生活中还是很大程度依赖于过去传承下来的遗产。如今这些需求所依存的许多技术突破，都来源于 4 个地方：贝尔实验室、RCA、DARPA 和 PARC。现今众多需求所依存的晶体管，其发明时间却早在 1947 年。

我们是否需要建立拥有同样甚至更大潜力的新型发现引擎吗？我们敢不敢去设想，若是有十几家像本田研究院这样的机构会怎样？几十家媒体实验室？几十家 SRI？若是这样的机构能普遍存在于我们的社会之中，又会对新行业创造和重大发现的频率产生什么样的影响？

若你选择了用毕生精力来应对那些对人类、社会和经济具有大规模影响的挑战，或选择了钻研真正的科学，那么你永远也不会觉得挑战太少。国家工程学会列出的那份 21 世纪重大挑战的名单就证明了这一点。但是，究竟未来的重大突破会在何时何地出现？答案是未知的，而且从某种角度讲，答案依赖于我们对两件事是否准备就绪：重新构建能创造出新产业的科技发现引擎，并让科学的地位再次变得尊贵。用这样的方法，我们可以鼓励那些最优秀的头脑去承担只有他们才能应对的挑战，去探索那些最基础的发现，并为我们带来未来的新型产业，以及未来的新型需求。

你就是下一个需求创造大师

我们认为，需求的起源被人们严重地误解了，正确理解非常重要。于是，我们怀着强烈的好奇和疑惑，开始了研究，希望能发现需求创造的固定模式。多年的深入探索之后，我们意识到，只有人类创造性本身存在固定模式，而需求创造则无规律可循。是的，正如我们在本书中反复提到的那些需求创造的案例和事迹，其中的确存在共同的要素和规律。但就像各种让生活复杂的诸多麻烦一样，需求创造所依据的解决麻烦的艺术和手法也不一而同。这就使得我们的这个话题不仅对经济和社会的进程来说非常重要，而且也有着独具一格的吸引力。

我们很欣喜地发现，伟大的需求创造者具有千变万化的特征。其中包括《财富》500 强的 CEO、获得诺贝尔奖的科学家，也包括街角小店的店主，雄心勃勃的创业者，中小公司和非营利组织的一线员工等。从将租赁电影新方式的梦想转变为几十亿美元大公司的哈斯廷斯，到在课堂中教孩子如何测量5边形周长的金润娥；从派奶酪经理到欧洲学习如何制作美味奶酪的魏格曼，到拜访老年病人家庭，确保地毯不会将病人绊倒的CareMore医师；从梦想着成百上千万的人都能享受到驾驶的自由乐趣，而不用考虑费用、不便和购车造成的环境成本的切斯，到爬上梯子，确保他的Pret A Manger店中的水晶灯足够闪亮，满足他超高卫生标准的金杰尔；从招聘设计师令Nespresso咖啡机不仅快速方便而且时尚性感的瓦克曼，到注意到一位年轻母亲肿胀的腿部，帮助她诊断了危险的血栓的斯堪德利安；以及，从为5年级小学生介绍歌剧的魅力并指导他们制作《塞尔弗莱德与火戒》的迪恩，到用了将近十年时间，将电子书从遥不可及的梦想转化为现实的维尔考克斯。

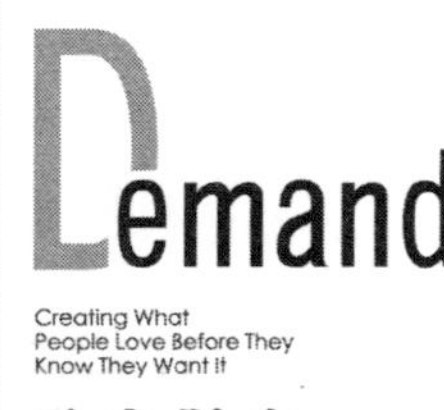

看着这一连串沉默的英雄，以及成千上万像他们一样的人，我们很难想象还有比他们更加千变万化的群体存在。但这些英雄也有着共同点：他们都是令人惊叹的需求创造者，利用或大或小的方式让周围人的生活变得更加美好，并且以各种形式帮助刺激经济增长和社会进步。

那么，下次你再发现自己因为最近在有线电视或本地报纸上看到的令人气馁的新闻而感到郁闷之时，可能会心里暗自揣度，“我们能从哪里找到这样一股需求，让我们的国家发展壮大，让我们的财富更加充沛，并给我们的下一代人享受更好生活的同等机会？”我们希望，那个时候，你能想到本书中讲述到的这些需求创造者的故事，并从他们的事迹中吸取一些心得，加以利用。

不要再环顾四周了。此时，请勇敢地望向镜中的自己……

译者后记

本书的书名“需求”一词，其原文为 Demand。而对于国内的产品从业者而言，他们耳熟能详的“需求”却是 Requirement。二者有什么区别呢?

翻翻词典，Demand 的释义为“人们对特定物品或服务的需要或渴望”，Requirement 则是“某人需要或提出要求的东西”。相比之下，Demand 一词更偏向于人们内心的渴求，而不是明确的索求。

而这正是本书的题中应有之义——需求大师就是要想群众之所想，急群众之所急，而且，要在人们自己都不了解自己的需求时，就帮助他们揪出现实中的烦恼根源，并提供可行的解决方案。

是啊，在如今的消费市场上，各色产品和服务层出不穷，显而易见的大众需求已经得到了很好的满足。这种情况下，只有创造新的需求，企业才能避免同质化竞争，才能做成低成本高收益的生意。

不过，知易行难，创造需求绝不是件轻松的差事。消费者的心思捉摸不定，影响需求的因素纷繁复杂，需求解决方案的实现之路更是崎岖难测。针对这些实际困难，本书将创造需求的过程拆解为几个要点，一一道来：

从日常生活的麻烦事里面提炼需求；激发人们的情感共鸣，增强产品魔力；构建与产品相配合的背景因素和条件；寻找那些触动人心、激发购买行为的力量；打造陡峭的产品精进曲线，以甩开模仿竞争者；提供个性化、多样化的产品选择；严把产品发布关等。

本书的各章节围绕“创造需求”展开，但这并不是一本创造需求指导手册。由于市场和产品的复杂性，书中并没有给出严格的创造需求步骤，如果期待着按图索骥就能完成现实中的市场机会挖掘和产品商业化，这是不现实的。本书的特点是通过详实的案例分析，对创造需求的各项原则和方法进行了阐述。以译者的经验看，书中的商业案例比较新颖，绝大部分属于原创，分析角度也很贴切。我相信，对这些案例的阅读，会引发读者对自身所在行业和相关产品的深刻思考，也可以提供很好的思路借鉴。这正是本书的最大价值所在。

在本书翻译过程中，得到了胡靖、王璐、魏宁、关志涛、王静、杨建、魏国的大力帮助，他们帮助查阅了大量资料，在这里要特别感谢他们。

未来，属于终身学习者

我这辈子遇到的聪明人（来自各行各业的聪明人）没有不每天阅读的——没有，一个都没有。巴菲特读书之多，我读书之多，可能会让你感到吃惊。孩子们都笑话我。他们觉得我是一本长了两条腿的书。

——查理·芒格

互联网改变了信息连接的方式；指数型技术在迅速颠覆着现有的商业世界；人工智能已经开始抢占人类的工作岗位……

未来，到底需要什么样的人才？

改变命运唯一的策略是你要变成终身学习者。未来世界将不再需要单一的技能型人才，而是需要具备完善的知识结构、极强逻辑思考力和高感知力的复合型人才。优秀的人往往通过阅读建立足够强大的抽象思维能力，获得异于众人的思考和整合能力。未来，将属于终身学习者！而阅读必定和终身学习形影不离。

很多人读书，追求的是干货，寻求的是立刻行之有效的解决方案。其实这是一种留在舒适区的阅读方法。在这个充满不确定性的年代，答案不会简单地出现在书里，因为生活根本就没有标准确切的答案，你也不能期望过去的经验能解决未来的问题。

而真正的阅读，应该在书中与智者同行思考，借他们的视角看到世界的多元性，提出比答案更重要的好问题，在不确定的时代中领先起跑。

湛庐阅读 App：与最聪明的人共同进化

有人常常把成本支出的焦点放在书价上，把读完一本书当作阅读的终结。其实不然。

时间是读者付出的最大阅读成本

怎么读是读者面临的最大阅读障碍

“读书破万卷”不仅仅在“万”，更重要的是在“破”！

现在，我们构建了全新的“湛庐阅读”App。它将成为你“破万卷”的新居所。在这里：

- 不用考虑读什么，你可以便捷找到纸书、电子书、有声书和各种声音产品；
- 你可以学会怎么读，你将发现集泛读、通读、精读于一体的阅读解决方案；
- 你会与作者、译者、专家、推荐人和阅读教练相遇，他们是优质思想的发源地；
- 你会与优秀的读者和终身学习者为伍，他们对阅读和学习有着持久的热情和源源不绝的内驱力。

下载湛庐阅读 App，
坚持亲自阅读，
有声书、电子书、阅读服务，
一站获得。

CHEERS

本书阅读资料包

给你便捷、高效、全面的阅读体验

本书参考资料

湛庐独家策划

- 参考文献
  为了环保、节约纸张，部分图书的参考文献以电子版方式提供
- 主题书单
  编辑精心推荐的延伸阅读书单，助你开启主题式阅读
- 图片资料
  提供部分图片的高清彩色原版大图，方便保存和分享

相关阅读服务

终身学习者必备

- 电子书
  便捷、高效，方便检索，易于携带，随时更新
- 有声书
  保护视力，随时随地，有温度、有情感地听本书
- 精读班
  2~4周，最懂这本书的人带你读完、读懂、读透这本好书
- 课　程
  课程权威专家给你开书单，带你快速浏览一个领域的知识概貌
- 讲　书
  30分钟，大咖给你讲本书，让你挑书不费劲

湛庐编辑为你独家呈现
助你更好获得书里和书外的思想和智慧，请扫码查收！

（阅读资料包的内容因书而异，最终以湛庐阅读App页面为准）

倡导亲自阅读

不逐高效，提倡大家亲自阅读，通过独立思考领悟一本书的妙趣，把思想变为己有。

阅读体验一站满足

不只是提供纸质书、电子书、有声书，更为读者打造了满足泛读、通读、精读需求的全方位阅读服务产品——讲书、课程、精读班等。

以阅读之名汇聪明人之力

第一类是作者，他们是思想的发源地；第二类是译者、专家、推荐人和教练，他们是思想的代言人和诠释者；第三类是读者和学习者，他们对阅读和学习有着持久的热情和源源不绝的内驱力。

CHEERS

以一本书为核心

遇见书里书外，更大的世界

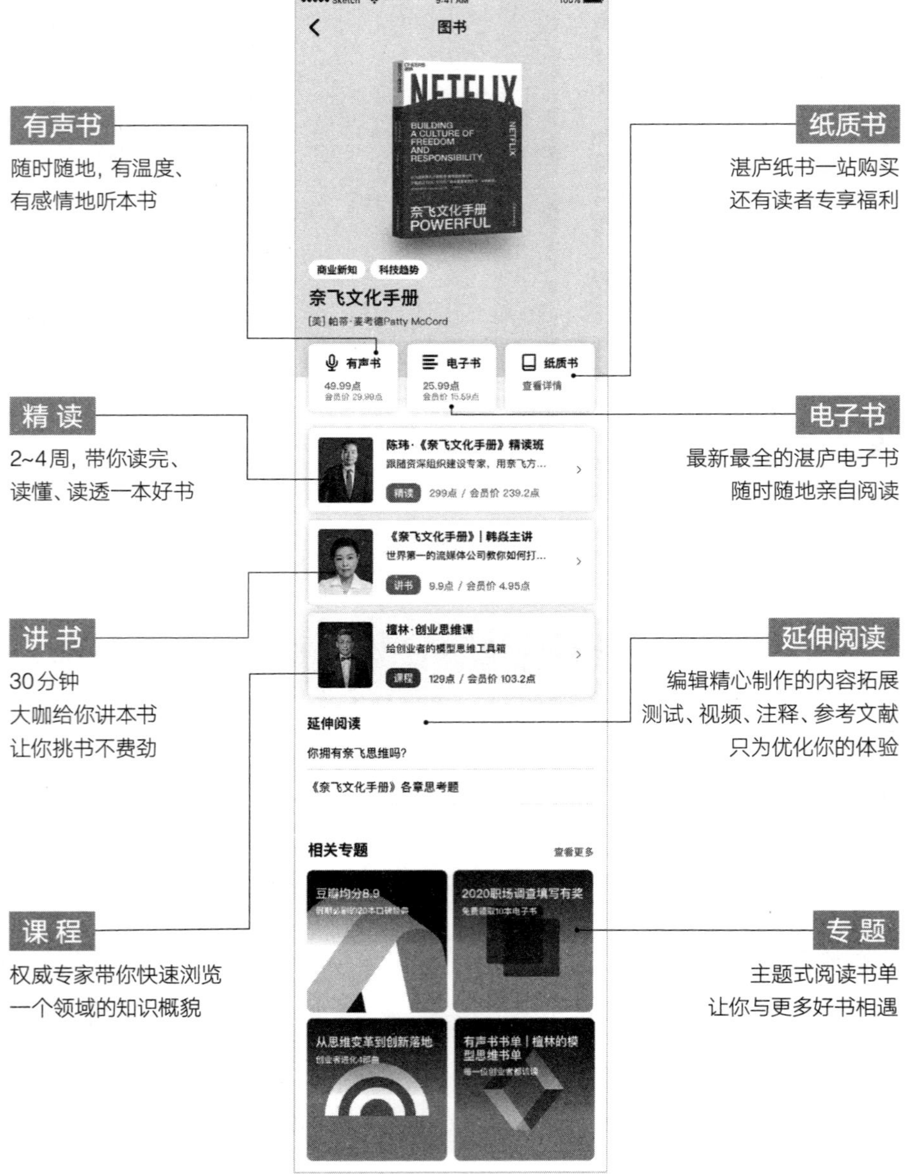

有声书

随时随地，有温度、有感情地听本书

精读

2~4周，带你读完、读懂、读透一本好书

讲书

30分钟
大咖给你讲本书
让你挑书不费劲

课程

权威专家带你快速浏览一个领域的知识概貌

纸质书

湛庐纸书一站购买
还有读者专享福利

电子书

最新最全的湛庐电子书
随时随地亲自阅读

延伸阅读

编辑精心制作的内容拓展
测试、视频、注释、参考文献
只为优化你的体验

专题

主题式阅读书单
让你与更多好书相遇

Demand: Creating What People Love Before They Know They Want It by Adrian J. Slywotzky

ISBN 978-0-307-88732-0

图书在版编目（CIP）数据

需求：缔造伟大商业传奇的根本力量 /（美）斯莱沃斯基，（美）韦伯著；龙志勇，魏薇译 .—杭州：浙江人民出版社，2013.6（2024.11重印）

ISBN 978-7-213-05372-6

Ⅰ. ①需…　Ⅱ. ①斯… ②韦… ③龙… ④魏…　Ⅲ. ①营销–通俗读物

Ⅳ. ①F713.3-49

中国版本图书馆 CIP 数据核字（2013）第 020763 号

浙江省版权局
著作权合同登记章
图字:11-2012-198 号

上架指导：商业 / 企业管理

需求：缔造伟大商业传奇的根本力量

作　　者：［美］亚德里安·斯莱沃斯基　卡尔·韦伯　著

译　　者：龙志勇　魏薇　译

出版发行：浙江人民出版社（杭州市环城北路177号　邮编 310006）

市场部电话：（0571）85061682　85176516

集团网址：浙江出版联合集团　http://www.zjcb.com

责任编辑：金　纪

责任校对：戴文英　张谷年

印　　刷：天津中印联印务有限公司

开　　本：710 mm × 965 mm　1/16　　**印　　张：**25.25

字　　数：32.8 万　　**插　　页：**3

版　　次：2013 年 5 月第 1 版　　**印　　次：**2024 年 11 月第 20 次印刷

书　　号：ISBN 978-7-213-05372-6

定　　价：64.90 元